우리가 촛불이다

우리가 촛불이다

장윤선 지음

광장에서 함께한 1700만의 목소리

창비

차 례

시작은 가을이었다. 바람도 적당했고, 날씨도 춥지 않았다. 유모차에 어린아이를 태우고 나온 젊은 부모도 있었고, 나이 지긋한 어르신들도 눈에 띄었다. 부모 도움 없이 제 발로 걸어 나온 초등학생도 있었다. 중학생, 고등학생, 대학생은 말할 것도 없고 장년이 된 동창생들은 깃발을 세워 매주 만났다. 뒤풀이 땐 추억담이 쏟아졌다. 토요일마다 광화문 근처 식당엔 재료가 동났고, 커피숍마다 인산인해였다. 주말인데 상행선이 막혔고 하행선이 뚫렸다. 100만, 200만, 1000만 그리고 1700만. 청와대로 이어진 길고도 긴 행렬은 가을에 시작해 겨울을 이기고 이듬해 봄까지 이어졌다. 20주간의 촛불 기적. 누구도 상상할 수 없었던 시민혁명의 시작은 아주 평범했다.

"이게 나라냐."

"아이들에게 결코 이런 나라를 물려줄 수 없다."

구호는 절박했고, 요구는 간절했다. 그러나 가진 건 별게 없었다. 오로지 촛불 한자루. 나라를 제대로 바꾸고자 했던 열망. 촛불과 열정으로 1700만 시민이 조용히 일어섰다. 자발적 참여와 연대가 만든 우아한 시민혁명. 이 아름답고 평온했던 시민혁명의 출발은 세월호였다.

2014년 4월 16일 이후, 그냥 참 많이 미안했다. 저녁밥을 차려놓고 아이들을 불러 남편과 밥 먹는 것도 호사로 느껴질 때가 있었다. 교복을 다릴 때도 그랬다. 운전을 하다가 문득, 음악을 듣다가 문득, 페이스북 타임라인을 읽다가 갑자기, 홀로 울컥해 눈물을 삼키기도 했다. 세월호는 우리에게 그런 일이다. 느닷없이 아이를 떠나보내고, 텅 빈 방 안에 앉은 부모가 흘렸을 눈물을 생각하면 억장이 무너진다. 누가 우리 아이들을 이 지경으로 만들었나. 그래놓고는 무책임하게 잠을 잤다. 지금도 잘못이 없다고 우긴다. 모두 나라를 위한 일이었다는 황당한 말을 늘어놓는다. 이 어처구니없는 말들을 어떻게 이해해야 할까.

이 말도 안 되는 수사 속에 우리는 조용히 일어났다. 나라가 더 엉망이 되기 전에 광장에 모여 촛불을 들었다. 단 한건의 폭력도, 단 한건의 사고도 없이 평화롭게 20주간 촛불을 들었다. 무한한 연대. 세계는 놀랐다. 세상에 이렇게 점잖은 혁명이 또 있을 수 있을까.

촛불이 놓은 다리로 평화도 왔다. 촛불혁명이 아니었다면 감히 상상조차 할 수 없던 평화다. 2018년 4월 27일 역사적인 남북정상회담이 열렸다. 김정은 조선민주주의인민공화국 국무위원장은 분단 73년 만에 처음으로 남한 땅을 밟았다. 문재인 대한민국 대통령과 만나 군축을 논했다. 올해 안에 종전을 선언하고 정전협정을 평화협정으로 바꾸겠다고 했다. 2018년 7월 27일은 한국전쟁을 멈춘 정전협정 65주년이 되는 날이다. 한반도에서 냉전의 얼음이 녹아내리고 데땅뜨(détente)가 시작되자 세계는 "놀랍다"(amazing)고 했고, 실은 우리도 많이 놀랐다. 불과 몇달 전만 해도 전쟁이 난다고 4월 위기설, 8월 위기설을 입에 올리지 않았던가. 그런 한반도에 '도둑'처럼 평화가 왔다. 이것이 꿈일까 생시일까, 어리둥절하는 사이 더 큰 평화가 오고 있다. 누가 여기까지 한반도 정세를 이끌어냈을까. 누가 이 국면을 만들어냈을까. 만약 우리가 촛불을 들지 않았더라면, 지금 우리는 어떻게 살고 있을까. 지구상에 남은 마지막 냉전의 섬 한반도의 지도를 바꾸고 냉전 종식과 항구적인 한반도 평화체제를 말이나 할 수 있었을까.

돈과 이윤을 위해서라면 죽기 살기로 경쟁하고, 이윤보다 생명이 더 중요하다고 하면 벼룩만큼도 취급받지 못했던 시절이 있었다. 그때, 우리는 불행했다. 단식 중인 세월호 가족들 면전에서 피자와 치킨을 시켜 먹으며 폭식투쟁을 했던 인간성 상실의 시대.

그럼에도 혀만 끌끌 찼지 우리는 커다란 변화를 만들어내지 못했다. 분명 나라가 뼛속까지 병들어가고 있었음에도 무감각했고 무덤덤했다. 눈감고 모른 체했다, 살기 바빠서.

끔찍한 헬조선의 지표는 자살률 세계 1위, 노인 빈곤율 세계 1위, 노동시간 세계 1위. 불명예 1등 국가. 잘못된 현실을 바꾸고자 스스로 일어난 촛불시민들. 미세먼지와 강추위, 살을 에는 칼바람의 광장이었지만 모이면 따뜻했고 마음만으로도 풍성해졌다. 광화문 세종문화회관 앞, 숨이 턱 막히는 상황에서도 어린아이 먼저, 학생들 먼저, 그리고 엄마들 먼저. 모두가 모두를 살피고 배려했던 아름다운 시민혁명. 생각만으로도 가슴 벅찬 우리들의 촛불혁명 이야기를 지금부터 시작하려고 한다.

1부

대통령 박근혜를
파면한다

: 봄날, 3월의 특별한 출근길

컴컴한 방바닥을 더듬어 휴대폰을 찾았다. 홈 버튼을 누르니 아직은 이른 시각. 밤새 뒤척이다 결국 소스라쳐 잠이 깼다. 이상하게도 계속 마음이 분주하다. 예상하지 못했던 어떤 나쁜 일이 벌어질 것 같은 불길한 예감. 무언가 갑자기 들이닥칠 것 같은 불안감. 서둘러 집을 나섰다. 정류장에서 버스를 기다리는데 코끝에 바람이 훅 들어왔다. 다행히도 맵찬 공기는 아니다. 서울 최저기온 영하 1.2도. 이 정도라면 밖에서도 까딱없겠다 싶었다. 안도의 짧은 숨이 턱 아래서 시나브로 흩어졌다. 그 생각도 잠시, 더럭 걱정이 앞섰다. 늦으면 안 될 일이 있었다. 성큼성큼 발걸음을 내딛을 때마다 둘러본 사람들도 나처럼 긴장하는 모습이 역력했다. 이유는 있다. 2012년 대선에서 "국가와 결혼했다"며 "모든 국민이 행복한, 100% 대한민국을 만들겠다"고 장담했던 최초의 여성 대통령. 그가 희대의 국정농단을 벌여 1700만 시민의 촛불로 권좌에서 내려오느냐 마느냐 그 운명을 결정하는 날이다. 온 국민은 가슴 졸이며 결과에 주목할 수밖에 없었다. 헌법재판소(이하 헌재) 심판 결과가 국민 다수의 삶에 지대한 영향을 미친다고 생각하니 걸음은 더 빨라졌다. 프라이팬 위의 콩처럼 내 마음이 타닥타닥 타들어갔다.

지하철 플랫폼에 선 시민들은 스크린도어 앞에 길게 줄을 섰다. 전선 위의 새처럼 가지런히 양옆으로 줄을 서서 하나같이 휴대폰을 감싸 쥐고 화면을 들여다보았다. 새로운 소식이 무언가, 밤새 놓친 뉴스는 없나 살펴보는 사람들의 표정은 자못 진지했다. 그곳은 박근혜 대통령의 탄핵심판을 4시간여 앞둔 '뉴스의 광클릭' 현장이었다.

지하철 3호선은 빽빽한 수풀처럼 사람들로 북적였다. 등굣길의 고등학생, 출근길의 시민 모두 최대한 다리를 끌어 모으고 어깨를 곧추세워 가방을 몸에 붙인 채 휴대폰을 코앞에 대고 있었다. 오전 7시, 지하철 3호선 안국역은 열차에서 빠져나와 지상으로 올라가는 길부터 혼잡했다. 개찰구부터는 아예 발걸음이 느려졌다.

지하철 출구는 도로와 연결된 계단에서부터 막혀 있었다. 2번 출구는 경찰에 의해 완전히 봉쇄된 상태였고, 3번 출구에선 신분증 검사를 했다. 프레스카드나 공무원증같이 헌재로 가야 하는 이유가 분명한 것을 갖고 있으면 통과요, 그렇지 않으면 다른 길로 돌아가야 했다. 경찰들이 몇몇 시민에게 왜 이 길로 못 가는지, 다른 길로 가려면 어떻게 가야 하는지 길게 설명했다. 일부에선 실랑이도 벌어졌다.

경찰은 박근혜 대통령 탄핵심판 선고가 예정된 날 서울 지역에 최고 수위 경계태세인 갑호 비상 경계령을 내렸다. 271개 부대 2만 1600명의 경력을 헌재 주변 경계, 주요 인사 경호, 집회 관리에 배치했다. 2017년 3월 10일 오전 7시 45분 현재, 헌재 인근에만 57개 중대 4600여명의 경력이 배치돼 주변은 삼엄했다. 철통같은 경계 속에 있다보니 초봄의 체감온도는 더욱 낮아진 듯했다.

출구를 나와 헌법재판소로 향하는 길 위의 상점들은 대개 철시했다. 경찰이 도로를 통제하는 마당에 문을 연들 장사가 잘될 리 만무했다. 그중 유독 문을 연 커피숍이 하나 있었다. 프랜차이즈 커피숍이었는데, 일반시민의 출입이 통제되니 그 자리를 기자들이 독차지하게 됐다. 기자들은 노트북을 켠 채로 속보를 날리거나 촬영한 사진을 회사 서버에 올렸다. 더러는 카메라, 휴대폰 배터리를 충전하려고 아메리카노를 시켜둔 이도 있었다. 시장기를 호소하는 몇몇 기자들이 있었지만 커피숍 점원은 경찰이 친 차벽 때문에 빵을 실은 차가 들어올 수 없었다고 했다. 그만큼 헌재 주변은 비상한 경계태세를 갖추고 있었다.

: 멸공의 횃불, 진군가

　재판이 시작되려면 두어시간이나 남았음에도 헌재 주변은 매우 소란스러웠다. 대통령 탄핵 기각을 위한 국민총궐기 운동본부(이하 탄기국) 측이 대형 스피커로 볼륨을 최대한 키운 탓인지 「멸공의 횃불」「진군가」 같은 군가가 서울 종로구 재동 일대에 쩌렁쩌렁 울렸다. 옆 사람 말소리도 잘 들리지 않을 만큼 컸다.

　커다란 군가 속에 기자들은 헌재 앞마당을 부산스럽게 뛰어다녔다. 국내 언론은 물론 전세계 주요 방송사들도 앞다퉈 보도경쟁에 돌입했다. 내외신 취재진만 300여명. 미국 CNN, AP통신, 영국 로이터, 일본 후지TV, 중국 신화통신뿐 아니라 중동의 대표 언론인 알자지라도 취재대열에 섰다. 중동 지역의 분쟁만큼 우리나라 대통령의 탄핵심판 선고가 중요하다는 뜻인가. 그러니 우리가 얼마나 심각한 정치 격변의 복판에 서 있는 것인가 새삼 느꼈다. 지금 이 순간, 전세계 기자들의 '핫 플레이스'는 헌재구나 싶었다.

: 이정미·메르켈〉박근혜

　새벽부터 헌재 앞마당을 지킨 기자들은 정문에 검은 세단이 도착할 때마다 우르르 몰려가 휴대폰 녹음 기능을 켰다. 헌법재판관들의 넥타이 색깔마저 기삿거리가 되는 아침, 재판관들이 재판 전에는 절대로 입을 열지 않을 것이라는 것을 너무나 잘 알면서도 습관처럼 물었다.

"의견이 모아졌나요?"

헌법재판관 입에서 한마디만 나와도 뉴스가 되는 날이었다. 그러니 기자들은 똑같은 질문을 던져 한마디라도 듣겠다는 심산으로 반복해서 물었다. 그러나 이에 당할 재판관들이 아니다. 강일원 주심도, 김이수 재판관도, 안창호, 조용호 그리고 김창종 재판관도 묵묵부답. 서기석 재판관은 아예 지하주차장으로 들어가 기자들과 마주치지도 않았다. 이른 시간부터 헌재 현관을 지키며 '출근의 변'을 기다렸건만, 단 1명도 입을 열지 않았다. 허탕이다. 재밌는 기사가 나오려면 누구 하나는 촌철살인 한 토막을 말해주어야 했는데 아무도 그렇게 하지 않았다. 그러니 기사의 톤이 건조해질 수밖에 없는 상황이었다. 바로 그때였다.

오전 7시 50분 무렵, 사복 경호원 3명, 헌재 측 청원경찰 3명, 도합 6명의 경호원들은 이정미 권한대행이 차에서 내리자 밀착경호를 시작했다. 헌재의 탄핵심판 결정을 앞두고 살해 위협 등 신변을 위협하는 사람들이 생기면서 철통경호를 받는 중이었다. 기자들은 이정미 권한대행에게도 비슷한 질문을 던졌다.

"결정하셨습니까?"

쏟아지는 질문에 이 대행은 엷은 미소만 띤 채 헌재 안으로 쑥

들어가 버렸다. 그런데 일순간 카메라 기자들 사이에서 "헤어롤!" 얘기가 나왔다. 이정미 대행 뒷머리에 분홍색 헤어롤이 두개 돌돌 말려 있었다는 게다.

"뭐라고? 헤어롤?"

후배에게 연거푸 물었다. 잔잔한 웃음소리와 함께 "정말"이라는 답변이 돌아왔다. '웃픈' 현실이지만, 일하는 여성들 사이에서는 충분히 공감하고도 남는 일이다. 헌재 공보관은 "이정미 재판관이 밤을 꼬박 새우다시피 하고, 아침에 너무 정신없이 나오다보니 머리도 헝클어지고 엉망이었다"며 "방송사들이 되도록 이정미 재판관 출근 영상을 안 썼으면 좋겠다"고 부탁했다. 하지만 기자들은 이 사건이 충분히 미담거리라고 판단했고, 이 소식은 SNS를 타고 삽시간에 퍼졌다. 시민 반응은 폭발적이었다.

"재판관 본인 입장에서는 난감하겠지만 너무 귀엽다. 혼자 머리 손질해본 여성이라면 누구나 한번쯤 경험해본 일일 듯" "헤어롤이 역사의 한 장면으로 기억되는 순간" "저 헤어롤 위치가 '머리뽕' 중에 제일 중요한 위치여서 맨 나중에 빼는 곳, 너무나 공감된다" 같은 위로를 겸한 찬사가 쏟아졌다. 가수 윤종신씨는 "아침에 이 모습이 얼마나 짠하고 뭉클했는지… 재판관님들 그동안 너무 고생하셨고, 상식과 우리 모두를 위한 이 아름다운 실수를 잊지 못할 겁니다"라는 글을 올렸다.

군가로 경직됐던 아침, 이정미 대행의 헤어롤 두개로 헌재 앞

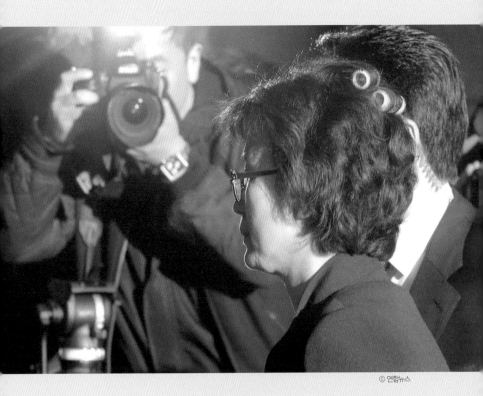

박근혜 대통령 탄핵심판 선고일인 2017년 3월 10일,
이정미 헌법재판소장 권한대행은
긴장한 탓인지 뒷머리에 헤어롤을 꽂은 채 출근했다.
경직되었던 헌재 앞에는 잠시 웃음꽃이 피었다.

마당엔 웃음꽃이 피었다. 그러고는 이내 이 대행의 헤어롤은 박근혜 대통령의 두시간짜리 올림머리와 비교됐다. 귀중한 생명을 구해야 할 시간에 올림머리나 하고 있던 한심한 이의 리더십에 대한 비판이 이어졌다. 박근혜 대통령의 올림머리는 독일 앙겔라 메르켈(Angela Merkel) 총리의 태도와도 비교대상이 됐다. 2015년 7월 그리스는 국가부도 위기 앞에서 국제채권단의 긴축안을 받을 것이냐 말 것이냐를 두고 국민투표에 들어갔다. 결과는 부결. 국제채권단의 구제금융안을 반대하는 국민이 61%, 찬성하는 국민이 39%. 반대가 찬성을 훨씬 상회했다. 그렉시트(Grexit, 그리스의 유로화 경제권 이탈)를 하느냐 마느냐 매우 엄중한 위기 앞에서 메르켈 총리는 화장기 없는 맨 얼굴에 젖은 머리카락으로 급히 공관을 빠져나갔다. 이 장면이 카메라에 포착됐고 화제가 됐다. 위기에 대처하는 리더의 자세 때문이다.

우리나라 대통령은 국민의 고귀한 생명이 화급을 다투는 시각, 2014년 4월 16일 오전 10시 20분 청와대 관저 침실에서 잠을 잤고, 오후 2시 15분 최순실씨가 도착해서 안봉근, 이재만, 정호성 비서관 등 '문고리 3인방'과 '5인 회의'를 열기 전까지 아무것도 하지 않았다. 생명을 구할 골든타임을 놓치고도 올림머리로 치장하느라 시간을 허비했다. 많은 국민들이 "이게 나라냐"며 대통령을 향해 분노의 함성을 지를 수밖에 없었던 출발점은 2014년 4월 16일, 바로 그날에 있다.

: 탄핵심판 대심판정 안의 정적

대한민국에서 현직 대통령에 대한 탄핵심판 선고는 딱 두번 있었다. 첫번째는 2004년 5월 14일 고(故) 노무현 전 대통령 탄핵소추에 대한 선고였다. 이 소추는 7차례의 변론 끝에 헌재에서 기각됐다. 13년 전 그때 국민들은 노무현 대통령의 탄핵에 반대하는 촛불을 들었다. 국민이 손수 뽑아놓은 대통령을 국회가 정략적으로 끌어내리려 한다는 데 분개했기 때문이다. 분노한 시민은 서울시청 앞부터 광화문까지 가득 찼고 총선에서 표로 국회를 심판했다. 곧이어 열린 17대 총선에서 열린우리당이 전체 국회 299석 가운데 과반 의석을 넘은 152석을 차지하는 기염을 토한 것도 실은 촛불시민 덕이다. 그리고 13년 만에 또다시 박근혜 대통령이 현직 대통령으로는 두번째 탄핵심판 법정에 섰다. 스스로는 억울함을 토로하며 청렴결백과 무죄를 주장했지만 속속 드러나는 증거가 너무 많아 국민들을 매번 아연실색케 했다.

'세월호 7시간 30분' 의혹은 물론 최순실씨의 딸 정유라 이화여대 부정입학 사건, 문화예술계·과학계·언론계 블랙리스트, 국민연금관리공단의 이재용 삼성전자 부회장의 삼성그룹 경영권 승계 특혜, 미르·K스포츠재단에 대한 재벌 출연 강요, 심지어 국정원 특수활동비 의혹까지 범죄 혐의는 차고 넘쳤다.

2016년 12월 9일 국회에서 탄핵소추안이 가결되고 92일간, 탄핵심판 선고일을 포함하면 모두 21차례 공판기일이 진행되었다. 2004년 노무현 전 대통령의 탄핵심판 사건과 비교하면 기간으로는 29일, 재판 횟수로는 13번이 더 많았다. 노무현 전 대통령은 변론준비기일이 없었지만 박근혜 대통령은 3번의 변론기일이 주어졌다. 국회가 소추 대리인단을 통해 내건 탄핵소추 사유도 노무현 전 대통령은 3가지(선거법 위반·측근 비리·국정파탄)였지만, 박근혜 대통령은 무려 13가지나 됐다. 헌법재판소가 20번의 재판을 진행하면서 소추사유를 5가지로 압축했지만 그 내용으로 들어가면 길고도 복잡했다.

첫째 국정농단에 의한 국민주권주의 등 위반, 둘째 권한남용, 셋째 언론의 자유 침해, 넷째 국민생명권 보호 의무 등 위반, 다섯째 뇌물수수 등 형사법 위반이다. 법정 증인도 박근혜 대통령 측에서는 무려 90명의 증인을 신청했다. 그러나 헌법재판소가 이를 모두 채택하지는 않았다. 헌재가 채택한 대통령 측 증인은 모두 36명. 대리인단 규모도 역대 최다였다. 국회 측 대리인 16명, 대통령 측 대리인은 20명이었다. 재판관들이 참고한 국정농단 수사기록은 5만여쪽. 변론이 시작되기 전에, 검찰 특별수사본부가 A4용지 40박스에 달하는 3만 2000여쪽의 수사기록을 헌재로 넘겼다. 이 기록을 다 검토하고 탄핵선고 결정을 내려야 했으니 헌재에도 매우 부담스러운 재판이었을 것이다. 이후 최순실 등 국정농단 관계자들의 재판을 맡은 서울중앙지법도 관련 기록을 헌재로 전달했다. 말 그대로 '세기의 재판'이었다.

대심판정 104개 좌석 중 일반인에 배정된 자리는 24석. 역사적인 박근혜 대통령의 탄핵심판을 지켜보려고 나선 시민들은 모두 1만 9096명이었다. 796대 1. 엄청난 경쟁률을 뚫고 역사의 법정에 앉은 시민들은 묵직한 긴장을 어깨에 이고 착석했다.

오전 11시. 박근혜 대통령에 대한 탄핵심판 선고가 예정된 시각이다. 재판에 앞서 20분 전쯤 미리 도착한 탄핵소추위원장 권성동 국회 법사위원장은 피청구인 측(박근혜 대통령 측) 대리인단과 일일이 악수를 나누었다. 박근혜 대통령의 탄핵심판 법정에서 어깨에 태극기를 두르는 등 늘 화제를 몰고 다녔던 서석구 변호사는 두 손을 모으고 기도했다.

오전 11시 정각, 재판관들이 입장했다. 대심판정 안엔 무거운 침묵이 흘렀고 기자들의 사진 촬영 셔터 소리만 요란했다. 공간의 협소함 탓으로 기자들이 대심판정 안에 전부 들어가 취재할 수는 없었다. 대개 이럴 때 기자들은 '풀(pool) 제도'를 통해 정보를 공유한다. 특정 출입처에서 각 언론사가 순번을 정해 대표로 취재하고 그 내용을 함께 나누는 제도다. 헌법재판소에 출입하는 전체 기자 가운데 회사별로 기자들이 순번을 정해 몇명씩 팀을 이뤄, 또는 한두명씩 취재를 하면 그 내용을 각 사 기자들이 다 같이 전달받아 기사를 쓰는 형태다. 이날도 일부 기자들만 대심판정에서 취재하고 나머지 다른 기자들은 헌법재판소가 마련한 '강당 기자실'에서 대형 화면으로 대심판정 안에서 들려오는 결정문 낭독을 들어야 했다.

이정미 대행이 "지금부터 2016헌나1 대통령 박근혜 탄핵사건에 대한 선고를 시작하겠습니다"라고 말문을 열었을 때, 내 가슴도 콩닥콩닥 뛰기 시작했다. 이 대행이 이 재판의 선고를 알리자 국회 측과 대통령 측 대리인단 대표를 맡은 권성동 위원장과 이중환 변호사는 각각 눈을 감았고, 양측 대리인단은 숨죽여 선고를 경청했다.

: "그러나, 그러나, 그러나"에 한숨

이정미 대행은 선고에 앞서 그간의 진행과정을 상세히 설명했다. 차분한 어조로 지난 90여일간의 재판과정을 그림 그리듯 풀어나갔다. 사람들은 엄숙한 자세로 이 대행의 입에 주목했다. 그 숙연함은 대심판정에 그친 게 아니라 헌재 앞마당을 지나 인터넷과 TV, 라디오를 통해 전국으로, 전세계로 퍼져나갔다. 이른 아침부터 재동 일대를 소란스럽게 했던 군가마저 조용히 잦아들었으니 온 국민이 얼마나 촉각을 곤두세워 이 대행의 말에 집중하고 있는지 충분히 알고도 남을 정도였다.

이 대행은 먼저 재판부가 "지난 90여일 동안 이 사건을 공정하고 신속하게 해결하기 위해 온 힘을 다했다"는 점을 강조했다. "역사의 법정 앞에 서게 된 당사자의 심정으로 이 선고에 임하고자 한다"며 "재판부는 국민들로부터 부여받은 권한에 따라 이뤄지는 오늘의 이 선고가 더이상의 국론분열과 혼란을 종식시키고, 화합과 치유의 길로 나아가는 밑거름이 되길 바란다"고 했다. 어떤 선고가 나오든 그것은 법치주의에 입각한 결론이므로 논란 없이 수용했으면 좋겠다는 강력한 당부였다. 헌재가 법치주의를 강조하며 결과에 승복하라고 신신당부하는 이유는 따로 있었다. 박근혜 대통령의 무죄를 주장하는 이들 중 일부가 탄기국 집회에 발언자로 나서 "군대여 일어나라"거나 "계엄령을 선포하라" 또는 "군대 나와, 탱크 나와, 총 들고 나와" 등등 도를 넘는 막말을 퍼부었기 때문이다. 이런 발언에 적극 찬성하는 사람들이 만약 돌출행동에 나서면 경우에 따라 소요가 발생하게 될까 우려하는 것처럼 보였다.

2017년 1월 박한철 헌법재판소장의 퇴임 이후 8인 재판부가 되어버린 상황에 빗대 절차적 정당성에 문제가 있는 것처럼 호도하는 점과 관련해서도 이 대행은 꼼꼼하게 그 주장이 왜 틀렸는지 설명했다. 피청구인 측에서는 박근혜 대통령이 헌법재판소 재판관 9인 전원이 참석한 상태에서 공정하게 재판받을 권리를 침해당했다고 주장했으나 이 대행이 이끄는 헌재는 왜 그것이 문제가 없는 것인지 조곤조곤 설명했다. 박근혜 대통령 측 대리인단은 줄

곧 기자들에게 퇴임한 박 소장에 이어 새로운 재판관이 임명될 때까지 이 재판을 미뤄야 한다고 주장했다. 명색이 대통령 탄핵심판 재판인데 어떻게 1명의 재판관이 비어 있는 상태에서 재판을 강행할 수 있느냐는 논리였다. 그러나 이미 국회에서 탄핵된 대통령이 헌법재판관을 임명할 수도 없거니와 황교안 대통령 권한대행이 이 와중에 새로운 헌법재판관을 임명하는 것이 도의적으로 옳은 것이냐는 논란도 치열하게 전개됐다.

이 대행은 "9명의 재판관이 모두 참석한 상태에서 재판할 수 있을 때까지 기다려야 한다는 주장은, 현재와 같이 대통령 권한대행이 헌법재판소장을 임명할 수 있는지조차 논란이 되고 있는 상황에서는 결국 심리를 하지 말라는 주장으로서, 탄핵소추로 인한 대통령의 권한 정지 상태라는 헌정 위기 상황을 그대로 방치하는 결과"라고 지적했다. "탄핵을 결정할 때 헌법재판관 6인 이상의 찬성이 있어야 하고, 재판관 7인 이상이 출석해 사건을 심리하도록 규정돼 있다"는 법률 내용도 인용했다. 그는 "8명의 헌법재판관들이 이 사건을 심리해 결정하는 데 헌법과 법률상 아무런 문제가 없기에 이 결정을 내릴 수 있고, 또 헌재로서는 헌정 위기 상황을 계속 방치할 수 없다"고 말했다. 절차의 정당성에 아무런 하자가 없다는 점을 설파한 이정미 대행은 곧바로 탄핵사유로 들어갔다.

첫번째, 박근혜 대통령이 직무 집행에서 헌법과 법률을 위배했는지를 다투는 쟁점이었다. 공무원 임면권을 남용해 직업공무원

제도의 본질을 침해했는가 여부를 살폈다. 이 대행은 "문화체육관광부 노태강 국장과 진재수 과장이 피청구인인 박근혜 대통령의 지시에 따라 문책성 인사를 당하고, 노 국장은 결국 명예퇴직, 장관이었던 유진룡은 면직, 대통령 비서실장 김기춘이 문화체육관광부 제1차관에게 지시하여 1급 공무원 6명으로부터 사직서를 제출받아 그중 3명의 사직서가 수리된 사실은 인정된다"면서도 "그러나", "노 국장과 진 과장이 최서원(최순실)의 사익 추구에 방해가 됐기 때문에 인사를 했다고 인정하기에 부족하고 유진룡 장관이 면직된 이유나 김기춘 비서실장이 6명의 1급 공무원으로부터 사직서를 받은 이유 역시 분명하지 않다"고 밝혔다.

첫번째 "그러나"였다. 이것만으로는 탄핵사유가 되지 않는다는 설명이었다.

두번째, 언론의 자유 침해다. 이 대행은 "청구인은 피청구인이 압력을 행사해 조한규 세계일보 사장을 해임했다고 주장하고 있고, 세계일보가 청와대 민정수석실이 작성한 정윤회 문건을 보도한 사실, 피청구인이 이 보도에 대해 청와대 문건 유출은 국기문란행위로 검찰이 철저히 수사해 진상을 규명해야 한다며 문건 유출을 비난한 사실은 인정된다"면서도, 또다시 "그러나"라는 단서를 달고 "이 사건에 나타난 모든 증거를 종합하더라도 세계일보에 구체적으로 누가 압력을 행사했는지 분명하지 않고 피청구인이 관여했다고 인정할 만한 증거는 없다"고 밝혔다.

두번째 "그러나"였다. 언론의 자유 침해도 대통령의 파면사유
는 되지 않는다는 것이었다. 다섯 가지의 탄핵사유 가운데, 벌써
두 가지가 탄핵사유에 해당되지 않는다면 어떻게 되는 것인가. 노
무현 대통령 때처럼 기각돼 박근혜 대통령이 현업으로 복귀하는
것인가.

세번째, 세월호 참사 관련 국민생명권 보호 의무 위반 여부와
성실한 직책수행 의무 위반 여부다. 이정미 대행은 "2014년 4월
16일, 세월호가 침몰하여 304명이 희생되는 참사가 발생했고, 피
청구인은 국가가 국민의 생명과 신체의 안전 보호 의무를 충실하
게 이행할 수 있도록 권한을 행사하고 직책을 수행해야 하는 의무
를 부담한다"고 전제하면서도, 또 "그러나"라는 단서를 달고 "국
민의 생명이 위협받는 재난 상황이 발생했다고 하여 피청구인이
직접 구조 활동에 참여해야 하는 등 구체적이고 특정한 행위 의
무까지 바로 발생한다고 보기 어렵다"고 밝혔다. 또한 "피청구인
은 헌법상 대통령으로서의 직책을 성실히 수행할 의무를 부담하
고 있지만, 성실의 개념은 상대적이고 추상적이어서 성실한 직책
수행 의무 같은 추상적 의무 규정의 위반을 이유로 탄핵소추를 하
는 것은 어려운 점이 있다"고 말했다. "세월호 사고는 참혹하기 그
지없으나, 세월호 참사 당일 피청구인이 직책을 성실히 수행했는
지 여부는 탄핵심판 절차의 판단 대상이 되지 아니한다"고 못 박
았다.

헌재가 말한 대로 국민의 생명이 위협받는 재난 상황에서 대통령이 직접 재난 구조 활동에 나서야 한다고 생각하는 국민은 없다. 구조는 현장에 있는 구조 전문가의 몫이다. 다만, 세월호 참사 당시 많은 국민들이 "이게 나라냐"라고 개탄했던 것은 국가의 최고 책임자인 대통령이 구조가 시급한 상황에서 당장 국민을 구하라고 지시를 내리지 않았다는 데서 비롯된다. 이제 와 드러난 사실을 보면 그 자체로 기가 막힌다. 당시에도 현장에서 구조에 열을 올려야 하는 해경은 청와대가 요구하는 현장보고에 몰두했고 정작 구조업무에는 제대로 나서지 않았다. 상황실에 해당하는 중앙재난안전대책본부는 구조 인원, 사망자, 실종자 수, 아니 정확히 세월호라는 배에 탑승한 인원이 몇명인지조차 제대로 파악하지 못했다. 사고 발생 이후 구조 상황은 모두가 엉망인 상태였다.

그런데도 헌재가 세월호 참사마저 박근혜 대통령에 대한 탄핵 사유가 아니라고 판단하니, 수많은 인터넷 방송 생중계 창에 댓글이 폭주했다. 대개는 헌재를 비판하는 내용들. 세월호의 아이들을 지켜내지 못했는데도 대통령에게 책임이 없다니, 납득하기 어려운 헌법재판소의 태도를 비판하는 글들이 주를 이뤘다.

세번째 "그러나"로 국민은 실망했다. 밤새 마음 졸이며 오늘의 결과를 기다렸는데 결국 이렇게 허망하게도 헌재가 박근혜 대통령의 손을 들어주는구나, 그 억울함과 배신감이 밀물처럼 밀려들었다. 국민은 분노했다.

다음은 최순실의 국정개입으로 인한 직권남용 여부였다. 네번째에도 "그러나"가 나올까? 1700만명이나 되는 시민들이 단 한주도 거르지 않고 주말을 반납한 채 촛불을 들었다. 반신반의하며 또다시 이정미 대행의 입을 주목했다.

이 대행은 "피청구인에게 보고되는 서류는 대부분 부속비서관 정호성이 피청구인에게 전달했는데 정호성은 2013년 1월경부터 2016년 4월경까지 각종 인사자료, 국무회의자료, 대통령 해외순방 일정과 미국 국무부장관 접견자료 등 공무상 비밀을 담고 있는 문건을 최서원에게 전달했다"며 "최서원은 그 문건을 보고 이에 관한 의견을 주거나 내용을 수정하기도 했고, 피청구인의 일정을 조정하는 등 직무 활동에 관여하기도 했다"고 적시했다. 뒤이어 "최서원이 공직 후보자를 추천하기도 했고 그중 일부는 최서원의 이권 추구를 도왔다"며 "피청구인은 최서원으로부터 KD코퍼레이션이라는 자동차 부품회사의 대기업 납품을 부탁받고 안종범 경제수석을 시켜 현대자동차그룹에 거래를 부탁했다"고 밝혔다.

그뿐만 아니라 "피청구인은 안종범에게 문화와 체육 관련 재단법인을 설립하라고 지시하여, 대기업들로부터 486억원을 출연받아 재단법인 미르를, 288억원을 출연받아 재단법인 K스포츠를 설립하게 했다"며 "두 재단법인의 임직원 임면·사업 추진·자금 집행·업무 지시 등 운영에 관한 의사결정은 피청구인과 최서원이 했고, 재단법인에 출연한 기업들은 전혀 관여하지 못했다"고 판시했다.

이어 이 대행은 "미르가 설립되기 직전 최서원은 광고회사인 플레이그라운드를 설립하여 운영했고, 자신이 추천한 임원을 통해 미르재단을 장악하고 자신의 회사인 플레이그라운드와 용역계약을 체결하도록 해 이익을 취했다"며 "최서원의 요청에 따라 피청구인은 안종범을 통해 KT에 특정인 2명을 채용하게 한 뒤 광고 관련 업무를 담당하도록 요구했고, 그 뒤 플레이그라운드는 KT 광고대행사로 선정돼 KT로부터 68억여원에 이르는 광고를 수주했다"고 말했다. 그뿐만 아니라 "안종범은 피청구인 지시로 현대자동차그룹에 플레이그라운드 소개자료를 전달했고, 현대와 기아자동차는 신생 광고회사인 플레이그라운드에 9억여원에 달하는 광고를 발주했고, 한편 최서원은 K스포츠 설립 하루 전에 더블루케이를 설립해 운영했다"며 "피청구인은 안종범을 통해 그랜드코리아레저와 포스코가 스포츠팀을 창단하도록 하고 더블루케이가 스포츠팀의 소속 선수 에이전트나 운영을 맡도록 했다"고 밝혔다.

이 대행은 또한 "최서원이 문화체육관광부 제2차관 김종을 통해 지역 스포츠클럽 전면 개편에 대한 문체부 내부 문건을 전달받아, K스포츠가 이에 관여해 더블루케이가 이득을 취할 방안을 마련했고, 피청구인은 롯데그룹 회장을 독대해 5대 거점 체육인재 육성 사업과 관련해 하남시에 체육시설을 건립하려고 하니 자금을 지원해달라고 요구, 롯데는 K스포츠에 70억원을 송금했다"고 말했다.

검찰수사와 재판과정에서 드러난 최순실과 박근혜 대통령 간의 공모 사실을 적시한 이 대행은 과연 이런 행위가 헌법과 법률에 위배되는지 검토해 결정문에 상세히 밝혔다. 이 대행은 "피청구인의 행위는 최서원의 이익을 위해 대통령의 지위와 권한을 남용한 것으로서 공정한 직무수행이라고 할 수 없으며, 헌법·국가공무원법·공직자윤리법 등을 위배한 것"이며 "재단법인 미르와 K스포츠의 설립, 최서원의 이권 개입에 직간접적으로 도움을 준 피청구인의 행위는 기업의 재산권을 침해하였을 뿐만 아니라, 기업 경영의 자유를 침해한 것"이라고 밝혔다.

무엇보다 "피청구인의 지시 또는 방치에 따라 직무상 비밀에 해당하는 많은 문건이 최서원에게 유출된 점은 국가공무원법의 비밀엄수 의무를 위배한 것"이라고 밝히고, 지금까지 거론된 박근혜 대통령의 법 위반행위가 대통령의 직무를 파면할 만큼 중대한 것인지 살폈다.

"대통령은 헌법과 법률에 따라 권한을 행사해야 함은 물론이고, 공무수행을 투명하게 공개하여 국민의 평가를 받아야 하는데, 피청구인은 최서원의 국정개입 사실을 철저히 숨겼고, 그에 관한 의혹이 제기될 때마다 이를 부인하며 오히려 의혹 제기를 비난했다. 피청구인인 대통령 박근혜의 헌법과 법률 위배행위는 재임 기간 전반에 걸쳐 지속적으로 이루어졌고, 국회와 언론의 지적에도 불구하고 오히려 사실을 은폐하고 관련자를 단속해왔다. 그 결과 피청구인의 지시에 따른 안종범·김종·정호성 등이 부패범죄 혐의로 구속 기소되는 중대한 사태에 이르렀다. 이러한 피청구인의 위헌·위법행위는 대의민주제 원리와 법치주의 정신을 훼손한 것이다. 피청구인은 대국민 담화에서 진상 규명에 최대한 협조하겠다고 하였으나 정작 검찰과 특별검사의 조사에 응하지 않았고, 청와대에 대한 압수수색도 거부했다. 이 사건 소추사유와 관련한 피청구인의 일련의 언행을 보면, 법 위배행위가 반복되지 않도록 할 헌법 수호의지가 드러나지 않는다. 결국 피청구인의 위헌·위법행위는 국민의 신임을 배반한 것으로 헌법 수호의 관점에서 용납될 수 없는 중대한 법 위배행위로 보아야 하며, 피청구인의 법 위배행위가 헌법질서에 미치는 부정적 영향과 파급 효과가 중대하므로, 피청구인을 파면함으로써 얻는 헌법 수호의 이익이 압도적으로 크다고 할 것이다."

그리고 주문이 이어졌다.

"재판관 전원의 일치된 의견으로 주문을 선고합니다. 주문 피청구인 대통령 박근혜를 파면한다."

어안이 벙벙했다. 재판관들이 일어나 퇴정하자 헌법재판소 대심판정도 술렁였다. 눈치 빠른 몇몇 기자들은 '파면선고'가 내려지자 곧이어 퇴정할 양측 대리인단의 소감을 듣기 위해 서둘러 노트북을 접었다. 절대로 무너지지 않을 것 같던 철옹성 권력, 박정희 신화, 그의 딸 박근혜권력이 무너지는 순간이었다. 나도 모르게 국민이 이겼다는 탄성이 입 밖으로 나왔다. 이런 날이 오는구나, 눈시울이 뜨거워졌다. 겨우내 촛불 한자루에 의지한 채 불의한 권력을 심판하자고 했던 그 마음 그대로 현실이 되었다. 함께 꾸는 꿈은 현실이 된다고 했던가. 막상 현실이 되니, 귓불을 잡아당기고 싶은 정도로 실감 나지 않았다.

이 대행의 입에서 "피청구인 대통령 박근혜를 파면한다"는 선고가 나왔을 때 국회 측 대리인들은 미소를 지었다. 반대로, 대통령 측 대리인단은 미동조차 없이 앉아 있었다. 재판관 전원이 퇴장한 뒤에야 양측 대리인단이 일어섰고, 국회 측은 서로 "고생했다" "잘했다"며 격려를, 대통령 측 대리인단은 굳은 얼굴로 악수를 나누고 서둘러 법정을 빠져나왔다.

권성동 탄핵소추위원장을 비롯한 국회 측 대리인들이 법정 밖에서 대기 중이던 기자들 앞에 섰다. 권성동 위원장의 말이다.

"그동안 탄핵심판 과정에서 우리 국민 모두가 많은 걱정을 했습니다. 정치권이 이 걱정을 제대로 담아내지 못했다고 생각합니다. 정치인의 한 사람으로서 반성하고 국민 여러분께 사죄드립니다. 이제 서로가 서로에 대한 적개심을 버려야 합니다. 서로 위로하고 치유하는 그런 대한민국을 만들 수 있도록 국민 여러분께서도 협조해주셨으면 합니다. 오늘 헌재 결정에 대한 무조건적인 승복이 필요합니다. 앞으로 국회에서 좀더 좋은 정치를 할 수 있도록 최선을 다하겠습니다."

뒤이어 대통령 측 대리인인 서석구 변호사가 기자들에 둘러싸인 채로 포토라인에 섰다. 서 변호사의 말이다.

"촛불 세력에 날개를 달아주면, 대한민국 망합니다. 촛불집회를 탄핵사유로 지적한, 국회의 탄핵소추에 손을 들어주면 결국 박근혜 대통령은 구속되고 그 대신에 이석기(전 통합진보당 국회의원) 사면을 주장하는 세력들, 그 세력들이 나오면 결국 민노총(전국민주노동조합총연맹)이 주도하는 촛불집회에 날개를 달아주고, 그것이 민심인 것처럼 국민에게 포장돼 나가게 됩니다. 대한민국의 운명이 어떻게 되겠습니까. 저는 참담합니다."

서 변호사가 말하는 촛불세력은 촛불집회에 참석한 1700만 시민이며, 동시에 박근혜 대통령의 탄핵을 주장했던 대한민국의 70% 국민여론이다. 낯선 땅 외국에서 인터넷 방송을 틀어놓고 촛불집회에 '온라인으로 참여했던' 해외동포들이다. 그런 이들이 원하는 민주주의와 인권, 평화로운 세상을 만든다고 나라가 망한다? 누가 동의할 수 있겠나.

: "이제 방 빼라!"

"그러나" "그러나" "그러나"에 심장이 오그라들고 한숨도 터졌지만, 결국 "대통령 박근혜를 파면한다"는 말에 시민들 사이에선 환호성이 터졌다. 촛불집회 내내 시민들을 만나면서, 이번 탄핵 심판 선고 재판은 정의냐 불의냐, 상식이냐 몰상식이냐의 다툼이지, 결코 진보-보수의 문제가 아니라고 했던 주장이 관철된 것 같아 뿌듯했다. 헌재가 상식의 눈높이에서 파면을 결정한 것도 반가웠다. 헌법은 국민의 상식에 부합해야 하므로 다수 국민의 생각과 다른 판결을 할 수 없다는 뜻으로도 해석됐다. 솔직히, 헌재의 선고 결정문을 가지고 쟁점별로 따지고 들면 치열한 토론을 할 여지가 없는 것은 아니지만, 그래도 8대0 전원 일치로 '박근혜 파면'을 결정한 터라 그 자체만으로도 국민들에게는 큰 기쁨이었다. 특히 세월호 참사와 관련해 비판과 논쟁거리는 많았지만, 당장엔 파면 그 자체를 수용할 수밖에 없었다.

2017년 3월 10일 오전 9시부터 안국역 1번 출구 한국걸스카우트회관과 종로경찰서 사이에서 집회를 열었던 박근혜정권 퇴진 비상국민행동(이하 퇴진행동)은 대형 스크린에 대심판정 화면을 띄워놓고 시민들과 함께 박근혜 대통령 탄핵심판 선고를 지켜보았다. 다들 긴장한 탓인지 어깨가 움츠러들고 양손을 포갠 모습이 마치 간절한 기도를 올리는 듯도 했다. 그러다 이정미 대행의 입에서 "피청구인의 위헌·위법행위는 국민의 신임을 배반한 것으로 헌법 수호의 관점에서 용납될 수 없는 중대한 법 위배행위라고 봐야 한다"는 말이 떨어지자, 박수와 함성이 터졌다. 헌재 앞을 지키고 있던 촛불대오에서만 환호성이 터진 것은 아니었다. 회사, 작은

© 연합뉴스

헌재가 박근혜 대통령 파면을 결정하자,
광화문광장에서 대형 스크린으로 판결을 시청하던
시민들은 환호하며 헌재의 결정을 반겼다.

상점과 큰 빌딩, 학교 교실 등에서도 박근혜 대통령 파면 소식에 환호가 터졌다. 페이스북 타임라인엔 "눈물이 난다" "정의가 승리했다" "촛불이 이겼다" "국민은 위대하다" "월드컵 4강 진출보다 더 기쁘다" "이게 끝이 아니다" "탄핵에 반대했던 사람들도 함께 추슬러서 민주주의를 합의하고 적폐청산의 길로 가야 한다"는 당부가 이어졌다.

퇴진행동이 마련한 스크린을 통해 탄핵선고 공판을 지켜보던 시민들 중 가장 먼저 울음을 터트린 이들은 세월호 가족이었다. 세월호 가족들과 시민들은 자리에서 벌떡 일어나 만세를 불렀다. 얼싸안고 감격의 눈물을 흘렸다. 작곡가 윤민석의 음악 「진실은 침몰하지 않는다」 합창은 웅장했다. 하늘에서 세월호의 아이들이 함께 부르는 것일까. 평소보다 훨씬 장엄하고 힘차게 들렸다.

어둠은 빛을 이길 수 없다
거짓은 참을 이길 수 없다
진실은 침몰하지 않는다
우리는 포기하지 않는다

눈물 콧물 흘리던 시민들은 승리를 자축했다. 시내버스를 빼고는 도심을 오가는 차량마저 한산했던 2017년 3월 10일. 2002년 한일월드컵 때나 울렸던 차량 경적 소리가 15년 만에 다시 퍼졌고,

윤민석의 음악 「대한민국은 민주공화국이다」 「이게 나라냐 ㅅㅂ」 「진실은 침몰하지 않는다」 등의 민중가요가 마치 대중가요처럼 거리에 울려 퍼졌다.

파면선고를 확인한 5000여명의 시민들은 안국역 1번과 6번 출구 사이에서 청와대가 있는 청운효자동 방향으로 행진을 시작했다. 청와대 앞까지 가서 승리를 자축하고 다시 광화문으로 돌아오는 코스다. 대낮의 따사로운 햇살을 받으며 걷는 청운효자동 길은 매우 경쾌했다. 그저 걷고 있을 뿐인데, 너 나 할 것 없이 서로를 격려하며 행복한 웃음을 나누었다. 이름을 밝히지 않은 한 중년 여성에게 "왜 이렇게 기분이 좋으시냐"고 물으니 기막힌 답이 돌아왔다.

"아니, 왜냐니요? 박근혜 파면 축하합니다! 이제 방 빼야죠. 우리 국민의 승리입니다. 저 오늘 너무 기분 좋아요, 하하하하."

청운효자동을 걷던 또다른 중년 여성도 같은 말을 던졌다.

"어머, 나 카메라에 잡히면 안 되는데… (얼굴을 손팻말로 가리고 뒤돌아선 채) 우리 아들한테 여기 간다는 말 안 했거든요. 그나저나 오늘 저 너무 행복해요. 박근혜 대통령 파면선고 계기로 공정하고 투명한 민주국가가 됐으면 좋겠어요."

올해 스무살이 되는 여학생들에게도 물었다. 왜 기분이 좋으냐고.

"박근혜 대통령이 파면되어서 너무 기쁘고 행복합니다. 이제 막 스무살이 됐는데요. 앞으로 역사에 길이길이 남을 촛불집회 잘 정리해서 기록하고 싶어요. 박근혜 대통령 파면됐으니까 이제 좋은 대통령 뽑아서 좋은 정부 만들면 좋겠습니다! 아침 9시부터 학생회 친구들과 함께 커다란 모니터로 생중계를 보면서 헌재를 응원한 보람이 있네요."

거리를 오가는 많은 시민은 매우 즐거워 보였다. 안국동에서 청운효자동을 거쳐 다시 광화문으로 돌아 나온 시민들은 대낮부터 광장을 채웠다. 듬성듬성 잔디밭에 자리를 펴고 앉은 시민들은 퇴진행동 측이 미리 틀어놓은 경쾌한 음악에 맞춰 어깨를 흔들고 박수를 쳤다. 3월의 햇살이 등짝을 따뜻하게 비춰준 쾌청한 봄날, "박근혜가 없어야 진짜 3월"이라고 하더니, 정말 그 말처럼 돼버렸다. 사랑은 도둑처럼 온다더니, 파면이 도둑처럼 왔다.

: 격앙된 태극기, 사람이 죽었다

탄핵심판 선고 후 헌법재판소를 빠져나왔지만 광화문광장으로 가는 빠른 길은 모두 막혀 있었다. 가는 길마다 경찰의 차벽과 마주했고, 이 길은 갈 수 없으니 다른 길로 돌아가라는 통보만 들어야 했다. 큰일이다. 몇몇 기자들은 왜 길을 막느냐고 실랑이도 벌였다. 그러나 시간을 지체할 일이 아니었다. 하는 수 없이 헌법재판소에서 광화문광장 반대쪽인 재동초등학교 방향으로 걸었다.

그러다가 현대사옥 옆길로 빠져 수운회관과 운현궁 사이로 걸어 나와 인사동에 닿았고 결국 낙원상가를 바라보고 종로구청 길을 지나고 나서야 광화문광장에 도착할 수 있었다. 2017년 3월 10일, 헌재에서 광화문으로 가는 가장 빠른 길은 이 길이었다.

그 와중에 안국역 4번 출구 쪽에서는 다시 군가가 울렸다. 태극기와 성조기를 어깨에 메거나 든 어르신들이 곳곳에 있었다. 일부는 서서, 일부는 쭈그리고 앉아서 박근혜 대통령의 파면선고에 분루를 삼켰다. 박근혜 대통령의 사진을 목에 건 중년 여성은 격앙된 마음을 추스르지 못한 탓인지 행인들을 향해 무조건 육두문자를 퍼부었다. 무시하고 지나쳤지만 듣기엔 거북했다. 태극기를 온몸에 휘감고는 군가를 따라 부르는 이도 있었고, 땅바닥에 주저앉아 애절하게 통곡하는 사람도 있었다.

압구정동에 산다는 80대 남성은 어느 기자와 만나 '언론 탓'을 했다. "언론이 미리 선동하는 바람에 이렇게 됐다"며 "각하를 확신했는데 이 나라를 김정은이 차지해야 정신을 차릴 것이냐"며 개탄했다. 탄기국 집회 참가자들 사이에선 "결국 빨갱이에게 나라를 빼앗겼다"는 탄식과 "전쟁이다, 싸우자"는 고성이 이어졌다. 비선실세를 곁에 두고 국정농단을 벌인 헌법위반 사건에 대해 왜 "빨갱이"로 맞설까. 여전히 '색깔론' '종북'이면 모든 것이 문제없다고 생각하는 것일까. 상식적이고 정의로운 나라, 누구나 차별 없이 균등한 기회를 누리는 나라, 그런 나라를 만들자고 촛불을 들었는데, '김정은' '빨갱이' '종북'이라는 단어가 날아든다. 탄기국 집회에 참가한 시민들은 종북·좌파·빨갱이 운운하며 촛불 든 시민들과 기자들을 불온시했다. 21세기를 살고 있으면서도 여전히 1945년 해방 정국처럼 '레드 콤플렉스'에 사로잡혀 있다니. 이것은 모두 분단사회의 비극이다. 하긴 박근혜정부는 정치적 반대자들을 무조건 블랙리스트로 묶고 관리하며 마치 이 사회에서 도려내야 하는 암적 존재인 것처럼 정치시스템을 작동하지 않았는가. 그러니 이런 종북 이데올로기가 설치는 건 어쩌면 당연한 일이다.

2017년 12월 1일 국회에서 탄핵소추안이 의결되기 전 실시한 리얼미터 여론조사에 따르면 국민의 75.3%가 탄핵에 찬성한다고 했다. 매주 여론조사에서 약간의 오차는 있었지만 국민여론은 비슷한 추세로 박근혜 대통령의 탄핵을 국회에 요구했다. 조금만 관심을 갖고 미디어를 들여다보았다면 박근혜-최순실의 국정농단이 얼마나 심각하게 헌법질서를 농락했는지 쉽게 이해할 수 있음에도 탄기국 집회로 몰려든 시민들은 '묻지 마 지지'를 보냈다. 왜 그럴까.

"기자들을 잡아 죽이자" "살려두면 안 된다", 광기 어린 언어도단이 쏟아졌다. 파면선고 직후 탄기국 집회 무대 위에 선 사회자들은 "헌재로 쳐들어가자" "뒤쪽은 청와대로 진격한다" "돌격, 우리가 접수하자" 등의 구호를 외치면서 시위대를 자극했다. 손상대 뉴스타운 대표는 "여기 오늘 '내가 죽어도 좋다' 하는 사람 100명만 나오라"고 요구했고, 정광용 탄기국 대변인은 "내가 할복할 생각까지 했었으나 싸우려면 살아 있어야 한다고 생각했다. 박 대통령은 잠시 죽었지만 영원히 살 수 있는 예수님의 길을 선택했다, 우리는 살아서 끝까지 싸울 것"이라고 주장했다.

취재기자의 카메라를 빼앗아 촬영물을 삭제하거나 기자들을 폭행하는 일도 벌어졌다. 일부 기자들은 현장취재를 하지 못하고 대피하는 소동도 빚어졌으니 보통 심각한 상황이 아니었다. 그 가운데 고성과 욕설은 기본이다. 전국언론노동조합은 긴급 성명을 발표해서 "기자에 대한 폭행은 개인에 대한 폭행을 넘어 언로를 가로막는 심각한 언론 자유의 침해"라며 "기자 집단폭행은 공권력과 헌법에 대한 도전으로 이에 대해 철저한 수사가 이뤄져야 한다"고 밝혔다. 경찰에 집계된 당일 피해 언론인만 모두 7개 언론사의 12명이다. 경찰은 기자들에게 폭력을 휘두른 혐의로 7명을 연행했다.

자신의 입장에 반대하는 모든 대상에게 적대적이었던 탄기국 집회 참가자들은 격한 욕설과 함께 민주질서에 맞지 않는 주장도 늘어놓았다. 헌법재판소의 탄핵심판 결정을 받아들일 수 없다는 불복종 선언도 이어졌다. 아예 "계엄령을 선포해 국회의원 전원을 체포하자"는 막말도 나왔다.

분노에 휩싸인 탄기국 집회 행렬을 지나는 와중에 사람이 죽었다는 소식을 접했다. 낮 12시 20분경 70대 김모씨가 지하철 3호선 안국역 4번 출구와 5번 출구 사이에서 벌어진 집회에 참석하여 헌재 쪽으로 걸어가다가 경찰의 소음관리차량 위에서 떨어진 스피커에 맞아 쓰려져 피를 흘리다가 119 구급대에 실려 서울대병원으로 이송됐으나 끝내 숨졌다는 소식이었다. 경찰의 설명에 따르면, 이 사건의 용의자 60대 정모씨는 탄기국 집회에 참석했다가 경찰버스를 탈취해 차벽을 들이받았고 그 과정에서 음향장치(스피커)가 떨어져 근처에 있던 김씨가 참변을 당한 것이다. 경찰은 정씨를 체포해 수사 중이라고 했다. 이뿐 아니다. 같은 날 12시 15분쯤엔 안국역 지하도에서 67세 김모씨가 쓰러진 채로 발견돼 강북삼성병원으로 후송돼 응급처치를 받았지만 결국 사망했다.

이날 폭력집회로 지하철 3호선 안국역 4번 출구와 5번 출구 수운회관과 운현궁 사이에서는 탄기국 집회 참가자 4명이 사망했고 30명이 다쳤으며 경찰관 16명이 다쳤다. 경찰의 장비도 다수 파손됐다. 경찰들은 당시 상황을 "소요 수준"이라고 말했고 현장은 아수라장이었다.

: 퇴근길, 우리는 광화문으로 간다

광화문광장에 모인 시민들은 환호했다. 청소년부터 장년, 노년층까지 두루 모여, 서로 오늘을 충분히 즐길 자격이 있다고들 했다. 더러는 캔맥주에 치킨을 먹으며 이른 오후 광장의 봄을 즐기는 이들도 있었다. 분을 삭이지 못한 탄기국 집회 참가자들 일부는 광장 곳곳에 무궁화 조화와 태극기를 달고, '예수천국 불신지옥'을 외치는 사람들처럼 혼잣말을 해댔다. 그러나 광장에서 자유와 평화, 민주주의를 만끽하고 있는 시민들은 누구 하나 그들과 싸우지 않았다.

따지고 보면 무려 133일을 촛불로 버텨온 광장이다. 내가 오늘 들고 서 있는 이 촛불로 대한민국을 바꿔낼 수 있다는 희망과 믿음으로 뭉친 장엄한 국민행렬이 존재했던 곳이다. 그 광장에서 새로운 대한민국의 가능성이 정말로 열리다니, 그것도 1987년 6월 항쟁 이후 30년 만에, 지독히도 끝날 것 같지 않았던 독재의 잔재가, 그리고 친일의 뿌리가 저 밑바닥에서부터 흔들리다니 놀랄 일이었다.

대통령 파면선고 직후 헌법재판소를 나와 광화문광장까지 오는 길이 끊임없이 막혔음에도 돌고 돌아 끝내 목적지에 도착했듯이, 우리 역사도 종로통의 골목길처럼 돌고 돌아 마침내 박근혜 대통령 파면선고라는 정거장에 우리를 데려다 놓았다 싶었다.

시민들은 오늘은 '불금'이 아니라 '탄금'이라고 했다. 불타는 금요일이 아니라 박근혜 대통령이 탄핵된 금요일이라는 게다.

시민자유발언으로 집회를 시작한 퇴진행동의 이태호 공동상황실장은 "지난해 10월 '이게 나라냐'는 탄식으로 시작된 작은 외침

박근혜 대통령이 파면된 2017년 3월 10일 오후,
광화문광장 집회에 모인 시민들 너머로
불이 꺼진 청와대가 보인다.

이 거대한 함성이 되어 새 역사의 장을 열었다"고 평가했다. "위대한 승리의 첫걸음, 민주·복지·평화 세상을 향한 거대한 첫걸음을 떼었을 뿐"이라며 "우리가 광장에 섰기 때문에 변화가 시작됐고 따라서 우리는 결코 광장을 포기할 수 없다"고 말했다. 각자 발 딛고 선 현장에서 촛불민주주의를 넘어서는 새롭고 너 큰 민주주의를 이뤄내야 한다는 주장이 이어졌다.

평일이었음에도 주최 측 추산 10만명의 시민이 광화문광장에 모였고, 주위를 둘러보니 퇴근하고 가벼운 차림으로 나온 직장인들의 참여가 두드러졌다. 불의한 권력을 시민의 힘으로 몰아낸 역사적인 날. 봄이 왔다.

2부

100만
광화문 촛불

: 차벽의 나라

정오, 광화문은 삼엄했다. 집회는 오후 4시 시작인데 경찰은 벌써부터 차벽을 설치하느라 정신없이 바빴다. 어떻게 하면 시민행렬이 이 벽을 넘지 못하게 할까, 몰두하는 듯했다. 동공을 굴려 찬찬히 경찰의 동선을 따라갔다. 차량 간격이 말 그대로 예술이다. 약 15~20센티미터 사이를 두고 차를 따닥따닥 붙였는데, 게처럼 옆으로 걸어도 사람은 지나갈 수 없었다. 자로 잰 듯 딱, 사람이 통과할 수 없을 만큼만 거리를 두었다. 정복 차림의 장정 서넛은 여러 경찰버스 위로 올라가 버스와 버스 사이를 밧줄로 이었다. 그러곤 이리저리 당겨 꽉꽉 묶었다. 버스 위에서 쿵쿵 뛰어도 보고, 줄다리기하듯 다리를 쫙 벌려 버스를 통째로 흔들어도 보았다. 이 정도면 괜찮은지, 고개를 갸웃거리며. 스스로 완벽하다 싶을 때까지 경찰 장정들의 움직임은 계속됐다.

또다른 경찰은 타이어 휠에 하얀 실리콘을 잔뜩 부어 구멍을 메웠다. 검지로 눌러보니 실리콘이 쑥쑥 들어갔다. 미끄럼 방지용이다. 혹여 시민들이 몰려와 휠 속에 밧줄을 묶어 경찰버스를 흔들거나 쓰러뜨리려 해도 굳건히 버틸 만큼 단단히 묶였는지 체크하고 또 체크했다. 참, 꼼꼼했다. 차벽을 이렇게 설치하는구나, 새삼스러웠다.

정확하게 미국대사관과 세종로공원 사이. 경복궁을 바라보고 좌우로 딱 그 선에 버스를 세웠다. 경찰의 '시민 저지선'은 이렇게 완성됐다. '빨간 딱지' 계고장처럼 광장에 그렇게 차벽을 세웠다. '이 벽을 넘지 마시오' 식처럼 말이다. 2015년 11월 농민 백남기 어르신이 물대포에 맞아 쓰러졌을 때 경찰은 밧줄 묶은 차벽에 콩기름까지 발라두었다. 시민들이 미끄러져 차벽을 넘지 못하도록 하려던 거였다. 콩기름에 미끄러져 뒤로 넘어져 머리가 깨지는 날엔 어쩌라는 건가. 시민의 안전엔 아무 관심도 없었던 박근혜정부. 경찰이 차벽을 세우는 장면을 가만히 보고 있자니 퍽 불편했다. 광장은 오롯이 시민의 것인데, 경찰은 박근혜 대통령과 청와대 안위에만 몰두하는구나, 볼멘소리가 툭 튀어나왔다.

'박근혜 퇴진해, 물러나, 내려와' 2016 민중총궐기 3차 촛불집회를 4시간여 앞둔 2016년 11월 12일 광화문의 경찰은 호떡집 사장님만큼이나 바빴다. 연이어 울리는 무전기 소리를 들으며 현장

지휘관 회의도 했다. 시민의 행진대오가 광화문을 지나 청와대로 진격하면 어떻게 할지를 두고 골머리를 앓는 듯했다. 심각한 '현장 회의'였다. 늦가을 평화로운 광화문 정취는 온데간데없고 검은 헬멧 눌러쓴 의경들만 북적였다.

경찰이 분주한 만큼 시민행렬도 빠르게 늘어났다. 공분 때문이다. 박근혜 대통령과 이 정부를 그대로 놔두고는 도무지 일이 손에 안 잡혔던 건지 주말 휴일을 반납한 국민들은 전국에서 광화문으로 몰려들었다. 일 때문에 나올 수 없는 이들은 유튜브 또는 페이스북 라이브 방송으로 함께하며 거기에 댓글을 남겼다. 분노한 시민대오는 비단 광화문에서만이 아니라 전국에서 또 전세계에서 같은 시간 온라인 공간을 통해 함께했다. 엄청난 연대의 현장. 스마트폰이 세상을 바꿔놓았다. 실시간으로 뉴스를 검색하며 SNS로 소식을 퍼 나르고 연대하는 사람들. 2008년 미국산 쇠고기 수입반대 집회 때만 해도 없던 풍경이다. 하물며 30년 전 6월항쟁과는 비교도 할 수 없는 다양한 연령과 분야를 망라한 시민 참여. 거리의 시민들은 30년 전과는 달리 쾌활했고 우울해하지 않았다. 경쾌한 발걸음으로 광장에 모인 시민들은 수만 경찰이 인도를 독차지해도 아랑곳하지 않았다. 광장 어디서나 시민들은 자유롭게 말하고 불의한 권력을 내쫓는 데 대해 한목소리로 뜨겁게 연대했다. 서울시청 앞에서 만난 비정규직 노동자들의 목소리는 들떠 있었고, 표정은 매우 밝았다.

— 어디서 오셨습니까.

"새벽 3시 진주에서 출발했습니다!"

— 어머나, 세상에. 그렇게 일찍, 왜 굳이 광화문까지 와야겠다고 생각하셨습니까.

"세상을 바꿔야지요. 엉망으로 돌아가는 세상. 우리 아이들의 미래를 위해 꼭 바꿔야 합니다. 나라를 이 모양 이 꼴로 놔두면 우리 아이들의 미래가 어떻게 되겠습니까. 우리 애들을 위해 이 나라를 꼭 바꿔야 합니다. 여기 있는 우리는 지금 같은 생각을 가진 사람들이니까 우리의 요구가 관철될 때까지, 끝까지 함께하면 좋겠어요. 승리할 때까지 꼭이요."

새벽 3시에 경남 진주를 출발해 서울시청 광장에 온 학교 비정규직 노동자는 세상을 바꾸겠다는 강렬한 열망으로 광장에 나왔다. 목소리가 우렁차고 힘이 있었다. 어떻게든 모두 함께 세상을 바꾸는 데 힘을 모으자는 메시지를 던졌다. 또다른 시민을 만나보았다.

— 어디서 오셨습니까.

"전남 광양에서 아침 7시에 출발했습니다. 저와 함께 모두 80명이 관광버스 2대로 나눠 타고 서울로 왔습니다. 도착을

10분 전쯤에 했으니까 여기까지 6시간 걸렸네요."

— 아유, 고생 많으셨습니다. 6시간이나 걸려 광장에 꼭 오려던
이유는 뭡니까.

"박근혜정부의 실정을 규탄하기 위해서 왔습니다! 함께하
십시다!"

울산에서 새벽 5시에 출발해 관광버스 10대로 무려 300명의 시
민이 함께 왔다고 전한 비정규직 노동자도 있었다. 울산에서는
10대의 관광버스를 한꺼번에 대절할 수가 없어 부산으로 연락해
차를 잡았다는 노동자들. 대단한 열정이었다. 그에게 물었다. 왜
서울시청 광장까지 와야만 했느냐고.

"세상을 바꿔야 합니다. 비정규직을 철폐해야 합니다. 국민은 강
합니다. 박근혜 대통령은 당연히 내려오셔야 할 겁니다. 당연히 국
민이 이깁니다. 서울시청 광장으로 모여주세요. 힘을 합칩시다!"

엄마의 손을 꼭 잡은 딸아이는 열한살. 모자에는 '하야 박근혜'
스티커가 붙어 있었다. 엄마 손을 잡고 울산에서 서울까지 올라와
수많은 인파가 외치는 '박근혜 퇴진' 함성 속에 서서 그 아이는 어
떤 생각을 했을까.

: 숨 막히는 광화문, 그러나 '불평제로'

숨이 막혔다. 다섯손가락을 하나로 모아 촛불 한자루를 감싸 쥐고 옆 사람과 어깨를 붙인 채 앞사람의 등짝이 코에 붙을 만큼 촘촘히 섰다. 좀체 움직이질 않았다. "잠깐만요, 잠깐만요"하며 길을 터보려고 했지만 요지부동이다. 사방이 막혔다. 출근길, 퇴근길 만원버스와 지하철 느낌. 대중교통은 잠시 내렸다 다시 탈 수 있지만 광화문 세종문화회관 앞 도로는 내렸다 다시 탈 역도 정류장도 없었다. 박근혜 하야, 퇴진 촉구는 거리에 물밀 듯 쏟아져 나온 시민물결만 보아도 얼마나 크고 거센지 알 수 있었다.

"박근혜는 물러나라!"함성은 광화문광장을 쩌렁쩌렁 울렸고, 100만 인파의 진동 속에 장중하게 퍼졌다. 전세계 어느 나라에서 이처럼 평화로운 촛불문화제를 했나. 대한민국이 최초다. 너무나 아름다운 촛불이지만, 점점 숨통을 조여드는 통에 11월의 늦가을 이건만 삐질삐질 땀이 났다. 숨이 막힐 정도로 사람이 많아 답답했지만 그냥 이 물결을 따라 흘러갈 수밖에 별다른 도리가 없었다.

참으로 신기한 것은 숨이 막히도록 꽉 조여드는 상황에도 화내는 사람이 없다는 거였다. 대개 이런 상황이 되면 누군가 먼저 꼭 신경질을 내기 마련이다. 그런 사람이 있다. 만원버스에서도 지하철에서도 한둘은 꼭 짜증을 낸다. 짜증은 바이러스처럼 퍼져 전염이 되고 급기야 싸움으로 불붙기도 한다. 그런데 이상하게도 광화문광장 촛불 주변에는 미소뿐이었다. 어린아이의 손을 잡은 엄마 아빠를 먼저 배려하고, 내 아이 남의 아이 구분하지 않고 애들을 먼저 살폈다. "괜찮으세요?" "미안합니다." 배려도 많았다. 불의한 권력, 박근혜 대통령의 퇴진을 촉구하는 정치집회였지만 현장은 거칠지 않았고 정치적이지도 않았으며 소박하고 매우 따뜻했다.

퇴진행동 주최 측은 100만 인파를 예상했다는데 아무래도 그 수를 넘은 것 아닌가 싶을 만큼 많았다. 그러지 않고는 이렇게 붐 빌 리가 없다. 지하철 5호선 광화문역 3번 출구로 올라오는 시민 행렬은 끝도 없이 이어졌고, 역내가 너무나 혼잡한 나머지 광화문 역은 정차하지 않는다는 무정차 통과 소식도 들려왔다. 화장실 줄 은 또 얼마나 길었던가. 화장실을 한번 다녀오는 데 최소 40분은 족히 걸렸다. 이렇게 복잡하니, SNS에는 친절한 안내가 줄을 이었 다. "지하철 5호선 광화문역을 피하세요" "1호선 종각역이나 3호 선 경복궁역, 안국역을 우회해 광화문으로 와야 합니다", 따뜻한 메시지가 동선을 바꿔주었다. 스마트폰으로 정보를 확인하고 동 선을 바꾸는 센스! 예전에는 교통방송 라디오를 들으며 차량이 막 히는 길을 피해 다녔는데 요새는 SNS 트위터에 올라오는 소식을 따른다. 세상이 그만큼 변한 게다.

세상의 변화를 절감하며 행렬을 따라가는데 오전부터 정신없 이 바쁘던 경찰과 차벽이 어느새 눈에 띄지 않았다. 절대로 무너 지지 않게, 참 꼼꼼히도 이어붙인 차벽인데 대체 이 벽이 어디로 갔나 싶었다. 차벽은 사라지고 그 자리에 시민들이 자리를 깔고 앉았다. 알아보니, 법원의 집행정지 가처분 인용 덕이었다. 참여연대 공익법센터는 경찰이 경복궁역 사거리에서 안국역 사거리(사직로-율곡로)로 접근하는 모든 통로를 차단해서 행진할 길이 없어지자 법원에 이 조건을 다투는 소송을 제기했다. 그 결과, 법원은 서울광장에서 경복궁역 사거리로 행진할 수 있게 허락했다. 시민 손을 들어준 것이다. 이에 관한 법원의 해석이 압권이다.

법원은 "오늘의 집회가 청소년과 어른, 노인을 불문하고 다수의 국민들이 자발적으로 참여하고 있으며 이 집회를 조건 없이 허용하는 것이 민주주의 국가임을 스스로 증명하는 것"이라며 "대통령에게 국민의 목소리를 전달하고자 하는 오늘 집회의 특수 목적상 사직로, 율곡로가 집회 및 행진 장소로서 갖는 의미가 현저히 중요하다"고 밝혔다.

광장엔 정말 많은 대학생과 청소년, 어린이가 몰려나왔다.

"친구 셋이 같이 왔습니다. 지금 공부가 문제가 아니라, 나라가 먼저 바뀌어야 한다고 생각해서 나왔습니다. 대통령부터 잘못되어 나왔습니다. 국정교과서는 없어져야 합니다. 박근혜가 버티면 나라가 엉망이 됩니다. 내려오세요."

일민미술관 앞에서 만난 중3 남학생들이었다. 그들이 들고 있던 풍선엔 '국정화 교과서 반대'라고 쓰여 있었다. 박근혜 대통령이 버티면 나라가 엉망이 된다고 주장하는 중학생. 그 결기가 대단했다. 1960년 3·15부정선거 규탄시위 때도 고등학생을 필두로 한 청소년들이 대거 참여했고, 4·19혁명 때도 초등학생을 비롯한 청소년들이 많이 참여했다. 2008년 미국산 쇠고기 수입반대 집회 때도 여중생들이 대거 몰려나왔다. 역사의 고비마다 격정적으로 일어서는 무리는 늘 학생이다. 이런저런 상념에 빠지는 사이, 교복 입은 여중생들이 훅 지나가 얼른 불러 세웠다. 마이크를 입 주변에 가까이 대자 뒤로 물러서며 깔깔깔 웃어댔다.

"파주에서 왔어요. 친구랑 둘이. 엄마가 처음에는 허락 안 했는데 끝까지 얘기해서 왔습니다. 박근혜와 최순실 때문에 화가 났고 조금이라도 촛불에 힘이 되어주고 싶어요. 대통령의 연설문이 최순실에게 간 것도 문제, 대통령도 아니면서 최순실이 대통령 행세한 것도 문제, 세월호 진실이 안 밝혀진 것도 문제, 다 문제예요. 인터넷 찾아보고 SNS 볼 때 정말 답답했어요."

국가기밀에 해당하는 대통령의 연설문이 일반인인 최순실씨에게 유출된 것, '비선실세'로 뒤에서 권력을 누린 것 모두 잘못됐다는 지적이다. 중학생도 알고 있는 진실을 왜 박근혜 대통령은 외면하는 것일까.

자신을 대학생이라고 소개한 한 청년은 다소 초연한 태도로 말했다.

"박근혜 대통령의 지지율도 그렇고 국민의 마음이 이제는 하야 쪽으로 기울었습니다. 지금 박근혜 대통령에 대한 20대 청년 지지율이 0%예요. 빵프로! 주변을 봐도 박근혜를 좋아하는 사람이 없습니다. 이제 그만 내려오시죠."

20대 지지율 0% 대통령. 2016년 11월 11일 한국갤럽이 같은 달 8~10일 동안 전국 성인 1003명에게 물은 결과 대통령 직무수행 긍정률이 5%, 역대 대통령 최저치로 조사됐다. 20대는 0%, 30대는 3%, 젊은 층은 확실히 등을 돌렸다. 박근혜 대통령은 2030세대에게 입이 10개라도 할 말이 없다. 드러나는 지표가 말해준다. 통계청이 발표한 2017 실업 통계를 보면, 박근혜정부 첫해였던 2013년에 8.0%였던 청년실업률(만 15~29세)이 2016년엔 9.8%였다가 2017년 1분기에는 10.8%로 역대 최고 수준으로 올랐다. 당장 생존의 정글에 몰린 청년의 삶. 스펙 쌓느라, 값비싼 등록금 때문에 아르바이트하느라, 컵밥에 라면으로 끼니를 때우고 있다. '헬조선'이라는 조어도 이때 나왔다.

이명박-박근혜 정부 9년간 기업의 곳간은 계속 차고 넘쳤지만, 고용한파는 계속되었다. 2017년 3월 말 기준으로 30대 그룹 상장사의 사내유보금은 691조 5000억원, 즉 700조원에 육박한다. 이들의 사내유보금은 2012년 이명박에서 박근혜 정부로 넘어올 때만 해도 515조 4000억원이었다. 이명박-박근혜 정부 시절, 기업은 이처럼 해마다 더 큰 부자가 됐다. 국회 기획재정위원회 박광온 더불어민주당 의원이 분석한 기업의 연결재무제표에 따르면, 2016년 회계연도 기준으로 한국의 상위 30대 대기업 평균 사내유보율은 8682%. 기업의 이익잉여금과 자본잉여금을 합친 돈이 자기자본 대비 9000%나 된다는 얘기다. 그런데 정작 이명박-박근혜 정부와 재벌 대기업은 늘 '기업 하기 어렵다'는 프레임을 만들고 이를 여러 언론을 통해 전파했다. 그사이 기업은 자신이 필요하다면 정권을 동원해 불법과 편법을 저질렀다. 삼성전자 이재용 부회장의 경우가 대표적이다.

8개월 된 아기를 데리고 나온 엄마가 있었다. 앳된 이였다. 이렇게 사람들이 많은데 어린아이를 데리고 나왔다가 혹시 변이라도 당하면 어쩌려고 하느냐고 조심스럽게 물었다. 눈망울이 촉촉이 젖어들더니 또랑또랑한 목소리로 말했다.

"부모가 되었으니 이제 갓 태어난 아이를 위해 무엇이라도 노력하는 모습을 보이려고 나왔습니다. 제 아이를 이런 나라에서 키우고 싶지 않습니다. 공정하고 정의롭고 좀 살 만한 그런 나라에서 살게 하고 싶습니다. 더 많은 사람들이 더 크게 요구해야지요. 힘보태려고 나왔습니다."

유모차를 밀거나, 한 손으로 어린아이 손을 붙잡은 젊은 부부들이 자꾸 눈에 밟혔다. 발 디딜 틈 없는 광화문에서 어린아이가 혹여 다치지 않을까 부질없는 노파심이 드는 걸 보니, 이미 나도 나이가 들었나, 피식 웃음이 났다. 그 많은 사람들 속에 서 있는 젊은 엄마 아빠 들은 움찔도 하지 않는데 말이다.

2016년 11월 12일,
촛불집회에 참석한 부자가
서울 세종로 거리에 촛불을 켜고 앉아 있다.
촛불집회 내내 '아이를 위해' 거리에 나선
부모들이 눈에 띄었다.

: 시민 데이트

사람이 모이는 자리엔 언제나 소문난 이야기꾼이 등장하기 마
련이다. 타고난 시대의 이야기꾼 김제동씨는 인기 방송인이었지
만 이명박정부 때부터 박근혜정부에 이르기까지 지상파 텔레비
전과 라디오에서 만나기 어려웠다. 블랙리스트 때문이다. 정치적
반대자를 용납하지 않았던 유신 시절도 아니고, 제도적 민주주의
는 완성됐다고 했던 이명박-박근혜 정부에서 연예인을 반대자로
찍어 괴롭히다니. 블랙리스트 하나만으로도 박근혜정부는 민주
정부가 아니다. 반대자를 포용해 더 큰 민주주의로 나아갈 생각은
추호도 없었던 것일까. 옹색한 정권의 터부를 견뎌낸 그가 광장에
나타나니 시작 전부터 무대 앞은 인산인해였다. 때마침 JTBC「김
제동의 톡투유」가 인기 프로였기 때문에 직접 그를 만나고 싶은
시민들은 가지런히 줄지어 그를 기다렸다.

"저는요, 사람들이 보이는 집회가 됐으면 좋겠습니다. 오늘 이
곳을 찾은 아이들, 유모차에 아이 태우고 나오신 엄마, 또 어르신
들 모두 함께 우리가 잘 보호해야 합니다. 어떤 방식의 폭력이나
무질서도 허용하지 않아야 우리의 정당한 분노가 방향을 잃지 않
는다고 생각합니다. 나중에 우리 역사 속에서 이 현장을 보면 우
리 모두 평화의 역사를 만들었다 생각할 수 있도록 했으면 좋겠습
니다. 전의경 분들도 앞장서서 잘 보호해주세요!"

특유의 재간둥이 웃음. 무대 아래로 내려와 시민과 똑같은 눈높이에서 대화를 시작한 김제동씨는 가장 먼저 공주대 역사학과에 재학 중인 남학생 정재용씨와 마주했다.

"제가 일본 친구한테서 편지를 받았습니다. 너희 나라는 마법사가 지배하는 나라라고. 그러나 저는 대통령이 부끄러웠지, 시민들이 부끄럽지 않았습니다. 그래서 친구에게 반문했습니다. 너희는 부패한 지도자를 스스로 끌어내린 적이 있느냐고. 6월항쟁을 통해 우리는 민주주의를 발전시켰다고 말했습니다. 세종대왕이 이런 말을 했습니다. 법을 제정할 시에는 귀한 고관대작부터 미천한 일반 백성들까지 모두에게 그것의 통과 여부를 물어라. 국정교과서 얘기를 하고 싶습니다. 과연 국민의 의견을 수렴한 것인지 묻고 싶습니다. 저는 시민들에게 여쭙고 싶습니다. 과연 우리 조국이 지금 제대로 가고 있는 건지."

청년이 큰 박수를 받았다. 부패한 지도자를 시민의 힘으로 끌어내리는 결기 있는 행동. 생각해보면 일본뿐 아니라 세계 여러 나라에서도 찾기 힘들다. 그래서인지 우리 국민은 민주주의에 대한 자부심이 강하다. 1987년 6월 시민의 힘으로 쟁취한 직선제처럼 다양한 참여와 행동으로 쟁취한 민주주의 제도들이 어쩌면 이런 자부심을 낳은 토대가 되었는지 모른다.

부산 가덕도의 '쏙고 아지매'는 막힘없는 연설로 촛불스타 반열에 올랐다. 가덕도 쏙고 아지매 김경덕씨의 절절한 외마디가 기득권 부패 정치세력의 폐부를 찔렀다.

"정치인들한테 하도 놀아나갔고, 그 곱던 얼굴이 이래 삭았습니다. 내는 술도 먹을 줄 모릅니다. 50년 세월, 봉사밖에 모르고예. 시장상, 구청장상, 장관상 다 쓰레기입니다, 쓰레기. 저것들 전부, 정치인들이 우리 가지고 놀기 위해 주는 쓰레기입니다. 단체장들, 그거는 전부 정치인들 종입니다. 저는 동 부녀회장 6년째 하다가 1년 남겨놓고 있습니다. 그들에게 농락당하고 쏙았어예. 공무원에게 쏙고, 구청장에게 쏙고, 시장한테 쏙고, 국회의원한테 쏙고, 시의원들한테 쏙고, 구의원들한테 쏙고, 대통령에게 쏙고, 장관들한테 쏙고. 그 새끼들 사람 아입니다. 우리가 세금 내몬 전부 저거 호주머니에 넣을 생각만 합니다. 앞으로 표 찍으실 때는 제발 부탁드립니다. 똑바로 보시고 거짓말 안 하는 사람, 우리 어려운 사람을 대변해줄 수 있는 사람, 그런 사람을 꼭 뽑으십시오. 저는 새누리밖에 모르고 살았던 사람입니다. 저는 어렸을 때부터 소녀가장으로 커서 오직 새누리밖에 모르고 살았습니다. 지금 60살입니다. 한 10년 전 세상을 돌아보고 이게 아니라는 걸 알았습니다. 우리 국민 여러분, 제가 진심으로 사과드립니다. 미친×처럼 새누리밖에 모르고 살았고 정치인밖에 모르고 살아서 정말 죄송합니다. 그리고 언론인들, 아무리 보잘것없는 사람이라도 혹시 민원이 오거든 돈 주는 사람, 똑똑한 사람, 정치인들 그런 사람만 텔레비전에 내보내지 말고 불쌍하고 어려운 사람도 좀 내보내주십시오. 그게 진정한 언론입니다. 제 말은 여기서 줄이고 먼 곳에서 다 모여주신 우리 대한민국 국민들, 박근혜를 탄핵합시다!"

김제동씨는 분노한 김씨를 어머니 대하듯 살뜰하게 챙겼다.

"어머이, 신발 신으이소. 우리 어머이, 안 춥구로 억수로 뜨신 거 신었네. 털신, 하하하하."

"우리 부산 가덕도는 원래 섬이라 추바서 뜻뜻하게 입어야 되고, 또 박근혜가 비행장 준다고 공약해놓고 공약도 날라뺐습니다. 그것뿐입니꺼. 국회의원들은 공약 안 했습니까? 다 했는데 그것도 날라뺐습니다. 믿지 마이소. 정치인들한테 절대 쏙지 마이소이."

"어머니, 속이 시원하십니까."

"예, 김제동씨도 보고 마이크 잡고 내 할 말 다 하고, 하이고, 이리 좋은 날이 어데 있노. 하이고, 오늘 박근혜 탄핵하는 날 좋은 날이지만, 내한테도 억수로 좋은 날이다!"

너무 웃다보면 눈물이 날 때가 있다. 쏙고 아지매의 연설이 그랬다. 분명 정치권으로부터 억울한 일을 많이 당한 터인데 김제동씨 말마따나 랩처럼 들리는 '쏙고 송' 탓에 울다가 웃다가 했다. 아무리 행색이 초라할지라도 누군가 혹여 기자를 찾아오거든, 불쌍하고 어렵고 억울한 사람부터 취재해서 세상에 널리 알려달라는 당부는 간절했다. 어렵고 불쌍한 사람들에게도 귀를 기울이는 것이 진정한 언론이라고 할 때 좌중에선 박수갈채와 환호가 터졌다. 그만큼 기득권 언론에 염증을 느낀 시민들이 많다는 표징이다.

김제동씨와 함께한 만민공동회는 광장집회였음에도 TV쇼 못지않게 재밌었다. 120년 전인 1898년 자주 독립과 자유 민권을 위해 조직했던 만민공동회 때도 이처럼 배꼽 쥐게 하는 재밌는 연설이 있었을까. 그 엄혹한 상황에서도 수많은 이들을 결속해낸 힘이 무엇이었을까 생각해보면, 이 같은 해학 아니었을까 싶다. 촛불혁명의 효시는 120년 전 1만여명의 민중들이 자발적으로 모여 자주 독립권 수호를 외쳤던 첫번째 민중집회 만민공동회가 아닐까. 한국학중앙연구원에 따르면, 당시 집회의 민중 연설을 듣기 위해 러시아 공사는 물론 다수의 외국 공사들까지 찾아와 구경했고, 조선 민중의 그와 같은 성장에 큰 충격을 받았다고 한다. 물론 만민공동회는 실패한 민중운동으로 기록돼 있지만, 120년 뒤에 촛불혁명은 성공한 시민혁명으로 역사에 기록되지 않을까.

김제동씨는 토크콘서트 하듯 시민들과 눈높이를 맞춰가며 이야기를 이어갔다. 돈 안 내고 이런 구경을 해도 되나 싶게, 그의 발언 하나하나가 체증이 내려갈 정도로 시원했다. 답답한 사람, 울화가 터지는 사람, 속상한 사람, 별로 할 말은 없지만 마이크를 쥐게 된 사람 모두가 김제동씨와 함께 행복하게 웃었다. 그중엔 초등학생도 있었다.

"공주에서 온 5학년 금다교입니다. 저는 글쓰기가 싫어서 제가 말하면 엄마가 받아써줬는데 대통령은 최순실이 써준 것을 꼭두각시처럼 그냥 읽었습니다. 대통령은 자신이 국가를 좋게 만들려는 생각을 못하나 봅니다. 금붕어한테는 미안하지만 금붕어 지능 같습니다. 대통령은 국민이 준 권력을 최순실에게 줬습니다. 그래서 대통령이 아닙니다. 그 사실이 밝혀졌는데도 자신이 아무런 죄가 없는 것처럼 최순실과 비서들한테만 잘못을 떠넘기려 하고 있습니다. 제가 여기 나와서 이런 얘기 하려고 초등학교 가서 말하기를 배웠나 자괴감이 들고 괴로워서 잠이 안 옵니다. 이 시간에 「메이플스토리」를 하면 렙업(레벨업, 순위 상승)이 되는데 시간이 아깝습니다! 하지만 이렇게 촛불을 들어서, 돈이 없는 사람도 평등한 나라가 되면 좋겠습니다. 대통령과 친한 사람이나 재벌만 잘사는 나라는 선진국이 아닙니다. 박근혜 대통령은 대통령 한 게 자괴감 들고 괴로우면 그만두세요. 그리고 저 같은 초등학생에게 시국선언이나 자괴감 등 이런 단어를 가르쳐주신 박근혜정부께 참 감사하고요. 친구와 놀 궁리만 하는 게 아니라 우리나라와 사회에 대해 얘기하게 된 것도 참 감사하네요. 금붕어 지능을 가지신 어떤 분은 이 말의 뜻을 모르시나봐요. 전국에서 이 여덟 글자를 얘기하는 데 왜 못 알아들으실까요? 박근혜는 퇴진하라!"

휴대폰을 손에 쥐고 자신이 메모한 대로 똘똘하게 읽어 내려가는 어린이를 바라보는 어른들의 입은 헤벌쭉 벌어졌다. 연설 중간중간 박근혜 성대모사까지 섞어 연기를 하니 좌중엔 폭포수 같은 웃음보가 터졌다.

: 홍홍 브라더스의 광화문 연가

"아, 오늘은 뭔가 될 것 같은 날입니다. 제가 지난 11월 5일 2차 촛불 때도 왔었거든요. 그때보다는 더 많이들 나오셨네. 이야, 진짜. 오늘은 뭔가 될 것 같습니다. 우주의 기운이 느껴집니다, 하하 하하."

인천에서 온 50대 남성은 흥분을 감추지 못했다. 끝도 없이 몰려드는 시민행렬을 보면서 평정심을 유지하기란 쉽지 않아 보이기도 했다. 모든 이들이 나와 같은 생각을 갖고 있다는 신뢰가 생기니 어떻게 기쁨을 감출 수 있을까. 이 남성은 박근혜 전 대통령의 화제 발언, '우주의 기운'을 빌려 촌평했다. 박근혜 전 대통령은 "간절히 원하면 우주가 나서서 도와준다"고 했고, 국정교과서 채택 문제와 관련해 기존 역사교과서에 문제가 되는 부분이 어디냐고 물었을 때 '전체 책을 다 보면 그런 기운이 온다'고 해서 논란을 빚은 바 있다. 박근혜 전 대통령의 '우주의 기운' 발언은 한때 유행어가 되기도 했다.

"세월호 7시간이 너무나 궁금해서 참을 수가 없어요. 최순실 사건의 몸통은 박근혜예요. 아니, 세상에 대통령이 '원 플러스 원'이 어디 있어요? 너무 참담하고, 애들한테 너무 부끄럽고, 진짜, 아이 키우는 부모 입장에서 하나라도 좋은 세상을 물려주고 싶은데 정말 너무 미안해요. 어른들이 이제 좀 각성했으면 좋겠어요. 이렇게 많은 사람들이 분노하고 또 황당해하는데 어떻게 된 게 저 양반(박근혜 대통령)은 꼼짝도 안 해요? 별수 없어요. 결국 우리가 끌어내려야겠어요. 시민의 힘이 얼마나 무서운지 저 양반이 좀 아셔야 돼. 나 참, 너무 분노가 치밀어서 정말…"

40대 여성은 말을 맺지 못했다. 분노한 감정이 말에 뚝뚝 묻어났다. 이 자체로 국민의 소리고 마음이었다.

인터뷰를 하는 동안에도 이리 툭 저리 툭 붐비는 행렬 속 인파는 기하급수로 늘어났다. 그러나 지쳐 보이는 사람은 없었다. 활력이 넘쳤고, 해낼 수 있다는 자신감이 가득한 듯 보였다.

광장의 행렬엔 평범한 주부도 회사원도 중고생도 대학생도 있었지만 국회의원도 있었다. 우연히 동아일보사 앞 청계천로에서 홍영표 20대 국회 환경노동위원장과 홍익표 의원(둘 다 더불어민주당 소속)을 만났다.

— 의원님들, 어떻게 나오셨나요?

홍영표 "국민들과 함께 우리도 분노를 표출하기 위해 왔습니다. 박근혜 대통령은 더이상 고집부리지 말고 사태 수습을 위해 빨리 결단해야 합니다. 오늘 전국에서 많은 국민들이 오셨어요. 저희들도 국민과 함께하기 위해 나왔습니다."

홍익표 "저도 같은 마음인데요. 국민이 무엇을 원하는지 왜 분노하는지 무엇에 아파하는지 이제 대통령이 솔직하게 인정하고 깨닫고 결정해야 합니다. 대통령의 결단이 국가의 불행을 막고 국민의 염원을 해결할 수 있다고 봅니다."

— 대통령이 끝까지 자리를 지키겠다면 어떻게 되는 겁니까.

홍익표 "국민을 이기는 권력은 없습니다. 반드시 국민이 승리하게 돼 있습니다. 이 촛불로 대한민국엔 새로운 역사가 쓰일 겁니다. 비단 박근혜, 최순실 두 사람이 우리 역사에서 사라지는 게 아니고, 5·16쿠데타를 일으켰던 박정희세력, 구체제의 퇴장이 일어날 것으로 확신합니다."

홍영표 "오늘은 국가개조를 위해 새롭게 출발하는 날입니다. 이 거대한 민심을 결코 거스를 수는 없습니다. 우리 국민 승리의 날, 대한민국이 새롭게 출발하는 날이 바로 오늘이 될 것입니다. 국민은 박근혜 대통령에게 많은 기회를 주었습니다. 이제 박근혜 대통령에게 남은 시간은 없습니다. 오늘 이 민심을 확인하고, 국가를 위해 마지막으로 애국하는 심정으로 결단해야 합니다. 오늘은 그것을 촉구하는 날입니다."

홍익표 "구체제는 세가지 요소가 있습니다. 첫째 정경유착, 둘째 친일 잔재, 셋째 반공 이데올로기. 이 구체제를 제대로 청산하지 못하면 새로운 세상을 만들 수 없습니다."

구체제 청산이 얼마나 필요하고 중요한지는 우리 역사가 웅변한다. 일제강점기 때 자행된 친일파의 반민족행위를 제대로 처벌하지 못한 채 지금까지 왔다. 이승만·박정희·전두환·노태우. 식민지와 분단, 그리고 군사독재. 10년간의 민주정부를 거쳐 다시 이명박-박근혜 정권. 지금도 자유한국당은 좌파·주사파·종북을 입에 달고 산다. 걸핏하면 사회주의라고 비판한다. 촛불로 국민주권 시대를 선언한 마당에 이런 색깔론에 동의할 사람은 많지 않다. 보수 정치인들의 품격 잃은 언어에는 한숨마저 푹푹 새어나온다. 냉전세력이 세운 구체제를 어떻게 해야 새로운 체제로 바꿔낼 수 있을까. 하루가 다르게 세상이 변하는데도 여전히 흘러간 옛 노래나 부르는 그들. 왜 그럴까. 아마도 지지세력 규합 때문일 게다. 지역주의에 기반한 기득권 논리. 강고한 엘리트 연대. 입으로는 서민의 삶을 얘기하지만 실제 정책에서는 재벌과 기업 편을 들고 노동자를 외면하는 사람들.

촛불혁명으로 구체제를 완벽히 청산하지 않으면 새로운 체제를 만들 수 없다는 선언. 많은 시민들이 이번 촛불에서 설레어 하며 들은 이야기다. 그런데 과연 촛불이 구체제 청산에 얼마나 다가갈 수 있을까. 기자로서 매우 흥미있는 질문이었다.

길거리 스폿 인터뷰를 마치고 국회의원들은 총총히 사라졌다. 5000대가 넘는 전세버스 행렬, 기차표를 구할 수 없다며 안타까워한 페이스북 이용자의 글, 광화문까지 오는 길이 막혀 서대문에서, 안국동에서 내려 거기서부터 걸어 광화문으로 집결한 시민들. 모두가 그 자체로 역사였다. 불의한 권력을 심판하고 정의로운 나라를 만들겠다는 시민 주권자들이 외쳤다.

"박근혜정권 퇴진하라!"

3차 범국민대회 사회자들은 "말문이 막힌다"는 말로 대회사를 시작했다. 광화문까지 올 수가 없어서 대형 스크린으로 생중계 화면을 보고 있을 을지로·퇴계로·종로·경복궁역의 시민들에게 연대의 인사를 전한다고 할 때 좌중에선 박수갈채가 터졌다. 사회자들은 한 목소리로 "오늘 이 자리에 모인 시민은 모두 100만"이라고 외쳤다. 즉시 환호와 함성이 터졌다. 사회자 중 한명은 "100만명이 모여서 해보는 촛불 파도는 어디까지 이어질지 궁금하다"며 너스레를 떨었다. 바로, 촛불 파도타기가 시작됐다. 와 하는 함성과 함께 무대 앞쪽에서 뒤쪽으로 끝도 없이 촛불 파도가 이어졌다. 전세계 어디에서 이런 광경을 목격할 수 있을까. 더는 민주주의를 후퇴시켜서는 안 된다는 자발적 시민의 뜨거운 연대. 감격의 순간이었다. 어릴 때 연탄난로 앞에서 갖고 놀던 팔각형 성냥갑의 성냥개비들에 불이 한번에 붙어 활활 타듯 촛불이 타올랐다. 아무도 예상할 수 없었던 100만 촛불. 4·19혁명, 1980년 광주민주화운동, 1987년 6월항쟁 때는 볼 수 없었던 장엄한 광경이었다.

: 제주에서, 대구에서 온 명연설

3차 촛불집회의 첫번째 발언자는 박근혜 대통령의 후배, 성심
여고 재학생들이었다.

"저희는 오늘 대자보를 썼음에도 박근혜 선배님께 대답을 듣지
못해 이 자리에 섰습니다. 박근혜 선배님, 성심의 교훈을 기억하
십니까? 진실·정의·사랑입니다. 그런데 선배님은 지금까지 혹은
지금도 국민에게 진실 아닌 거짓을 얘기하고 있습니다. 국민을 아
끼는 마음으로 대통령직에 앉아 있는 것이 맞나요? 우리는 지각
하지 않으려고 뛰어옵니다. 그런데 온갖 특혜를 받은 정유라 언니
는 고3 때 단 17일만 출석하고 졸업장을 받았습니다. 마사회가 정
유라 언니의 훈련 예산으로 1000억원을 편성했다지요? 마사회는
저희에게 낯선 공기업이 아닙니다. 아시다시피 학교에서 250미터
앞에 화상경마장이 들어와 있습니다. 법적으론 200미터 내에는
작은 오락실도 들어올 수 없지만 이미 성심 앞엔 수천명이 입장
할 수 있는 화상경마도박장이 지어져 있습니다. 학부모와 선생님
들은 4년간 1026일째 천막노숙농성을 하고 있습니다(2017년 12월
31일 폐쇄). 마사회는 정유라 언니 1명을 위해 엄청난 지원을 했습
니다. 성심여중 성심여고에 다니는 청소년들은 화상경마도박장이
지어져 교육환경이 훼손됐습니다. 능력 없고 돈 없는 부모를 둔
저희 잘못인가요? 왜 이렇게 많은 국민들이 광장에 나왔을까요?

바로 우리의 의사를 알리고 그들이 틀렸다는 것을 보여주기 위한 것입니다. 올바른 목소리를 낸다면 이 위기를 이겨낼 수 있습니다. 박근혜 선배님, 이 소리가 들린다면 제발 그 자리에서 내려오세요. 당신을 대한민국 대표로 여기며 살아갈 생각이 없습니다. 지금까지 박근혜 선배에게 보내는 후배들의 목소리 들어주셔서 감사합니다."

성심여고 학생들은 자신들이 미리 준비한 글을 또박또박 읽어 내려갔다. 어린 여고생들은 박근혜 대통령을 향해 강단 있게 외쳤다. "이제 그만 내려오라"고. 그러나 정작 박근혜 대통령은 답이 없다. 사회자 윤희숙은 외쳤다.

"박근혜가 할 수 있는 일은 오직 하나, 바로 퇴진이다. 국민의 엄중한 명령을 전하기 위해 100만명의 국민이 모였다. 불의한 권력을 심판하고자 하는 의지를 모았다. 정의로운 나라를 만들겠다는 위대한 주권자가 외친다. 박근혜정권 퇴진하라!"

전국 각지에서 몰려든 시민들이 다시 자유발언에 나섰다. 가장 멀리 제주에서 올라온 시민이 무대에 섰다. 부장원씨다.

"사회자가 제주에서 왔다고 하면 박수받을 거라고 했는데 정말이군요. 오늘도 제주에 5000명의 시민이 모여 촛불을 들었습니다. 제주에선 10월 29일 400명, 11월 5일 1300명, 11월 9일 1500명, 그리고 오늘 11월 12일 5000명이 모였습니다. 제주 인구 전체가 65만명인데, 100만이라니, 정말 대단합니다. 저도 웬만하면 안 떠는데 여기 올라오니까 떨리기는 합니다. 듣기로는, 박근혜 퇴진 집회에 박근혜를 찍었던 나이 드신 어르신들, 그 외 여러 국민들까지 나온다고 들었습니다. 그 얘기를 들으면서 저는 이렇게 생각해봤습니다. 제주에서 가장 유명한 과일이 뭡니까. 감귤입니다. 처음 감귤을 살 땐 때깔도 좋고 맛도 좋아서 샀는데 1년 지나 보니까 상품이 아닌 중품으로 드러났고, 그래도 먹을 만하려니 계속 기다렸는데 이제는 아주 썩어 문드러진 것으로 판명이 났습니다. 그렇다면 이 감귤 어떻게 해야 합니까. 당장 버려야 하지 않겠습니까. 제주는 4·3의 기억을 갖고 있습니다. 국가 폭력에 저항하고 친일파와 기득권 세력을 혁파하려고 제주도민들이 일어섰다가 처참하게 짓밟혔습니다. 그 4·3의 역사에서 도민들 3만 이상을 학살한 당시 국가의 지도자가 누군지 아십니까. 바로 이승만입니다. 보수 세력은 이승만을 건국의 아버지로 추앙합니다. 그 이승만이 제주도민 3만 이상을 죽였습니다. 결국 어떻게 됐습니까. 스스로 하야했습니다. 그리고 이승만은 하와이로 망명 갔습니다. 박근혜가 하야하면 망명을 보내시겠습니까. 구호 외치겠습니다. 순실이가 기다린다, 근혜야, 감옥 가자! 제주에서 저희들도 촛불 끝까지 놓지 않고 박근혜 물러날 때까지 싸우겠습니다.”

대구에서 온 오귀성씨 발언이 이어졌다.

“한 정치가의 말을 떠올려보겠습니다. ‘정치란 권력투쟁의 게임이 아니라 한 인간이 의미있는 삶을 살기 위한 하나의 행위다.’

'시민이, 국민이, 정치에 대해 진실과 책임을 묻는 행위는 권력의 음모와 술수에 대한 혁명적 반란이다.' 대구경북은 박정희 시대로부터 박근혜 시대까지 무너지지 않는 강고한 그들의 아성이었습니다. 국정농단 일부분의 진실이 알려지는 순간, 충격이었습니다. 모멸감이 들었습니다. 수치심이 들었습니다. 진실을 알고 싶었습니다. 그리고 책임을 묻고 싶었습니다. 새누리당 지지가 80%나 되는 그 아성의 퍼센티지가 9% 대로 떨어졌습니다. 소위 대구경북을 기반으로 그들의 기득권을 확대재생산하는 TK(대구·경상북도) 지배세력은 이미 박근혜 대통령을 용도 폐기했습니다. 새누리당 지도부 여러분, 박근혜 대통령 구하기 작전 명령은 취소됐습니다. 여당 지도부 여러분, 우리들의 분노는 정치보복이 아니라 새로운 시대와 질서를 열기 위한 열망입니다. 오늘 이후로 박근혜 대통령이 하야를 거부한다면 그것은 진실을 은폐하고 국정농단하고 계속 국민을 농락하겠다는 선전포고입니다. 지금 대구, 경북, 성주에는 사드(THAAD, 고고도 미사일 방어체계) 배치의 진실을 알고 난 뒤 오늘까지 123일째 한반도 평화를 위해 촛불을 드는 성주 군민이 있습니다. 84일째 촛불을 든 경북 김천 시민들이 있습니다. 함께 지지해주십시오."

그 어떤 정치인의 연설보다 울림이 큰 연설이었다. 광화문광장을 압도한 연설은 의회로 간 정치인의 그것이 아니었다. 평범한 시민이 한반도 역사가 보여준 증거를 대며 술술 말하는 것. 한편의 시처럼 또는 한줄의 연극 대사처럼 애절하게 가슴을 쳤다. 일제 36년, 한국전쟁 그리고 분단 72년, 독재와 반민주 폭거. 어떻게 이룬 민주주의 역사인데 시계를 거꾸로 돌려 다시 유신으로 돌리려 하나. 절대로 그럴 수는 없다는 시민의 의지가 거대한 촛불로 다시 민주주의를 일으켜 세우고 있었다.

: "밀지 마세요"

"밀지 마세요. 밀지 마세요. 왜 국민을 막으세요. 저도 공무원이에요."

주먹으로 쿵쿵쿵. 손바닥으로 착착착. 대학생들은 차벽을 두드리며 박근혜 대통령의 퇴진을 요구했다. 2016년 11월 12일 법원이 허락한 행진은 경복궁역 사거리까지였지만 시민들은 청와대로 한걸음 가까이 가서 이 분노의 함성을 박근혜 대통령에게 직접 들려줘야 한다고 마음을 모았다. 그러니 어서 이 차벽을 치우고 행진의 길을 트라고 요구했다. 그러나 경찰은 아랑곳하지 않았다. 경찰과 시민의 대치는 길어졌다.

"비켜라, 비켜라, 비켜라, 비켜라."

"저 기동대장은 아무런 경험이 없어. 경찰도 의경도 다 우리 국민이여. 위정자 빼고는 욕하지 맙시다."

"누구를 위한 공권력이냐, 박근혜는 퇴진하라!"

"공권력 투입의 빌미를 주지 맙시다."

"채동욱 같은 사람 봐요. 수사 똑바로 하다 잘렸잖아요. 혼외자식인가 뭔가. 권력이 그런 거예요. 아, 아, 밀지 마세요."

"할아버지, 할아버지, 조심하세요."

경찰 "여기까지만 허용이 된 거예요, 어르신. 더이상은 못 가십니다. 정말이에요. 법원에서 여기까지만 허락을 해준 거예요. 내자 사거리. 더이상은 못 가십니다."

"규정 가져와, 규정을 가져오라고!"

경찰 "규정을 지금 어떻게 가져오나요. 제가 지금 설명을 해도 여러분들께서 믿지를 않으시잖아요. 그런데 이건 정말이에요. 내자 사거리."

한 청년이 기어이 경찰버스 위로 올라갔다. 경찰버스 위에서 경찰과 실랑이를 하던 청년은 이내 차벽 뒤로 넘어갔다. 또 한 남성은 경찰과 대치하다 쓰러져 응급차에 실려 병원으로 갔다. 경찰은 경력(警力)을 증강했고, 채증 카메라 대수를 늘렸다. 경고방송을 통해 계속 해산명령을 내렸다. 그러나 시민들은 물러서지 않았다.

경복궁역 앞에서 청운효자동으로 올라가는 방향. 시민들도 "박근혜 퇴진"을 외치며 평화시위를 벌였다. 일부 흥분한 시민들이 경찰버스에 올라가 경찰과 맞붙어 싸우려 할 때도 "내려와, 내려와, 내려와"를 외치며 품격있게 싸울 것을 당부했다. 평화를 지키기 위한 명분. 시민들에게는 그 명분이 중요했다. 그리고 그 명분을 해치는 빌미를 주어서는 안 된다고 생각했다. 국정농단에 맞설 거대한 시민대오를 만들려면 사소한 빌미로 정국의 프레임이 전환되지 못하도록 해야 했다. 사소한 빌미로 역공을 당했던 역사를 누구보다 잘 알고 있는 시민들은 스스로 자제했고 국정농단세력에 말려들지 않으려고 퍽이나 애를 썼다. 혁명전야를 앞두고 이렇게 점잖게 해야 하나 싶은 정도로 시민들은 엄격했다. 평화시위를 준수하고자 하는 시민 앞에 거대한 차벽을 이어붙이고 완전 무장한 경찰들은 방패를 세우고 헬멧을 쓴 채로 따닥따닥 붙어 꿈쩍도 하지 않았다. 분노한 시민이 경찰버스를 흔들거나 쓰러트릴까 봐 나무에 끈으로 버스를 묶어 고정하기까지 했다.

11월 12일 저녁 9시 13분. 집회는 더욱 격렬해졌다. 숨조차 쉬기 어려운 상황. 어린 학생들이 차벽 앞에서 경찰과 대치했다. 과천외고 1학년, 서울 노원구 불암고 1학년 학생들이었다. 그중 한명이 이처럼 숨 막히는 한가운데서 인터뷰에 응했다.

"촛불 구경하려고 왔어요. 10월 29일 첫번째 촛불집회 때 제가 자유발언을 했거든요. 그래서 또 나왔습니다. 초등학교 3학년 때, 엄마랑 광우병 쇠고기 수입반대 촛불집회에 나왔다가 경찰이 최루액 쏘는 것을 봤습니다. 나라가 제대로 일을 안 하고 있다고 생각했어요. 지금도 그렇죠. 나라가 이게 뭐예요."

8년 사이 그 어린이는 청소년이 됐고 이제 곧 청년이 될 것이다.

어린 시절 몸에 밴 민주주의가 그를 이곳까지 이끌었을까.

경찰 대치가 오래되자, 중년 신사가 트럼펫을 불기 시작했다. 스코틀랜드 민요 「올드 랭 사인」(Auld Lang Syne)이다. 연주에 맞춰 시민들은 함께 노래를 부르기 시작했다. 그다음엔 양희은의 「늙은 군인의 노래」가 연주됐다. 그러곤 「농민가」. 음악을 듣던 한 시민은 "나팔수 파이팅!" 하며 박수를 쳤다. 그에게 물었다. 숨 막히는 경복궁역 사거리에서 트럼펫을 꺼내 연주하는 이유를.

"저는 경남 거창에서 왔습니다. 거창에서 대전으로 가서 KTX를 타고 여기까지 왔지요. 트럼펫을 가지고 온 것은 박근혜 대통령에게 이 음악들을 들려주고 싶어서입니다. 제가 2015년 11월 16일 민중총궐기 때도 왔었습니다. 백남기 어르신이 그렇게 되시던 날, 제가 아끼던 450만원짜리 트럼펫을 잃어버렸어요. 물대포에 맞고요. 그래서 다시 샀습니다. 이번에는 싼 걸로. 잃어버려도 아깝지 않게. 박근혜 대통령에게 한마디 하고 싶습니다. 민족과 미래를 생각한다면 조용히 물러나세요. 헬조선이 없는 나라, 아이 편히 낳고 우리 애들 잘사는 나라를 만들어야지, 이게 무슨 나라입니까."

인터뷰 도중 한 시민이 경찰버스에 올라 경찰을 떨어뜨리려고 했다. 그 광경을 목격한 시민들은 동시에 외쳤다.

"하지 마! 하지 마! 하지 마!"

"비폭력! 비폭력! 비폭력!"

거대한 비폭력 평화 의지는 말로만이 아니라 행동으로 실천되

2016년 11월 12일,
촛불시민들이 청와대로 향하는 도로에서 경찰과 대치하고 있다.
시민들은 혼잡한 상황에서도 서로서로 평화시위를 독려했다.

©연합뉴스

었다. 시민들이 큰 소리로 "하지 마"와 "비폭력"을 외치자 경찰은 버스에 오른 시민을 부축해서 버스 아래로 내려보냈다. 좀체 보지 못한 풍경이다. 시민이 때리면 경찰도 맞고 있지만은 않았는데 왜 그랬을까? 모든 시민이 지켜보는 경찰버스 위라서 그랬을까. 경찰에게도 또 시민에게도 폭력을 허락하지 않겠다는 단호한 태도는 집회를 내내 평화로 견인해내고 있었다.

밤 10시 8분. 최소한의 안전거리조차 확보될 수 없을 만큼의 조밀함. 뒤에서 너무 밀면 앞쪽은 경찰의 방어로 꽉 막힌 터라 압사의 위험도 있었다. 그러나 그런 일은 발생하지 않았다. 그렇게 많은 사람이 모였음에도 폭력도 싸움도 심지어 쓰레기도 없었다. 대단한 시민의식. '어글리 코리안', 무례한 한국인에 대해 국제사회가 이렇게 욕도 했는데 그런 일들이 도대체 언제 적 이야기인가 할 만큼 품격을 갖추었다. 시민들이 촘촘히 서 있는 가운데 커다란 쓰레기봉투를 들고 여기저기 떨어진 종이쓰레기와 초를 주워 담는 시민들이 있었다. 직접 쓰레기 수거에 나서는 시민들. 자원봉사였다. 판교 환풍기 사고 탓인지, 지하철 환기구에 올라서서 "박근혜 퇴진" 구호를 외치는 시민들이 있으면 득달같이 달려가 "이곳은 위험하다"면서 다른 곳으로 안내하는 시민들도 있었다. 경찰이 박근혜 대통령과 박근혜정부를 지키느라 청와대 경계 저지선을 만들고 철통방어에 나서는 사이 정작 시민의 안전은 시민 스스로 지켰다.

2016년 11월 19일,
4차 촛불집회에서 시민들이
자발적으로 쓰레기를 치우고 있다.
촛불집회에서 흔히 볼 수 있었던 광경이다.

임태훈 군인권센터 소장은 경찰과 시민의 대치가 길어지는 가운데 의경들이 집회에 동원되는 것은 불법이라며 그 내용을 담은 현수막을 쳤다.

"국가인권위원회에 현직 의경 9명과 전역한 의경 50명 등 모두 747명이 집단으로 의경을 집회에 동원하는 것은 치안보조업무 위반이라고 문제제기했습니다. 오늘 집회에 지구대 파출소 직원들까지 다 동원을 해서 지금 서울 전역의 치안이 비상 상태입니다. 이철성 청장이 박근혜 대통령에 대해 과잉 충성하는 것 아닌가 싶어요. 국민의 치안에는 아무런 관심이 없는 것 아닌가 말이지요. 솔직히 이렇게 많은 사람들이 나온 집회라면 경찰은 최소한 압사 사건이 발생하지 않도록 집회관리에 신경써야 합니다. 그런데 지금 병력이 전부 청와대 안쪽으로 배치돼 있습니다. 국헌을 문란하게 하고 헌정질서를 파괴한 범법자를 경찰이 보호하고 있는 상황입니다. 이게 말이 됩니까."

군인권센터의 현수막이 펴지는 순간 시민들은 박수를 치며 환호했다. 플래카드에는 이렇게 쓰여 있었다.

'의경은 박근혜의 방패가 아니다.'

경복경역 앞에서 만난, 한국외국어대학교 점퍼를 입은 대학생은 이런 말을 했다.

"지금 2학년이에요. 광화문에서 행진해서 여기 경복궁역까지 왔습니다. 제가 촛불 들고 이 앞에 선 것은 제 개인적으로는 정말 기념할 만한 역사적인 날이에요. 왜냐하면 제가 저 안쪽에서 군대 생활을 했거든요. 제가 이러려고 저 안에서 군 생활을 했나 정말 자괴감이 듭니다. 박근혜는 정말 똑바로 한 게 하나도 없어요. 최순실이 연관되지 않은 일이 없잖아요. 이제 더 큰 뉴스가 나온다 해도 놀라지도 않을 거예요. 더 기막힌 뉴스가 또 있을까요? 아니, 그가 정말로 잘한 것 하나도 없지만 이것 하나는 잘했다고 칭찬하고 싶습니다. 전국의 모든 대학생, 고등학생, 중학생 등 학생들이 정치에 관심을 갖게 했어요. 이건 정말 잘한 일입니다."

경복궁역 7번 출구. 경찰과 시민이 대치하는 곳에서 500미터 떨어진 역 앞 사거리는 엄청나게 많은 시민들이 빽빽하게 서서 한줄씩 교대로 지날 수 있도록 겨우 길을 텄다. 모세의 기적처럼 홍해가 갈라지듯이 시민의 바다가 갈라져 오솔길을 만들었다. 엄청난 인파 속에 자칫 대형사고가 날 위험이 있었지만 전혀 벌어지지 않았다. '시민의 오솔길' 덕분이었다.

3부

촛불과 함께한
모든 날이 좋았다

: 광화문 예술, 거리에 서다

"날이 좋아서, 날이 좋지 않아서, 날이 적당해서, 촛불과 함께한
모든 날이 좋았다."
　인기 드라마 「도깨비」를 패러디한 이 문구는 촛불집회 히트 발
언이었다. 20주간 이어진 촛불집회 내내 날이 추워서, 눈이 와서,
비가 내려서, 길이 미끄러워서, 미세먼지 때문에, 사람들이 광장에
안 모이면 어쩌지 걱정했었다. 그러나 시민들은 단 한주도 거르지
않고 여지없이 광화문을 꽉 채웠다. 정말 신기했던 것은, 살갗을
에는 강추위 속에서도 토요일만 되면 대개 날씨가 풀렸다는 것이
다. 더러 날씨가 좋지 않은 날엔 날씨가 좋지 않아서 광장이 썰렁
해질 것을 우려했는지 시민들이 더 많이 나왔다. 그러니 광화문은
늘 북적일 수밖에 없었다. 2016년 11월 19일 4차 범국민행동 때도

마찬가지였다. 오전 기온 13도, 한낮엔 16도까지 오르고, 저녁엔 10도 안팎으로만 떨어졌다. 춥지 않았고, 대오 안에서 행진하면 살짝 더운 기운마저 느껴질 정도였다. 마침 김진태 자유한국당 의원이 "바람 불면 촛불은 꺼진다"고 망언을 해놓은 터라 시민들은 그 주장이 틀렸다는 것을 증명하기라도 하듯 대낮부터 몰려들었다. 김진태 의원의 촛불 비아냥거림이 나오자마자 시민들은 '꺼지지 않는 LED 촛불'을 너도나도 들고 나왔다. LED, 휴대폰 플래시, 모바일 어플리케이션 등 다양한 촛불 모델이 쏟아졌다. LED 촛불은 히트 상품 중 하나였다.

30년 전 6월항쟁 때는 경찰의 무자비한 쇠파이프와 최루탄, 지랄탄 공격에 맞설 무기가 오로지 짱돌과 화염병, 그리고 맨몸뚱이였다. 하지만 30년 후 촛불혁명에서는 시민들의 번뜩이는 온갖 아이디어가 무기였다. 국회의원의 조롱 정도는 유쾌하게 되받아칠 준비가 돼 있었다. '바람 불면 촛불이 꺼진다고? 헐? 여기 LED 촛불이 있잖아!' 식이다. 정치인의 무책임한 비난에 졸아들지 않고 이를 통쾌하게 맞받아침으로써 시민 스스로 민주주의를 확장하고 있다는 점이 재밌고, 또 통쾌했다. 민주주의가 광장 안에서 얼마나 커지고 있는지, 우리 시민들이 더 많은 민주주의를 어떻게 만들어가고 있는지를 단적으로 보여주는 장면이었다.

4차 촛불집회 뉴스에서는 '박근혜 계엄령'이 보도되고 실검 1위를 장악했지만 광화문광장에서는 그 어떠한 두려움이나 위협

© 연합뉴스

2016년 11월 26일, 대구에서 열린 촛불집회에
참석한 시민이 LED 촛불을 들고 있다.
LED 촛불은 시민들이 스스로
민주주의를 확장하고 있다는 증거였다.

도 느껴지지 않았다. 특히 광화문 예술인 텐트촌이 그랬다. 언제나 유쾌한 '7집 가수' 손병휘씨도 흥에 겨워 기타를 치고 노래를 불렀지, 분노를 담아 노래하는 건 아니었다. 손병휘씨의 이야기를 들어보았다.

"11월 8일 음악인들이 시국선언을 했는데요. 그때 바로 광화문 텐트촌에 입촌했습니다. 자, 인사부터 드릴게요. 애국시민, 해외동포 그리고 동네 주민 여러분! 나라가 참 창피하게 됐습니다. 항상 우리 민족은, 정부는 개판이어도 백성들이 나서서 나라를 구했습니다. 임진왜란 때도 그랬고, 몽골 침략 때도 그랬고, 일제 36년 시절에도 마찬가지였습니다. 그런데도 정부는 항상 국민과 다른 방향으로 갔습니다. 정부가 이 모양인데도 나라가 망하지 않는 이유는 오로지 시민의 덕입니다. 여기 와서 제가 깜짝 놀란 것이 바로 이순신 장군 동상인데요. 여기에 뭐라고 쓰여 있는 줄 아십니까? 박정희 헌납. 아니, 제 돈으로 한 것도 아닌데 왜 헌납입니까? 이것도 바꿔야 합니다. 자기 돈으로 한 게 아니잖아요? 그리고 광화문 텐트촌엔 문화예술인만 있는 게 아닙니다. 비정규직 노동자들도 있습니다. 함께 기억해주십시오. 지금 이 땅이요, 평당 5000만원이래요. 그러니까 제가 지금 평당 5000만원짜리 집에 사는 겁니다. 그 자부심으로 이 광화문 텐트촌을 지키고 있겠습니다. 박근혜가 퇴진할 때까지 있겠습니다. 퇴진을 안 한다고요? 그럼 뭐, 계속 있어야겠죠, 하하하하."

평생 민중가요 가수로 살아온 손병휘씨는 열악한 텐트촌에서 지내고 있음에도 이를 풍자와 해학으로 웃어넘겼다. 자신보다 더 아픈 사람들, 더 고통스러운 사람들을 먼저 챙기고 연대하는 모습을 보면 가끔은 그가 가수인지 운동가인지 헷갈릴 때도 있다. 가수 겸 운동가라고 해야 할까.

임옥상 화백은 박 터뜨리기로 시민과 함께 호흡하고 있었다. 커다란 박근혜 박을 터뜨리면 최순실 박이 나왔다. 그 옆으론 김종덕 전 문체부 장관, 이정현 의원, 김기춘 전 비서실장, 유영하 변호사, 조윤선 전 정무수석, 차은택 전 창조경제추진단장의 명패가 나왔다. 최순실의 박 속에선 문고리 3인방 안봉근, 이재만, 정호성 세 비서관이 나왔다. 맨 마지막 박 속엔 물음표 박이 있었는데, 그 안엔 말을 탄 인형 정유라가 있었다. 임 화백에게 작품 취지를 물었다.

"박근혜의 뚜껑을 계속 여는 거예요. 판도라의 상자. 비리와 그에 연루된 인간들. 깃발은 오방낭(五方囊)에서 아이디어를 얻었고, 정유라의 상징, 말. 박근혜 박 터트리기가 제목인데, 이걸 통해서 제가 하고 싶었던 얘기는 이런 겁니다. 국민이 모든 권력의 주체이고 국민으로부터 권력이 나와야지, 이렇게 엉뚱한 인간들로부터 권력이 나와서는 안 된다는 거죠. 한 개인이 국가와 국민을 농단하고 권력을 사유화하고 그걸로 사리사욕을 채우는 것이야말로 우리 역사에서 없어져야 할 일 아니겠습니까. 정의가 바로 서는 나라가 되려면 시민 모두가 함께 움직여야 합니다. 몇몇 소수

에 의해 나라가 움직이고 음모로 돌아가는 세상은 안 됩니다. 그
래서 이렇게 나왔습니다."

가수, 화가뿐 아니었다. 광장에선 시국백일장도 열렸다. 동화 쓰
고 일러스트를 그리는 작가들은 엄마 아빠 손을 잡고 광장에 온
아이들에게 그림도 그리고 글도 써보는 기회를 주었다. 한 작가에
게 마이크를 댔다.

"아이들이 생각하는 국정농단이 어떤 건지 좀 보고 싶었습니다.
예쁘고 좋은 세상만 있는 게 아니라 올바른 세상에 대해서도 아
이들에게 알려줄 필요가 있으니까요. 이렇게 어른들이 다 화가 나
있는데 아이들이라고 행복하기만 할까요? 아이들이 현재의 국정
농단 사태를 어떻게 이해하고 받아들이고 있는지 자연스럽게 이
야기해보는 자리가 필요하다고 생각했습니다. 대부분 어른들 따
라서 집회에 나왔겠지만 아이들은 이런 현실을 받아들이기가 매
우 어렵거든요. 그래서 아이들도 이 자리에서 할 수 있는 것이 있
어야 해요. 아이들과 민주주의에 대해 얘기해보고 또 국민이 어떤
역할을 해야 하는지, 집에서도 함께 얘기해보면 좋겠습니다. 아이
들이라고 무시하면 안 됩니다. 아이들도 다 각자 자기 생각이 있
을 거예요."

아이들에게는 예쁘고 좋은 세상만 보여주려고 하는 것이 대개 부
모의 양육 태도다. 평소에는 "아직 어려, 너희들은 알 것 없어"라며
무시하기도 한다. 하지만 촛불집회에서 적지 않게 만난 이들이 어

리고 젊은 세대였다. 이들과 소통하면서 어떤 세상을 꿈꾸는지 직접 대화하는 것은 어쩌면 어른의 임무 같았다. "청년들이 나서면 세상은 바뀔 수 있다"거나 "수능 마친 고3이 대세다, 오늘 고3이 뒤집는다" 등의 구호는 괜히 나온 것이 아니라는 생각도 들었다.

이밖에도 '근혜청소'라 쓰인 청소도구를 들고 다니며 퍼포먼스를 벌이는 시민도 어떻게 보면 수많은 문화예술인 가운데 하나 아닌가 싶었다. 유튜브에서 인기를 끌었던 '하야체조'도 압권이었다. 민주주의를 향해 꿈틀대는 시민들은 나이에 상관없이 각자 갖고 있는 재기로 광장을 한껏 돋보이게 했다.

: 촛불 스타, 광장의 별

촛불집회 때 음악과 공연, 문화예술이 없었다면 얼마나 삭막했을까. 수많은 시민들이 함께 공감할 수 있는 음악과 무대공연이야말로 다음에 또 촛불집회에 가보고 싶게 만든 원동력이었다. 문화예술인도 똑같은 국민의 한 사람으로 박근혜-최순실 국정농단 사태에 분개하며 자발적으로 문화제에 참여했다.

그동안 끊임없이 노래를 지어온 작곡가 윤민석의 음악에 더해 수많은 대중문화예술인이 결합하면서 무대는 더 커지고 풍성해졌다. 특히 촛불집회 전에 인기를 끌었던 드라마 「응답하라

1988(응팔)」은 1980년대를 살아낸 50, 60대뿐 아니라 전세대가 공감하는 작품이었다. '응팔세대'라는 조어가 만들어질 정도로 1980년대를 공감하는 힘은 컸다. 노래도 마찬가지였다. 1980년대 유행했던 가요를 다시 불러보고 추억하며 상념에 젖는 일도 많았다.「응팔」의 OST 중 하나인「걱정 말아요, 그대」가 전인권 버전으로 4차 범국민행동 촛불집회에서 불려지는 순간에는 전율이 느껴졌다. 현직 대통령의 퇴진을 요구하는 정치집회에서 서정적인 음악이 흘러나온다는 것 자체가 시민들에게 큰 위로가 됐다.

특히 100만 시민이 운집했던 3차 촛불집회 때 광화문을 울린 가수 이승환의 공연은 정말 뜨거웠다. 공연도 그러했지만 그의 말에 더 큰 울림이 있었다. 그는 "'불량배' 우병우, 차은택, 최순실, 그리고 몸통인 박근혜 대통령으로부터 너무 많은 정신적 폭행을 당하고 있는 기분"이라며 "치유의 주문을 외워보자"고 했다.

「덩크슛」에서는 '주문을 외워보자'를 '박근혜는 하야하라'고 개사해 불렀고, "(박 대통령이 세월호 참사 당일) 7시간 동안 관저에 계셨다고 하는데 오늘도 관저에 계시려나"라며 "거기(청와대)까지 들리도록 '하야하라 박근혜! 덩크슛'을 선보이겠다"고도 했다. 음악가로서 자신은 정치적으로 그 누구의 편도 아니고 시민의 편이라는 점도 강조했다.

이승환뿐 아니라 수많은 대중문화예술인들이 무도한 정권 심판에 적극 나섰다. 2300여명의 음악인은 '민주공화국 부활을 위한 음악인 시국선언'에 나섰고, 무료로 곡을 배포해 더 많은 시민들이 촛불에 공감하기를 바랐다. 가수 이승환·전인권·이효리는 「길가에 버려지다」를 무료 배포했다. 음악가들의 재능기부로 만들어진 이 곡은 이규호 작사 작곡으로, 「마법의 성」을 만든 더 클래식의 박용준, 들국화 베이시스트 민재현, 이승환 밴드의 최기웅, 옥수사진관의 노경보, 그 밖에 이상순, 전제덕 등이 참여했다. 그뿐만 아니라 장필순·김광진·한동준·이승열·윤도현·Kyo(이규호)·린·김종완(넬)·스윗소로우·윤덕원(브로콜리 너마저)·하동균·선우정아·노경보(옥수사진관)·빌리어코스티·배인혁(로맨틱펀치)·옥상달빛 등이 노래한 「길가에 버려지다 파트 2」도 나왔다. 총 100여명의 음악인이 참여한 이 노래도 무료 배포됐다. 할 수 있는 것을 기꺼이 내어 불의한 정권을 몰아내겠다고 나선 이들은 모두 재능기부로 참여했다. 퇴진행동 측이 섭외한 것도 아니라고 했다. 대한민국에서 언제 대중문화예술인들이 자발적으로, 그것도 정치집회에 나서 공연을 했나. 시민사회단체가 부탁해도 혹여 정치적으로 논란의 대상이 될까 꺼렸을 무대인데 이렇게 자발적으로 나선 것은 그들도 이 시대를 살아가는 일원으로서 똑같은 책임의식이 있다고 느꼈기 때문 아닐까. 그래서 뮤지션들의 말 한마디 한마디가 더욱 가슴에 꽂힌다.

전인권 "세계가 이 무대를 지켜보고 있습니다. 세계에서 가장 폼나는 촛불 시위가 되도록 합시다."

크라잉넛 "원래 「말 달리자」는 우리 건데… 이러려고 크라잉넛 된 건지 자괴감이 듭니다."

가수들 말고도 김제동·김미화·허지웅·변영주처럼 특유의 재담으로 대중의 마음을 풀어준 문화예술인들이 있었고, 유아인, 이준처럼 모자와 마스크로 얼굴을 가린 채라도 촛불집회에 참여했던 배우도 있었다. 그러나 이렇게 유명한 인기인말고도 촛불집회로만 인기를 얻게 된 촛불스타들도 있었다.

예술행동단 '맞짱'의 '하야체조'

"하야 하야 하야 하야하여라! 박근혜는 당장 하야하여라! 하옥 하옥 하옥 하옥시켜라! 박근혜를 하옥시켜라!"

작곡가 윤민석의 노래 「이게 나라냐 ㅅㅂ」의 후렴구다. "이게 나라냐. 이게 나라냐. 근혜 순실 명박 도둑 간신의 소굴, 범죄자 천국, 서민은 지옥. 이제 더는 참을 수 없다"로 시작되는 이 노래에는 독특하게도 체조가 만들어졌다. 박근혜정부가 채택한 늘품체조에 맞서 예술행동단 '맞짱'이 개발한 대중체조인 '하야체조'다. 매주 열리던 사전집회 때 최순실 분을 한 채 무대에 선 맞짱 단원 한 사람이 큰 인기를 끌었다. 유튜브 조회수는 146만. 굉장한 숫자다. 2016년 11월 12일 4차 범국민행동에서 첫선을 보인 하야체조는 촛불집회 내내 큰 인기를 끌었다. 수억원의 국민 혈세를 들여 만든 늘품체조는 국민들이 어떻게 하는지도 잘 모르지만 유튜브만 보면 쉽게 따라 할 수 있는 하야체조는 은근 중독성 있는 체조라는 찬사를 얻었다. 맞짱의 문화기획연출가 하지숙, 작곡가 정희영, 안무가 구영희씨는 2016년 11월 24일 『한겨레』와 만나 "엄중한 시국에도 즐겁게 싸우는 법"을 말했다. 정희영씨는 이 인터뷰에서 "할아버지가 깔깔대면서 아이처럼 웃는데 그런 게 힘인 것 같다. 분노하고 지치는데 이렇게 예술행동 하는 사람들과 어울리며 함께 웃는 것이 힘"이라고 했다. 구영희씨는 "하야체조 제작에 3000원이 들었다"고 했다. 김밥 먹고 10분 만에 만들었다는 이 체조가 엄청난 사랑을 받게 됐으니 제작자 입장에서는 기쁘지 않을 수 없는 일이다.

2016년 국회 교육문화체육관광위원회의 국정감사에서 확인된 바에 따르면 늘품체조는 당시 코리아체조(한국스포츠개발원 개발)를 제치고 최순실의 최측근이었던 차은택씨가 관장해 정부예산 3억 원을 들여 만들었다. 대통령 박근혜가 직접 그 홍보영상에 등장하기도 했는데, 국민들 사이에 늘품체조는 논란의 대상이었을 뿐 문화로 즐기는 대상은 아니었다. 문화는 그런 것이다. 대중의 가슴에 또렷이 새겨져 세월이 흐르고 흘러도 기억에 남는 것. 박근혜 시대의 늘품체조는 그의 아버지 박정희 시대 국민체조와 오버랩되며 국민들에게는 또 하나의 집단주의·국가주의의 상징이 됐다. 호쾌하게 그 시절을 한 계단 훅 뛰어넘어버린 문화현상이 바로 '하야체조' 아닌가 싶다.

수화계의 라흐마니노프, 최황순

일러스트레이터 이강훈씨는 꽃 스티커를 제작 배포해서 차벽을 꽃으로 수놓았다. 시민들의 자발적 뜻으로 집회 때마다 '뗐다 붙였다'를 반복했지만, 수많은 시민들은 공포의 차벽에 붙은 꽃 스티커를 보면서 평화의 상징처럼 느꼈다.

수화 자원봉사를 맡았던 시민단체 '장애인정보문화누리'는 수화통역 재능기부단을 꾸려서 촛불집회 때마다 수화통역에 나섰다. 특히 '수화계의 마돈나' '수화계의 라흐마니노프' '수화계의 차이콥스키'로 불렸던 수화통역사 최황순씨는 촛불집회 스타로 떠올랐다. 최황순씨에게 인기를 실감하느냐고 물은 적이 있다.

"너무나 과분한 칭찬을 해주셔서 얼떨떨합니다. 저 혼자 수화통역을 한 것도 아니고, 매주 더 많이 고생하시는 수화통역사들이 많은데 제가 주목을 받게 되어 죄송하고요. 통역하는 사람은 너무 많이 드러나면 곤란한데 이렇게 됐네요. 수화통역사가 이슈가 되다보니까 농아인 두 분이 자유발언대에 섰는데 오히려 그분들의 이야기가 주목받지 못하고 통역사들이 주목받아서요. 칭찬은 감사하지만 개인적으로는 좀 그렇습니다."

최황순씨에 따르면, 세월호 참사 때도 집회에서 수화통역이 필요할 때면 언제나 수화통역사들이 나섰다고 했다. 농아인들이 있는 현장이라면 수화통역은 꼭 필요하니까 언제든 달려간다고 했다. 정치적 편향으로 오해받을 수 있는 집회의 경우에는 수화통역사들이 통역을 꺼리게 된다는 얘기도 했다. 혹여 발생할지 모르는 불이익 때문이다. 그러나 최황순씨는 좋은 의미로 재능을 사용할 수 있다면 가능한 나서는 것이 옳지 않나 싶어서 열심히 참여했다고 했다. 아무리 민주공화국이라 해도 이명박-박근혜 정권 9년간 1만명의 시민을 블랙리스트로 묶어 관리한 사실이 드러났기 때문에 괜히 나섰다가 불이익을 당할 수 있다는 생각은 누구나 할 수 있는 것이라고 말했다. 그럼에도 자신이 필요하다면 기꺼이 응하는 것이 자신이 가진 재능에 대한 보답이라고 생각하는 것 같았다. '필'이 충만했던 수화통역사 최황순. 그는 촛불 파도타기, 소등 후 불이 켜지는 순간 등 무대 위에서 또 무대 아래서 저마다 이를 바라보는 각도는 다르지만 촛불을 보는 방향이 다르다고 해서 생각이 다른 것은 아니라고 했다.

"제가 이렇게 나선 것은 대한민국이 좀더 정의로운 나라가 되었으면 좋겠다는 생각 때문입니다. 우리 부모가 이뤄준 또는 선배 세대가 이뤄준 나라가 꽤 괜찮은 나라라고 생각할 수 있으려면, 아이들이 부끄러워하거나 창피해하지 않는 나라, 우리 아이들을 위해서라면 좀더 멋지게 촛불이 타올라야 합니다."

박근혜 성대모사 중학생 전종호

페이스북을 통해 만나고, 유튜브로 스타가 되는 세상이다. 중학생 전종호 학생이 대표적이다. '박근혜 성대모사'로 뜬 학생이다. 유튜브 채널에서 조회수가 높은 그의 영상이 개당 180만회가량 조회를 나타낸다는 것은 이미 대중들로부터 사랑받는 유튜버가 됐다는 얘기도 된다. 그는 2017년 3월 현재 유튜브에서 구독자 4만 8650명을 둔 인기 스타다. 4차 촛불에서 만난 전종호 학생에게 몇마디 말을 붙이자, 목소리는 이내 박근혜 버전으로 바뀌었다.

— 여기서 이렇게 유튜브 스타를 만나다니, 반갑습니다.

"헬로 에브리원! 안녕하세요. 길라임입니다."

— 어떻게 해서 처음 박근혜 대통령 성대모사를 하게 됐나요?

"제가 친구들이랑 노래방에 갔는데요. 저음으로 노래를 하니까 박 대통령 성대모사가 되는 거예요. 그다음엔 정치풍자를 개발했고, 그 콘텐츠를 유튜브에 올리고 방송하는 겁니다."

— 페북에서 운영하는 정치풍자는 얼마나 인기가 있습니까.

"영상을 올리면 좋아요 300만, 또 300만 뷰가 나와요. 팔로워 수가 7000에서 1만 8000명으로 올랐으니까요."

— 중학생 시선으로 볼 때 국정농단 사태에서 가장 잘못된 것은 뭐라고 생각해요?

"우리도 학교에서 말하기 쓰기 평가 다 하는데, 국민을 대표하는 대통령이 자기가 쓰지도 않고 최순실에게 보여주고 고치게 했다는 게 너무나 씁쓸합니다."

— 정치풍자 하는 것 때문에 부모님께서 걱정하시진 않나요?

"대한민국은 미래에 제가 살아갈 나라입니다. 이런 나라를 개선하고자 정치풍자 콘텐츠를 만들고 있습니다. 부모님께서도 문제라고 생각하지 않아요."

— 오늘 보신각 집회에서 "어른들에게만 이 나라를 맡길 수 없다. 역사적 고비에는 반드시 청소년이 나섰다"고 말했어요. 청소년들에게 꼭 하고 싶은 말이 있다면요.

"이제 대한민국은 저희 같은 학생들이 성장해서 이끌어갈 나라입니다. 굳이 어른들만 이런 시위에 참여해야 한다는 것은 편견이겠고요. 우리 학생들도 이런 시위에 참여하는 게 당연하다는 생각입니다. 잘못된 것은 잘못됐다고 말해야 하는 책임이 학생들에게도 있지 않을까 싶습니다."

잘못된 것은 잘못됐다고 말할 때 달라지고, 가만히 참고 있으면 달라질 게 없다고 말하는 다부진 중학생의 말이 귓전을 땅땅 쳤다. 뻔히 잘못된 것을 알면서도 '나서면 너만 손해야! 그러니까 참아'라는 말을 얼마나 많이 들어왔나 싶었다. 용기 내지 못했던 비겁한 어른들. 그 결과 박근혜-최순실 게이트라는 엄청난 국정농단을 마주한 것이다. 더이상 이렇게 부끄러운 정치가 대한민국을 지배하는 일이 없도록 청소년들이 목소리를 내야 한다는 주장에는 저절로 고개가 끄덕여졌다.

계단 위의 뮤지컬, 레 미제라블

광장의 예술은 언제나 오가는 시민의 가슴을 뛰게 한다. 때로는 발걸음을 멈춰 거리의 관객이 되도록 한다. 2016년 12월 3일, 6차 범국민행동 사전행사로 광화문 세종문화회관 계단에서 열린 뮤지컬 공연이 그랬다. 대학생들이 자발적으로 조직한 공연인데 오가는 시민의 눈과 귀를 잡아끌 만큼 훌륭했다. 프로 극단의 공연이라고 해도 믿을 정도다. 두 뮤지컬 배우를 만나보았다.

— 어떻게 참여하게 되셨나요?

"아, 그냥 페이스북에 광고가 올라온 것을 보고 참가하고 싶어서 이렇게 나왔습니다. 저희 팀은 악기 연주자, 뮤지컬 전공자 들이 모인 건데요. 주로는 대학생들입니다."

— 어떤 공연인가요?

"지금 이 시국을 우리 청년들이 좀더 예술적으로 표현하려면 어떻게 해야 하나 고민하다가 뮤지컬 「레 미제라블」에 나온 「민중의 노래」를 부르기로 한 거예요. 가사를 들어보면 알겠지만 이 노래는 프랑스 대혁명 당시 민중의 항쟁을 담은 곡입니다."

— 공연을 위한 비용은 어떻게 마련이 됐나요?

"자발적 시민의 참여로 마련됩니다. 저희가 돈을 받지 않더라도 시민들에게 선보이고 싶은 공연이라서요. 태극기집회 쪽에서는 자꾸 저희들이 돈을 받고 나온다고 하는데요. 저희는 오히려 돈을 쓰고 있습니다. 장비도 대여해야 하고요."

— 이번 공연의 의미랄까요?

"권력자들이 대중의 소리를 잘 들어주었으면 합니다. 그러기 위해 더 큰 소리를 만들어나갈 수 있는 힘을 드리려고 이 공연을 기획했습니다. 대중의 소리에 더욱 귀를 기울여주는 분이 리더로 있어야 하지 않을까요?"

순차적으로 「민중의 노래」 「아리랑」 「애국가」가 세종문화회관 계단을 타고 흘러내렸다. 세 곡의 노래가 모두 끝나자 곁에서 관람하던 시민들이 박수갈채를 보냈다. 대학생들의 자발적 참여로 이뤄지는 공연이 이토록 프로다울지는 몰랐다. 값을 치르고 봐도 전혀 아깝지 않을 공연이 촛불광장에서는 이렇게 '무상'으로 진행되었다. 막 공연을 마친 첼로 연주자를 붙들고 몇마디 붙여보았다.

"저희는 서울 소재 오케스트라 동아리로서 이 공연에 참여하게 됐습니다. 저는 성균관대학교 오케스트라 연주와 반주 부분을 맡고 있고요. 저희들이 오늘 이 공연을 한 이유는 시위하느라 많이 고생하신 시민들이 저희 음악을 들으시면서 조금이나마 힘을 내시길 바라는 마음 때문입니다."

즉석 연주로 아리랑을 선보인 두 첼로 연주자는 몇마디 답하고는 총총히 사라졌다. 그러나 그들이 사라진 후에도 공연의 여운은 세종문화회관 인근에 길게 남았다.

: 공연장 같았던 촛불무대

가수 이은미, 60만 관중과 무반주 애국가

2016년 12월 10일 7차 촛불집회 무대에 선 가수 이은미는 무반주 「애국가」로 공연을 시작했다. 광화문광장에 모인 60만 시민들은 이은미씨와 함께 호흡하며 「애국가」를 '떼창'했다.

"여러분, 안녕하십니까. 이은미입니다. 어제 우리는 시민혁명의 첫발을 내디뎠습니다(12월 9일 국회 탄핵 가결). 모두가 이뤄낸 기적 같은 일입니다. 대한민국의 진정한 영웅들은 지금 이 자리에 촛불을 들고 계시는 여러분, 각자의 자리에서 마음의 촛불을 켜고 계신 대한민국 국민입니다. 고생하셨습니다. 그래서 오늘 여러분들 앞에서 크게 한번 외쳐보고 싶습니다. 대한민국이여, 새롭게, 깨어나라! 더 크게, 깨어나! 일어나! 힘을 원해! 겟 업! 스탠드 업! 깨어나서 일어나서 눈을 뜨고 귀 기울여! 박근혜는 물러가라! 오랜 시간 대한민국에는 청산이라는 역사가 쓰인 적이 없습니다. 제대로 된 청산의 역사가 바로 어제 쓰였습니다. 절대, 잊어서는 안 됩니다. 늘 깨어 있으시겠습니까? 오늘은 작은 기쁨이지만 어제의 첫 단추를 축하하는 자리인 만큼 그동안 애썼다고, 고생했다고, 손도 꼭 잡아주시고, 어깨도 감싸 안아주십시오. 서로 따뜻한 가슴 나누며 더욱더 멋진 대한민국 만들어주십시오. 이 노래 드리겠습니다."

그리고 「가슴이 뛴다」가 이어졌다. 엄동설한. 최강 한파가 몰아친 날, 그는 무대에서 너스레도 떨었다.

"오늘 영하의 무척 쌀쌀한 날씨임에도 이렇게 거리로 또 나와주신 여러분을 위해 이 노래를 꼭 드리고 가주십사 하고 주최 측에서 부탁하셨어요. 그런데 자연스럽게 여러분 사이에서 앵콜이 터져나오기를 기대하며 「가슴이 뛴다」를 부르고 내려갔건만 여러분들과 제 사인이 제대로 안 맞은 것인지 아니면 여러분들께서 이은미 노래가 별로라고 생각하신 건지, 본의 아니게 광화문에서 노래 참 많이 하는데 오늘처럼 뜨뜻미지근한 앵콜은 별로 없었던 것 같아요. 기왕에 외쳐주시는 것, 크게 외쳐주십시오. ('앵콜, 앵콜, 이은미, 이은미' 연호.) 탄핵 가결 소식 들으시고 편안하게 집에서 쉬고 계신 분들도 계실 거예요. 추운 날 광화문까지 찾아주신 분들과 이거 한번 꼭 외쳐보고 싶네요. '국민의 명령이다, 지금 당장 내려와라!' 사랑합니다, 여러분. 지치지 맙시다. 잊지도 맙시다. 이 노래 드리고 물러가겠습니다."

「애인 있어요」가 60만 관중 속에 울려 퍼졌다. 공연을 끝내고 무대 아래로 내려온 그와 만났다.

— 국회에서 탄핵이 가결됐습니다.

"광장에 계신 분들이나 저나 똑같은 마음입니다. 그다지 기쁘다고만 말할 수 없는 게 현실이니까요. 일단 첫 단추를 잘 끼웠으니까 끝까지 포기하지 않고 역사가 바로잡혔으면 하는 마음입니다."

― 7차 촛불, 이 무대에 서지 않으면 안 될 것 같은 마음이라고
하셨습니다.

"한달 반쯤 전에 새 음반이 나왔고 투어콘서트를 계속 진행
중이거든요. 공연을 하면서도, 물론 콘서트 와주신 분들과는 음
악을 나누면서 조금의 위안을 나누는 시간을 갖지만, 늘 마음은
여기 와 있는 거예요. 편치 않죠. 빚처럼 남아 있었는데 다행히
천안 공연이 일요일에 열려서 집회를 함께할 수 있게 됐습니다.
어제 탄핵이 가결되면서 실낱같은 희망을 붙잡았으니까 그동
안 여러분 애쓰셨다고 음악 함께 나누면서 잠깐이지만 다 같이
자축하는 시간 가지는 게 의미있지 않을까 생각했습니다."

― 오늘은 서로 "수고했다" "안아 주세요" 하셨습니다. 어떤 위
로가 필요할까요.

"더이상 아이들에게 부끄러운 나라 물려주지 말고요. 도덕책
에 있는 대로 실현되지는 않더라도 적어도 대한민국의 삶이 그
다지 형편없지는 않구나, 대한민국에서 사는 것이 멋진 일이다
까지는 아니더라도 대한민국 국민으로서 '아, 열심히 살아봐야
겠구나' 하는 나라는 만들어야 하지 않겠습니까. 잊지 말아주시
고, 늘 깨어 있어 주십시오. 지금 이렇게 된 이유가 그저 살기 바
빠서, 누군가는 대신 해주겠지 하고 입을 다물었기 때문에 생긴
일이거든요. 참아 넘겼기 때문에 생긴 일이거든요. 우리 함께하

면 더 큰 용기를 낼 수 있다는 것이 확인됐습니다. 잊지 않고 지켜보면서 대한민국을 좀더 나은 방향으로 멋지게 만들어보죠."

긴 시간을 두고 차례차례 국민의 이름으로 소환된 수많은 적폐 무더기를 이번 촛불을 계기로 하나씩 청산하자는 주장이다. 맞다. 단 한번도 우리나라에서는 제대로 과거가 청산된 일이 없다. 김대중-노무현 정부 때도 수많은 위원회로 과거청산에 나섰지만 제대로 된 성과를 내진 못했다. 강고한 친일·독재의 벽을 넘지 못한 것이다. 그러니까 독재자의 딸 박근혜가, 또 친일파의 아들들이 권세를 누리며 나라를 이 꼴로 만든 것이다. 가수 이은미의 말은 그래서 더욱 설득력이 있었다.

신대철의 '아름다운 강산'

전설의 록밴드 시나위의 기타리스트 신대철씨도 그의 아버지 신중현 선생 이야기를 하면서 유신 시절 엄혹했던 날들을 들려주었다. 2016년을 보내는 마지막 날인 12월 31일 무대에 오르기 직전 신씨와 만났다.

— 지하철 3호선 안국역에서 보수단체가 집회를 하는데 「아름다운 강산」이 흘러나온 게 웬 말이냐 하셨습니다.

"욱했어요, 하하하. 그분들이 아마 노래에 대한 배경지식이 없었던 것 같습니다. 「아름다운 강산」이라는 노래는 저희 아버지께서 유신독재정권에 저항해서 만든 노래예요. 그런데 그분들이 부른다는 게 코미디죠. 알고 계신 분들도 있지만, 모르는 분들이 많으니까 그걸 좀 알리고 싶었습니다."

— 보수단체 대표곡으로 알려졌는데 전혀 그게 아니라는 말씀이네요.

"1970년대 초반 청와대가 아버지한테 박정희 대통령의 찬양가를 만들어라, 이런 요구를 한 모양이에요. 그때 아버지는 히트곡 제조기였으니까요. 당대 제일 잘나가는 음악가가 누구야, 그래서 찾은 거겠죠? 그런데 저희 아버지께서 저는 그런 노래는 안 만듭니다, 하신 거예요. 그랬더니 전화를 뚝 끊더래요. 좀 있다가 또 전화가 와서 받았더니, 이번에는 여기 공화당인데요, 하면서 똑같은 얘기를 하더라는 겁니다. 그리고 한마디 더. 이거 안 하면 다친다, 당신. 나 안 한다니까 뭔 소리 하는 거요? 그렇게 하셨는데요. 그 뒤로 저희 집 형편이 참 어려워졌습니다, 하하하하. 정말 아주 힘들게 살았어요. 어떤 보복이 들어왔느냐면요. 그때 히트했던 노래들이 줄줄이 금지곡이 됐습니다. 「미인」이라는 노래가 어느 날 갑자기 금지곡이 됐어요. 금지사유는 퇴폐풍조 조장이었어요. 그 당시 그런 분위기였죠. 줄줄이 이어서 「거짓말이야」(김추자)도 갑자기 금지곡이 됐어요. 자기들이 하도 거짓말을 많이 하니까 금지곡으로 지정했나

봐요."

— 유신정권의 블랙리스트네요. 지금도 면면히 이어지고 있는.

"그런 셈이죠. 그때 아버지께서 이렇게 얘기를 했대요. 내가 정권이나 권력자를 찬양하는 노래는 못 만들지만, 우리가 살아온 터전 우리나라 금수강산을 찬양하는 노래는 만들겠다. 그래서 만든 게 「아름다운 강산」입니다. 유신정권에, 독재정권에 저항해서 만든 음악이 「아름다운 강산」인데, 정말 곰곰이 생각해보면 아름다운 강산이잖아요. 우파적 시각에서 만들었다면 아름다운 조국 이렇게 할 수 있잖아요. 아니면 아름다운 대한민국 이렇게 할 수도 있고. 그런데 '아름다운 강산'입니다. 이런 메시지가 있던 거지요. 우리나라의 '아름다운 강산'은 당신들이 있기 훨씬 전부터 존재했던 거다, 여기서 우리는 쭉 살아왔고, 그건 권력이 만들어준 거 아니지 않느냐. 그래서 만든 곡이지요. 고도의 은유가 들어 있습니다. 그런데 박사모가 그 노래를 함부로 불러젖히니까 도저히 저는 용납이 안 되었어요."

— 촛불집회에 많은 뮤지션들이 스스로 재능기부를 하고 있는데요. 이번에 「아름다운 강산」을 새롭게 편곡해서 국악과 협연하시는데 노래를 전설의 로커 전인권씨가 부릅니다.

"억겁의 세월로부터 물려받은 자연. 그걸 표현한 노래인데요. 여기에 전통 우리 가락을 섞어보자, 그렇게 됐습니다. 굉장

히 한국적인 선율이고 국악기와 같이 붙여서 해보니까 가락이
너무 잘 붙는 거예요. 작업하면서 저도 막 놀랐습니다."

― 2016년 마지막 촛불집회에서 「미인」을 선택한 까닭은 무엇
일까요?

"왜 「미인」을 했냐면요. 「아름다운 강산」 금지곡 퍼레이드가
모티브가 됐으니까 잠깐 「미인」을 삽입했는데 다시 「아름다운
강산」으로 넘어가요. 전체 20분간 연주를 해요. 한곡 가지고 이
렇게 대곡으로 만들어봤습니다. 다른 곡을 하기 위해 무대에 올
라가는 게 아니기 때문에, 「아름다운 강산」 한곡만 하면 된다는
생각으로 그렇게 했습니다."

― 열번째 이어진 촛불집회. 수많은 국민들이 박근혜 퇴진을 요
구하면서 새로운 시대를 갈구합니다. 음악가들은 새로운 시
대 어떤 연주를 하면서 살아야 한다고 보세요?

"음악뿐 아니라 모든 예술이 무한한 자유를 누려야 한다고
생각합니다. 그걸 선택하든 안 하든 그것은 대중이 선택할 몫이
고요. 정말로 예술가들에게는 자유가 주어져야 합니다. 자기들
마음에 안 든다고 블랙리스트를 만들고, 그게 말이 됩니까. 좀
정의로운 사회가 되면 좋겠고요. 내년에는 정말 새로운 정부가
들어서서 그저, 보통의 정부, 지금 너무 특별한 정부니까, 모든
사람들이 호응해주는 아주 보편적인 정부가 들어서길 바랍니
다. 그게 우선인 것 같아요."

: 실검과 레이저 빔, 그리고 소등!

20차 촛불집회가 이어지는 동안 참으로 재기발랄한 아이디어가 많았다. 톡톡 튀는 저 아이디어는 어디서 나왔을까 싶은, 기성세대의 집회관을 깨는 파격도 많았다. 구호와 투쟁가만 울려 퍼지는 재미없는 천편일률적 집회문화는 없었다. 불과 한해 전만 해도 물대포가 난무해 사람이 죽고 다치는 사나운 집회였는데 20차 촛불문화제는 편안하고 재밌고 안전한 집회였다. 유모차에 아기들을 데리고 나와 온 가족이 참여할 수 있는 공연장이기도 했다. 미래 세대의 집회는 이보다는 훨씬 더 즐겁고 발랄하게 발전될 거라 상상하니 공연히 기분이 좋아졌다.

이 가운데 단연 이목을 잡아끈 것은 대국민 실시간 검색어(실검) 1위 만들기, 정부청사에 레이저 빔을 쏴 구호 만들기, 그리고 1분 소등이 아닐까 싶다. 집회 현장에서 사회자들이 '실검' 단어 운을 띄우면 삽시간에 1위를 만들어 여론을 형성했다. 그동안 해보지 않았던 새로운 방식의 여론형성이다. 1990년대 중반 시민단체가 집회를 하면 몇몇 우호적인 사진기자들이 이런 말을 건네곤 했다. 여기서 아무리 크게 외치신들 그것은 권력층에 크게 전달이 안 된다, 어떻게든 신문에 기사 한줄 사진 한컷이 나오도록 해야 한다, 그것이 훨씬 더 파괴력이 있다고 말이다. 그런데 또 한 계단 넘어선 것이다. 수많은 군중이 광장에 모여 삽시간에 실검으로 여론을 장악했다. 대단한 일이다. 집단지성의 힘이다. 포털 검색 창에 바로바로 '헌재 조기 탄핵' '황교안 아웃' '송박영신'이 올라오는 걸 보니 집단지성이 실시간으로 구현되는구나 싶었다. 기성언론에 기대지 않고, 스스로 언론이 되는 '미디어 시민'. 기존에 없던 일이다.

이명박–박근혜 정부 시절의 정부청사는 무겁고 딱딱한 권위의 상징이었다. 시민이 부여한 권위가 아니라 권력집단 스스로 만들어낸 권위주의 말이다. 촛불은 그 권위주의에 과감히 도전했다. 컴컴한 정부청사 건물에 레이저 빔을 쏴서 '박근혜 조기 탄핵' 글귀가 선명하게 보이기 시작하자 시민들은 환호했다. 실제 건물에 스프레이로 글씨를 새겼다면 필경 감옥으로 끌려갈 일이었겠지만 레이저 빔으로 쐈기 때문에 트집 잡힐 게 없었다. 법 위반 운운하며 퇴진행동 관계자들을 얽어매려 했을 테지만 그럴 수 없는 상황이 됐으니 황교안 총리이자 대통령 권한대행도 약이 올랐을 게다. 소위 대한민국의 기득권 권력집단은 말도 안 되는 이유로 시민들을 괴롭혔기 때문에 아예 트집 잡힐 일은 시작도 하지 말자는 데에 공감대가 꽤 컸다. 스스로 쓰레기를 줍고, 폭력에 반대하며, 태극기 부대가 시비를 걸어도 무대응으로 일관하면서 책잡힐 일은 아예 하지 않았다. 그런 꼼꼼한 대응이 결국 20차 촛불집회를 평화집회로 승화하는 계기가 됐다.

1분 소등은 정말 짧은 시간 안에 많은 생각을 하게 한 장엄한 행

사였다. 일시에 불이 꺼졌다가 그사이 여러 외마디가 외쳐지고 또
다시 일제히 불이 켜지는 순간이 오면 심장이 쿵쾅쿵쾅 뛰었다.

"5, 4, 3, 2, 1. 소등!
곧 새벽이 오는 줄 알았다.
그러나 어둠은 물러가지 않았다.
어둠과 빛이 공존하는 혼돈의 시간.
스스로 물러날 어둠이 아니기에 촛불을 끌 수 없고
더 크게 타올라야 한다.
잘못이 없다, 모른다, 버티겠다고 한다.
대한민국은 아직 겨울공화국.
매서운 겨울추위를 이겨내고서야 매화꽃은 활짝 핀다.
촛불은 한겨울 매서운 추위와 어둠을 몰아내는 매화꽃,
어둠을 걷어내고 따뜻한 봄을 앞당기는 매화꽃 향기다.
박근혜는 퇴진하라!
박근혜를 구속하라!
황교안은 물러나라!
김기춘을 구속하라!
촛불이 겨울공화국을 바꿀 것이다.
추위와 어둠을 몰아내는 촛불을 켜주십시오!"

2016년 12월 3일, 광화문광장에서 열린
6차 촛불집회에 참가한 시민들이 '세월호 7시간 의혹'을
밝혀내자는 의미로 오후 7시에 소등하고 있다.
© 연합뉴스

1분간의 소등이 끝나고 다시 촛불이 활활 타오르기 시작할 때 귀에 익숙한 노래,「진실은 침몰하지 않는다」가 흘러나왔다.

어둠은 빛을 이길 수 없다
진실은 침몰하지 않는다
우리는 포기하지 않는다

: 광장을 지킨 광화문의 아이들

광화문 촛불에서 유독 눈에 띄는 이들은 바로 10대, 20대였다. 길고 긴 촛불집회 내내 지칠 줄 모르고 대열에서 이탈하지 않았던 청소년들에게 물었다.

― 고등학생인가요?

"중3이에요. 친구들 넷이 함께 왔습니다. 서울 성북구 동구 여중 3학년 손유선, 김태연, 박진아, 신다소입니다. 우리 역사를 보면 혁명이 일어날 때마다 중고생이 많이 참여했는데요. 이번에 박근혜 하야도 중고생이 보고만 있을 게 아니라 먼저 앞장서서 시위에 참여해야겠다는 생각으로 나왔습니다."

― 두달간 여러 의혹이 쏟아졌습니다. 대통령의 기록물을 최순

실씨가 다 봤다거나 그의 딸 정유라씨가 말 타고 이화여대 입학한 것이라거나… 그중에서 우리 학생들이 가장 화가 났던 이슈는 어떤 거예요?

"공부도 제대로 안 했으면서 특권을 받은 정유라씨요. 저희들이 학생이다보니까, 노력 안 하고 '빽'으로, 그것도 학생들이 정말 가고 싶어하는 명문대학에 가고, 출석도 안 했는데 좋은 성적 받게 해준 게 제일 화가 납니다. 어떻게 이럴 수가 있나요? 심지어 학교에 잘 가지도 않았는데 졸업장을 받았잖아요. 고3 때 17일밖에 출석을 안 했는데 고등학교 졸업장을 주었다니요. 우리는 학교 안 가면 당장 잘려요."

— 꼭 하고 싶은 말이 있다면요?

"민주주의 국가잖아요, 우리나라가. 대통령을 국민의 손으로 뽑았으니까 국민의 의견을 들어주셨으면 하고요. 꼭두각시 나라 말고 국민에게 주권이 있는 나라, 역사가 부끄럽지 않은 나라가 됐으면 좋겠습니다."

이때 우리의 대화를 구경하던 남학생들이 인터뷰를 자청했다. 여학생들을 인터뷰했으니, 남학생들 얘기도 좀 들어달라는 눈치 같아서 얼른 질문을 던졌다.

— 어느 학교 몇학년인가요?

"경기도 시흥 정왕고등학교 최효석, 이한, 성현우입니다."

— 촛불집회에 왜 왔습니까.

"자고 일어나 뉴스를 보는데 많이 당황스럽더라고요. 이게 뭔가 싶었어요. 그래서 한번은 촛불집회에 와야겠다 싶었는데 친구가 오자고 해서 이렇게 왔습니다. 2시간이나 전철을 타고 왔습니다."

— 학원 안 가도 돼요?

"아침에 선생님이 수업 빼주셔서 왔어요, 하하하. 학원 선생님께서 그랬어요. 이런 데 와보면 좋은 경험이 된다고요."

— 지금까지 진행된 국정농단 사건에서 제일 화가 나거나 불쾌한 점은 어떤 거예요?

"아무것도 아닌 사람이 대통령의 연설문을 맘대로 고쳤다는 것, 국가기밀들이 그런 일반인에게 공개됐다는 게 너무 안타깝고요. 세월호 침몰되기 전 7시간 동안 박근혜 대통령이 무엇을 했는지 의혹이 있습니다. 제일 심각한 문제는 그렇게 사람들이 죽어갈 때, 대통령이 아무것도 안 했다는 게 제일 안타까운 일 아닌가 싶어요."

조희연 서울시 교육감의 말대로 학생들은 '교복 입은 시민'이다. 경우에 따라서는 훨씬 더 깨어 있는 시민의 목소리를 들을 수 있었다. 촛불광장 어디서나 청소년, 청년을 만나는 것은 어려운 일이 아니었다. 광화문광장에서 3명의 여고생을 만났다.

— 어디서 오셨습니까.

"저희도 여기 인터뷰하러 나왔습니다. 시위하러 오신 분들이 어떤 분들인지 저희도 취재하러 나왔어요."

— 아, 저희와 동종업계 종사자이시군요. 여고생 언론인들, 소속 이 어떻게 되십니까.

"경기도 교육청에 '꿈의 학교'라는 프로그램에 참여하고 있는 고등학교 1학년, 2학년 학생입니다. 이 프로그램의 일환으로 광화문광장에 견학을 나왔고요. 시민들을 인터뷰하고 있습니다."

— 오늘 많이 만나셨을 텐데요. 주로 어떤 말씀을 하시던가요?

"대통령에 대한 비리가 많이 밝혀졌는데도, 또 그래서 시민들이 집회에 많이 나오는데도 여전히 대통령이 시민들의 요구를 무시하는 것에 대해 답답해하셨습니다."

— 취재를 종합한 기자의 판단은 무엇인가요?

"많이들 분노하고 계시다, 이 정도입니다."

— 그렇다면 박근혜 대통령, 어떻게 해야 할까요?

"퇴진해야죠!"

— 자, 그럼 고등학생의 언어로 한마디로 정리해보겠습니다.

"깨끗하게 살자!"

시원한 웃음이 광장을 떠나가지 않았다. 명랑한 소녀들의 경쾌한 언어는 광화문광장에서 통통 튀었다. 학생들과 만나는 사이 세종문화회관 앞 계단은 사람들로 꽉 채워졌고, 광장 무대에선 '대한민국은 민주공화국이다'로 시작하는 작곡가 윤민석의 노래 「헌법1조가」가 울려 퍼졌다. 서울시에서는 혼잡을 예상해 안전요원들을 광장 곳곳에 배치했고, 주변 화장실을 개방해 시민들이 불편하지 않도록 했다. 수많은 인파 속에서 혹여 길을 잃어버리는 아이들이 생길라 만일의 상황에 대비한 미아보호소도 마련했고, 본 행사를 위해 리허설 중인 메인 무대에서는 전인권의 노래 「걱정말아요, 그대」 「행진」 그리고 「애국가」가 흘러나왔다. 노래를 들으면서 천천히 보신각 쪽으로 움직였다.

또다른 청소년들을 만나기 위해서다. 이미 보신각 앞엔 수백의 청소년들이 모여 있었고, '청소년도 주권자다'라는 슬로건 아래 집회가 진행되고 있었다. 일부 학생들은 행렬 뒤쪽에서 컵라면을 먹고 있었고 또 일부 학생들은 주변의 쓰레기를 주워 담았으며 또 어떤 학생들은 그곳을 지나는 시민들에게 유인물을 나눠주었다. 다양하고 자유로운 청소년들의 움직임은 민주주의 그 자체였다. 학생들에게 마이크를 쥐여주었다.

"경기도 고양시 화정동 화수중학교 2학년입니다. 페이스북을 보고 보신각 앞에서 청소년 집회가 열린다기에 한번 와보았습니다. 전에는 이런 집회가 있다는 것을 잘 몰랐는데, 기사를 검색하다가 이런 집회가 있다는 것을 알게 되었고 직접 참여도 하게 됐습니다."

청소년들은 기성미디어에 의존하지 않고 SNS를 활용하여 스스로 움직였다. 궁금하면 검색하고, 확인되면 행동에 나섰다. 그 엄청난 자발적 움직임이 이 거대한 촛불을 만든 것은 아닐까. 궁금증이 몰려올 무렵 또 한 학생을 마주했다.

— 어디서 오신 누구입니까.

"경기도 여주시 점동고등학교 2학년 변주혜입니다."

— 여주에서 몇시에 출발하셨습니까.

"아침 11시쯤 출발했습니다. 고속버스로 왔는데요. 여기까지 오는 데 2시간 정도 걸렸습니다."

— 여주에서 서울 종로 보신각까지 무려 2시간이나 걸려 왜 꼭 와야만 했을까요?

"제가 굳이 말하지 않아도 여기 청소년들이 있는 이유가 바로 그 이유인 것 같습니다, 하하하하."

— 지금까지 우리 국민들이 촛불을 들었으나 대통령은 물러날 기색이 없습니다.

"제가 한국사를 기분 좋게 배우지 못하는 이유가 있는데요. 물론 국민으로서 우리 역사를 좋게 받아들여야 하지만 그럼에도 우리 역사가 부끄러운 대목이 있기 때문입니다. 지금껏 우리의 부끄러운 역사를 바꿔온 사람들은 학생들이었습니다. 지금도 이 부끄러움의 역사를 바꿔야 하는 사람들이 바로 학생들이라는 판단이 들어서 공부하는 시간을 쪼개 여기까지 온 것입니다."

— 3·15부정선거, 4·19혁명 때에는 초등학생들까지 거리에 나와 자유당을 반대했다고 해요. 학생들이 나서서 대한민국 민주주의를 바로 세우려고 한다, 이렇게 정리하면 될까요?

"어른들은 이곳에 학생들이 와서 착잡하다고 말하십니다. 어른들 하는 일이 대체로 맞지만 이것은 지금 우리 학생들이 해야 할 일이기도 합니다. 이 추운 날씨에 안타까운 마음도 있지만 여기까지 걸어오는 동안 머릿속에 든 생각은 우리의 시민의식이 많이 발전했다는 것입니다. 촛불을 든 시민들을 보니 힘이 나고 기분이 좋습니다."

또다른 '교복 입은 시민'을 만나보았다.

— 어디서 오신 누구십니까.

"신길동에서 온 최유진입니다. 영등포여고 3학년입니다. 올해 수능 봤습니다."

— 수능 끝나서 나오셨군요.

2016년 11월 9일,
강원 원주시에서 중고생 200여 명이
촛불집회를 열었다.
'교복 입은 시민'들은 전국 각지에서
불의한 정권을 규탄하며
정의로운 사회를 갈망했다.

"아닙니다. 지난주에도 나왔습니다. 수시는 합격 못했지만 그래도 나왔습니다."

— 많은 학생들이 '박근혜 퇴진'을 외치고 있습니다. 가장 참을 수 없는 굴욕은 무엇인가요.

"뒤에 배후세력이 있어서 저희들이 돈을 받고 나왔다고 말하는 것입니다. 심지어 '알바비'로 5만원을 받고 나온 것이 아니냐, 이런 헛소문을 들을 때 제일 기분 나쁩니다. 절대로 돈을 받고 나온 것은 아닌데 말입니다."

또다른 여학생 둘이 인터뷰를 기다리고 있었다.

"저는 경기여고 2학년, 저는 성신여고 1학년 학생입니다."

— 학교도 다르고, 학년도 다른데, 두 분은 어떻게 만나셨나요?

"여기 와서 만났습니다. '중고생혁명' 스태프로 만났습니다."

— '중고생혁명'은 어떤 단체인가요?

"페이스북에 페이지가 있습니다. 이 페북 페이지를 본 고등학생들이 SNS에서 여러 정보를 공유하면서 이번의 11·5집회가 마련되었습니다."

— 대통령이 버티고 있습니다. 국민과 싸우자는 것이냐, 비판도 많습니다. 어떻게 보세요?

"양심이 있다면 물러나야 한다고 생각합니다. 그런데 제발 나가기 전에 우리가 궁금한 사항, 세월호 7시간에 뭐 했는지, 국 정교과서를 왜 그렇게 만들려고 했는지 좀 밝히고 나갔으면, 또 책임을 좀 지고 나갔으면 좋겠습니다. 특히 왜 그렇게 국정교과 서 밀어붙이려고 하는지 너무나 궁금해요."

오후 4시 현재 광화문광장에 8만명의 시민들이 함께하고 있다 는 속보가 들어왔다. 그사이 또다른 청소년이 눈에 잡혔다.

— 지금 여기서 뭐 하세요?

"저희들이 지나간 자리를 더럽히면 안 되잖아요. 쓰레기봉투 를 사서 가지고 나왔어요. 오늘 저는 피곤해서 좀 늦게 나왔습 니다. 오후 1시쯤 도착했는데요. 솔직히, 공부하랴 집회하랴 힘 드네요."

— 몇학년인데요?

"서울 동성고등학교 1학년입니다. 요즘 살짝 놀았더니 안 되 겠어요. 다시 열심히 해야지요."

— 쓰레기는 왜 줍는 겁니까. 안 주워도 뭐라고 할 사람은 없잖 아요.

"집회 끝날 무렵이면 저희들이 항상 쓰레기를 치우고 있어 요. 또 저희 안에 쓰레기를 모으는 팀이 따로 있습니다. 중고생 들 모임 안에 이 역할, 저 역할이 나뉘어 있습니다."

자율적으로 집회를 열고 민주집중제로 지도부를 뽑고 쓰레기까지 깔끔히 치우는 청소년들. 이제는 스스로 사회적 책임을 다해야 한다고 판단한 것일까. 저 책임감을 기반으로 삼은 어른으로 큰다면 대한민국이라는 나라가 지금보다는 훨씬 깨끗하고 투명해지고 또 정의로운 나라가 될 수 있을 것 같다는 생각이 들었다. 이 와중에 청소년들의 무리 안에서 한 어른이 눈에 띄었다. 안산 부곡제일교회 목사였다.

— 청소년 집회에 목사님이 어떻게 나오셨습니까.

"지난주 동화면세점 앞에서 중고생혁명이 집회를 연다기에 혹시 박사모 집회와 겹쳐 아이들이 다치는 일이 생길까봐, 그래도 어른들의 보호가 필요하지 않을까 싶어서 이렇게 나왔습니다. 학생들이 만일의 사태로 다치거나 사고가 발생하면 그건 안 되잖아요? 또 혹시나 필요할까 해서 라면, 물을 갖고 나왔습니다."

집회 대열 후미에서 컵라면을 호록호록 먹는 아이들이 또록또록 보였다. 참 맛있게 먹고 있었다. 그 아이들을 부모의 마음으로 뒤에서 지켜주는 어른들이 있다는 느낌을 받으니 가슴 한편이 훈훈해졌다. 이런 마음이 모여 오늘의 촛불집회가 '무사히' 진행되고 있는 것은 아닐까.

— 현재 전국 100군데에서 동시다발로 촛불집회가 벌어지고 있
  습니다. 그럼에도 대통령은 아무런 움직임이 없습니다. 어떻
  게 보십니까.

"신학교에서 이렇게 배웠습니다. 목회자도 한둘의 교인이 극
히 반발한다면 보따리 쌀 준비를 하라고요. 하물며 5000만 국
민의 안전과 생명, 주권을 지켜야 할 자리에 있는 분이 국민의
주권을 짓밟는 행위를 한다는 것은 이미 자격이 없다고 봐야 합
니다."

4부

우리가 촛불이다

: 광화문에 첫눈 펑펑

광화문에 첫눈이 내렸다. 2016년 11월 26일 5차 촛불집회가 있던 날, 눈이 왔다. 광장에서 첫눈을 맞다니. 내 평생 처음 있는 일이다. 바람에 흩날리던 흰 눈 조각은 이내 콩알만 한 크기로 덩어리졌고 잠시 뒤엔 500원짜리 동전만 한 눈덩이로 푹푹 떨어졌다. 등산화를 신어도 찍찍 미끄러질 정도로 광장엔 셔벗처럼 눈이 쌓였다. 눈발 날리는 궂은 날씨. 누가 광장에 선뜻 나설까. 따뜻한 아랫목이 그리운 날, 어린아이 손을 잡고 줄기차게 촛불집회에 참여했던 젊은 엄마 아빠들도 꺼려질 터다. 그런데 웬걸. 서울에서만 150만, 지역에서 50만. 200만 시민이 함께 첫눈을 맞이했다. '이거 실화냐?' 소리가 자연스럽게 터져나왔다. 어디서 이렇게 많은 사람들이 몰려나왔을까. 또 이 사람들은 이 궂은 날씨에 왜 광화문을 채워야 한다고 생각하는 것일까. 악천후 속에서도 무려 150만 명이나 되는 시민들이 광화문광장을 메웠다는 것은 그 자체로 2016년 박근혜-최순실 국정농단 사태가 만들어낸 또 하나의 역사적 사건이었다. 눈을 맞으며 한참 동안 광화문을 떠돌고 있는데 어느 시민이 나를 톡 건드렸다. 놀라서 쳐다보니, 자신이 손에 쥐고 있던 손난로를 내 손에 쥐여주었다. 손가락이 빨개지고 자꾸 곱아서 '양손 잼잼'을 하고 있던 터에 받은 손난로. 그것도 데워서 건네는 그 마음에 춥다는 생각이 눈 녹듯이 사라졌다. 그때, 고사리손 두 아이와 함께 나온, '박근혜 하야' 스티커를 몸에 붙인 중년 남성을 만났다.

— 아니, 눈이 이렇게 오는데 아이를 데리고 나오셨네요.

"네, 하하하."

— (아이를 향해) 몇학년이에요?

"초등학교 3학년이에요."

— 아빠랑 광장에 왔어요. 안 추워요?

"추워요."

— 하하하, 첫눈 오는 광화문, 이렇게 아이들 손을 잡고 나오니 어떠세요?

"눈이 오니까 마냥 좋아요. 저희들은 춘천 퇴계동에서 왔어요. 얘는 남부초등학교 3학년인데요. 큰아이는 공부해야 해서 집에 엄마랑 놔두고 작은애 둘 데리고 왔네요. 오늘 처음 나왔어요, 촛불집회에. 참 좋습니다. 함께하면 좋겠습니다."

춘천에서 두 아이를 데리고 참석한 이 40대 남성은 아이들이 어려서 저녁 늦게까지 광장에 있을 수는 없을 것 같다고 밀했다. 이렇게 눈이 많이 오는 날 어떻게 왔느냐고 물으니 "그래도 한번은 와야 할 자리 같아서"라며 웃었다. 그 옆에 두 아이를 데리고 온 부부가 있었다.

— 저 같으면 오늘 같은 날엔 집에 있고 싶을 것 같아요.
"군산에서 가족이 함께 왔습니다. 오늘 아침 9시에 출발했고요. 열두살짜리 아들과 아내 그리고 제가 함께 왔습니다."
— 아, 아들! 아빠 따라오고 싶었어요?
"아니요, 오기 싫었어요."
— 하하하, 아니, 아버님. 아드님이 오기 싫었다고 하는데 왜 데리고 오셨어요.
"제가 집에서 뉴스 보다가 혼자 욕을 많이 했습니다. 나라가 어지러우면 안 되는데, 이게 뭐냐, 볼멘소리를 많이 했죠. 그랬더니 우리 아들이 왜 집에서만 그러냐, 그러지 말고 우리도 광화문에 가자, 밖에서 제대로 소리를 내라, 광화문으로 가서 직접 촛불을 들자, 이러더라고요. 사실은 우리 아들 때문에 역사의 현장 속으로 들어온 셈입니다."

— 이야, 대단한데요? 집에서 뉴스 보시면서 주로 무슨 말씀을
하시길래 우리 아드님이 그렇게 광장으로 가자 그랬을까요?

"박근혜 대통령 스스로 대통령이라는 것을 부정하고 있는 게
아닌가 싶어요. 속속 밝혀지는 의혹에 대해 나는 잘못이 없다고
하는 것 같은데, 이미 드러난 것만 가지고도 충분히 사퇴해야
한다고 봅니다."

: 자봉, 자봉, 자봉

2007년 12월 7일 충남 태안 앞바다에서 기름유출 사고가 발생
했다. 예인선에 묶인 채 경남 거제로 향하던 삼성물산 소속의 삼
성1호 크레인 부선이 와이어가 끊어지면서 당시 바다에 정박해
있던 유조선 허베이스피릿호와 충돌해 빚어진 사건이다. 지금까
지도 우리는 이 기름유출 사고를 '태안 기름유출 사건'이라 부른
다. 얼핏 생각해도 '삼성 배 기름유출 사고'라 부름 직한데 우리는
왜 '태안 기름유출 사고'라고 부르게 됐을까. 삼성이 언론에 얼마
나 많은 공을 들였을까는 짐작하고도 남는다. 이때 200만 자원봉
사자가 바다와 바위에 낀 기름때를 제거했다. 어떻게 그렇게 많은
사람들이 자원봉사에 참여할 수 있었을까. 세계는 그 자원봉사 숫

자에 감탄했다. 촛불혁명 때도 한국 특유의 자원봉사 문화는 돋보였다. 자원봉사는 촛불혁명을 이끌어가는 주요 축이기도 했다. 기부 또한 넘쳐났다. 커피와 두유, 빵, 떡 등 허기를 달랠 수 있는 먹거리부터 핫팩과 무릎담요 등 추위를 견딜 수 있는 물품들, 그리고 돈과 재능기부로 각자 내어놓을 수 있는 수단을 내놓고 힘을 모았다. 목걸이와 귀걸이를 퇴진행동 모금함에 넣거나, 꽉 채운 돼지 저금통과 현금을 전달하고 사라지는 촛불시민도 있었다. 이처럼 자발적 시민운동은 한국사회를 이끌어가는 힘이었다.

하야커피 바리스타, 박종성씨

매주 토요일 촛불집회 때마다 '하야커피'를 만들어 제공하는 바리스타가 있었다. 성남시 분당구 야탑동의 한 커피숍 대표가 촛불집회에 온 시민들에게 무료로 커피를 대접했다. 그 홍보문구가 아주 재미있었다.

'그냥 달라고 하세요. 해치지 않아요. 안 팝니다. 그냥 드리는 거예요.' 그 바리스타 박종성씨를 만났다.

— 손길이 예사롭지 않습니다.

"머리로 하면 기술이구요, 가슴으로 하면 예술입니다. 아, 오글거려. 저희들은 박근혜 대통령이 하야할 때까지 커피를 내릴 겁니다. 그가 내려올 때까지 우리는 커피를 내리겠습니다. 오늘만 나온 것은 아니고요. 지난주에 400잔, 이번주엔 500잔을 준비해왔습니다."

하야커피뿐만 아니라 인터넷카페 '82쿡'에서도 시민들을 위한 커피 후원에 나섰다. 박근혜 퇴진 떡 나누기 운동도 벌어졌다. '종로얼큰버섯칼국수'에서는 무료 칼국수 후원 이벤트도 열었다. 청소년들이 핫팩을 무료로 나눠주는 행사도 벌어졌다. 최강 한파가 몰아쳤던 2017년 1월 14일 12차 촛불집회 때는 풀빛문화연대, 환경교육단체 등에서 활동하는 숲 해설가들이 시민들에게 따뜻한 녹차 한잔을 나누어주었다. '추운 겨울 시위에 참여하시느라 고생하시니까 아메리카노 1000원', 촛불집회에 참여한 시민들의 행진 노선에 속한 청운효자동 부근 수많은 카페들은 스스로 많은 것을 내어주었다. 카페 통인은 따뜻한 보리차와 핫팩을, 또 어떤 카페는 생강차, 보이차 등을 무료로 내주었다.

푸드트럭 3인방, 1000인분 스테이크 쏘다!

푸드트럭을 운영하는 청년 셋은 2016년 12월 3일 4차 촛불집회에서 스테이크 1000인분을 쏘겠다고 나섰다.

"저희는 푸드트럭을 하는데요. 오늘은 박근혜 대통령의 3차 담화에 화가 나서 안 나올 수가 없었습니다. 평소 푸드트럭에 후원해주신 분들도 많고 해서 오늘은 저희들이 각오하고 나왔습니다. 스테이크 1000인분 쏩니다! 세월호 가족 분들께 먼저 드리고요. 그러고 나서 시민들에게 황소 기운 얻어 가시라고 기분 좋게 쏘겠습니다."

— 박근혜 대통령의 3차 대국민 담화에는 왜 그렇게 화가 나셨어요?

"참 열받았습니다. 우선, 정치적으로 능력이 안 되는 분이⋯ 솔직히 지금 당장 하야를 해도 국민들의 분노가 사그라들까 말까 하는데 담화를 완전히 유체이탈 화법으로 했어요. 제 나이 서른인데 2012년에 투표도 처음 해봤거든요. 요새 새삼 느낍니다. 왜 투표해야 하는지를요. 세월호 가족 분들에게 너무 미안하고 그래서 조그만 마음이나마 후원하고 싶었습니다."

세 청년은 박근혜 대통령의 3차 담화에 격노한 상태였다. 대통령 스스로 "단 한순간도 저의 사익을 추구하지 않았고 작은 사심도 품지 않고 살아왔다"면서 "지금 벌어진 여러 문제들은 국가를 위한 공적인 사업이라고 믿고 추진했던 일들이었고 그 과정에서 어떠한 개인적 이익도 취하지 않았다"고 주장했지만 이를 곧이곧대로 믿기엔 반대증거가 너무나 많았다. 최순실씨와 40여년간 인연을 유지하며 사실상 경제공동체로 지내왔으면서도 아닌 것처럼 잡아뗐다. 그저 본인이 주변 관리를 제대로 못해서 발생한 일로 치부했다. 그런 태도가 오히려 국민의 분노를 더욱 자극했다.
박근혜 대통령의 엉뚱하고도 안이한 상황 인식은 두고두고 말이
많았다. 어쩌면 감옥에 갇혀 있는 지금 이 순간에도 박근혜라는
정치인의 현실 인식은 시대와 매우 동떨어진 상태일지 모른다는
분석이 많다. 18년간 청와대에서 살았던 '유신공주'라는 별칭에
어울릴 만큼 한국사회에 어두웠으면서도 끝끝내 권력을 놓지 않
으려는 욕심 때문에 스스로를 파탄으로 몰고 갔다는 분석이 지배
적이다.

하드보드 416장 손팻말, 일산 주부들
경기도 일산에 사는 학부모 몇몇은 세월호 참사를 기억하자는
취지에서 노란색 하드보드지를 샀다. 그리고 광화문광장에서 시민
들에게 나눠주면서 그 위에 원하는 글귀를 써서 손팻말로 사용하
라고 권했다. 손팻말의 수에도 의미를 담았다. 416장을 만들어 나
눠준다고 했다. 이들의 메시지는 하나였다. '세월호를 잊지 말자!'
추운 날씨, 시민들은 작은 그 무엇이라도 내놓고 어떻게든 함께
하려고 했다. 공감의 연대, 신뢰의 행렬이었다. 사람 사는 세상, 존
중과 배려가 기반이 된, 진심이 통하는 현장이었다. 자꾸 사람들이
'촛불은 기적'이라고 하는 데에는 이유가 있었다.
퇴진행동의 집계에 따르면 촛불집회에 참여한 자원봉사자는
연인원 1200명에 달한다. '정권 퇴진을 위한 뜨거운 마음' 하나로

뭉친 '촛불 자봉'은 매주 촛불집회가 열리기 4시간 전에 광장에 모여 팀별로 초와 손팻말 등의 물품을 나눠주는 것부터 편의시설을 안내하고 집회가 평화롭게 진행될 수 있도록 질서유지 역할까지 맡았다.

대구 시민들, 광화문에서 차량용 스티커 '무료 나눔'

2016년 11월 26일 5차 범국민행동이 열리기 전 세종대왕상 앞은 분주했다. 차량용 촛불 스티커를 무료로 배포하는 사람들, 홀로 나온 어린 학생들에게 간식을 챙겨주는 어른. '법조 비리' '해외자원 비리' '4대강 비리' '방산 비리'의 철저한 재조사와 강력한 처벌을 촉구하는 사람, 가습기 살균제 피해 사건의 전면 재조사와 관련자 처벌을 촉구하는 시민. 눈 내리는 광화문, 그들 틈에서 스티커 배포에 여념 없던 대구 시민들을 만났다.

— 대구에서 어떻게 광화문까지 오셨어요.

"역사적인 날이어서 왔습니다. 오늘 온 게 아니고요. 지난 목요일(11월 24일) 새벽 어제아래께 왔습니다."

— 왜 오셨습니까.

"왜라기보다는… 모든 국민이 같은 마음일 겁니다. 조금이나마 밀알의 실천을 한다고 생각해서 이렇게 왔습니다. 오늘 대구에서 박사모가 큰 집회를 한다는데요. 참 가슴이 아프네요. 지금 박근혜 대통령 지지율이 3%. 전국 어디나 다 똑같습니다. 지금 정부에 대한 불만은 전국민이 다 똑같다고 생각해요. 대구라고 특별히 다르지는 않습니다. 대구도 박근혜에 대한 배신감이 엄청납니다. 국민을 배신했는데 어떻게 용서할 수 있겠습니까. 정치적 고향인 대구를 배신했으니 더 나쁘다고 생각해요."

— 오늘 스티커를 많이 준비해오셨습니다.

"네, 종당 3만장씩 모두 12만장을 준비했습니다. 여기 가져온 것은 8만장. 나머지는 다음 촛불 때 쓰려고요."

— 사비로 준비하셨나요?

"대구 시민들이 자발적으로 준비했습니다."

대구 시민들이 스티커를 무려 12만장이나 제작해 광화문에 배포한 이유는 무엇일까. 박정희 독재권력의 뿌리, 자유한국당의 정치적 뿌리인 대구경북 지역에서도 정치의 새바람이 불고 있다는 것을 알리고 싶었던 것은 아닐까. 박근혜-최순실 게이트로 불의한 권력의 치부가 드러난 마당에 대구경북이라고 균열이 없을 리만무하다. '묻지 마 지지'로는 대구경북에 새로운 정치 발전은 없다는 것을 어쩌면 몸으로 느끼고 있을지 모른다. 대구경북의 정치 새바람을 상상하면서 걷다가 마침 경북 구미에서 온 시민을 만나게 됐다.

— 어떤 마음으로 촛불행진을 하십니까.

"박근혜 퇴진. 아니, 박근혜를 구속하라로 바꾸겠습니다. 경북 구미는 박근혜와 새누리의 텃밭입니다. 그런데 구미가 경제 파탄 난 지 오래됐습니다. 다들 구미가 잘산다고, 특히 새누리당이 그렇게 홍보하는데요. 절대 그렇지 않습니다. 구미 한번 와보세요. 상황이 어떤지 금세 아실 겁니다."

— 청와대가 코앞입니다. 청와대에 있는 박근혜 대통령에게 한 말씀하시지요.

"제가 사투리 좀 쓰겠습니다. 근대사를 암울하게 만들었는데, 그만하시고. 자, 마이 해묵었다 아이가. 하야 쫌 해라! 박정희 생가, 동상 세우는 데 1400억 부었다. 거기 가보면 어마어마하데이. 그런데요, 구미 학생들 무상급식도 안 됩니다. 얼라들한테 무상급식 안 하는 구미가 박정희 생가 만들고 동상 세우는 데 1400억원이나 쓴 겁니다. 이래도 됩니까. 박근혜 대통령께서는 국민 뜻을 받아들여 마음의 결정을 빨리 쫌 내려라! 안타깝다. 국민 뜻이 이런 건데 어떻게 거역할 수 있겠나, 꼭 이렇게 이야기해주고 싶네요."

광장에선 '닭치고 하야' 마임 거리예술이 펼쳐졌다. 한국마임협회의 행위예술이었다. '이 땅의 모든 천박하고 거짓된 몸짓은 가라!'라는 구호를 내걸고 공연 중이었는데, 시민들은 그 공연

에 '초집중'했다. 소란스럽고 시끌벅적한 광장의 한가운데에서도
이렇게 조용히 공연에 집중할 수 있구나, 새삼 또다른 민주주의의
현장을 지켜보게 됐다.

공무원노조 촛불 자봉

전국공무원노조 서울시청지부도 촛불 '자봉'에 나섰다. 사람들
이 많이 모이니까 혹여 발생할지 모르는 안전사고에 대비한 게다.
서울시청지부의 한 조합원이 나섰다.

"지금 약 80명 정도가 자봉으로 나왔어요. 인파가 많으니까요.
지금 눈비가 너무 많이 와서 미끄럽고 혼잡해요. 사고 나면 안 되
잖아요. 어떻게든 안전사고는 발생하지 않도록 해야지요. 우리 공
무원들도 가만히 있을 수가 없다, 해서 이렇게 나왔습니다."

마임 공연을 지나 닭꼬치·어묵·떡볶이·핫도그·번데기·고둥·
국화빵을 파는 노점상에 서니 눈발이 약간 멈추는 듯했다. 하늘이
밝아지고 눈발은 멈칫했다. 축축해진 몸을 좀 녹이고 싶어서 노점
상 안으로 무조건 들어갔다.

— 촛불집회 덕분에 닭꼬치는 잘 팔리죠?

"꼭 그렇지만은 않습니다, 하하하. 저희들도 함께 참여하
러 나온 겁니다. 특별히 이쪽으로 나온 거지요. 오늘은 닭꼬치
500인분 가지고 나왔는데 다 팔고 갔으면 좋겠네요. 한국에서

자영업자들은 정말 살기 어렵고, 특히 노점상은 더 그렇습니다. 저희는 박근혜 물러날 때까지 나올 겁니다. 나라 돌아가는 꼴을 보면, 그나마 대기업이나 중소기업은 먹고살 만한데 영세 자영업자 50대의 노후는 너무 불안합니다. 그분이 대통령 되고 나서 단 한가지도 해결된 게 없는데, 어떻게 된 게 그분은 그 안(청와대)에서 태반주사·마늘주사·백옥주사 이런 걸 다 맞았대요? 저도 이제 이런 주사 이름들은 다 외웁니다. 이번에 뇌물죄로 반드시 기소돼야 합니다."

— 대통령이 하야해야 한다는 주장이 있는데요. 어떻게 생각하세요.

"당연히 하야해야죠. 경기도 나쁘고, 없는 사람들은 더 힘든 것 같아요. 이렇게 먹고살기 힘들어진 것, 크게 봐서는 대통령인 박근혜 책임이죠. 우리뿐 아니라 다른 노점상들이 지난 3~4년간 엄청 힘들었어요. 우리는 여기저기 장사를 다니잖아요. 그런데 가만히 보면, 매장이 있는 곳들도 장사가 잘 안 돼요. 그러니 노점상은 더 설 자리가 없는 거죠."

노점 상인들의 생계와 노후 불안은 절절하게 다가왔다. 정규직 일자리가 없다면 누구라도 불안한 게다. 지금은 이렇게 장사하고 있지만 언제 어떻게 생계가 끊어질지 모른다는 막연한 불안감. 그런 불안 없이 무엇을 하든 먹고살 수 있는 길이 보장된다면 어떨까. 비정규직 노동자들의 만연한 고용불안도 더불어 사라져야 진짜 적폐청산이라는 생각이 들었다.

대한민국 '헌법책'을 드립니다

'커뮤니케이션스북스'라는 출판사에서는 두차례에 걸쳐 광화문광장에서 헌법책을 총 1000권 기부했다. 방송인 김제동씨의 헌법 강의를 '인강'으로만 들을 게 아니라 책으로도 소장하고 필요할 때 꺼내보면 좋겠다는 취지로 마련한 기부행사였다. 한주에 500권씩 두주에 걸쳐 진행한 도서 기부행사에는 많은 시민들이 대낮부터 줄을 서서 기다리며 참여했다. 10분 만에 동이 난 이 책에 대해 출판사의 담당자는 이렇게 말했다.

"때가 때인 만큼 지금은 헌법을 반드시 읽어야 할 적기입니다. 저희들이 이 책을 낼 때만 해도 내용이 너무 딱딱해서 사진을 굉장히 많이 넣었습니다. 대한민국 역사와 풍경 등 헌법이라는 어려운 주제를 친숙하게 느낄 만한 요소를 굉장히 많이 넣었는데요. 지금 돌이켜 생각해보니 아이들도 쉽게 볼 만한 책이 된 것 같아요. 물론 나온 지는 오래됐습니다. 시민들이 이 책을 읽고 내가 이 나라의 주인이라는 것을 깨쳤으면 좋겠습니다."

나 홀로 온 청소년에겐 간식 무료!

'부모를 동반하지 않은 아이들에게 간식을 무료로 드립니다.'

매주 메뉴를 바꿔가면서 청소년들에게 무료 간식 나눔행사를 벌이는 경기도 가평의 시민들이 있었다. 홀로 집회에 참석한 청소년들이 적어도 촛불 안에서는 외로움을 느끼지 않도록 하기 위한 배려였다. 말랑말랑한 가래떡에 초콜릿 크런치를 얹어서 하나씩 나눠주면 아이들이 그렇게 맛있게 먹을 수 없었다. 목살 숯불구이 200인분을 준비해오기도 했다. 그뿐만 아니다. 주먹밥·꿀떡·미니피자·콤보 피자·몽골식 만두 호쇼르·타코·전 등을 나눠주며 어린 학생들을 챙기고 있는 그들에게 물었다. 왜 이런 행사를 마련하게 됐느냐고.

"아이들끼리 광화문에 나와서 뭐라도 사먹으려고 하면 부담스럽잖아요. 이걸 팔면 몇천원씩은 받을 수 있지만, 가평에서 직접 재료를 준비해서 아이들에게 나눠줍니다. 미안하잖아요. 어른들이 잘못해가지고 애들이 이렇게 나와서 함께 촛불을 드는데 뭐든지 좀 해줘야 하는 것 아닐까요? 벌써 4주째 아이들에게 간식을 주고 있는데요. 다들 맛있게 먹어요. 듣자 하니 아이들 돈으로 쓰레기봉투 사서 자원봉사 하고 있다던데 그것도 미안해요. 박근혜 퇴진할 때까지 나올 생각입니다. 모두 함께해요."

어딜 가든 무엇이라도 하나 더 주려는 마음. 한국에만 있는 '정(情)' 문화일까. 한겨울 황량한 바람이 옷깃을 여미게 하지만, 마음만큼은 따끈한 온기로 훈훈했다.

토요일, 광장엔 '주먹밥과 어묵탕'

서울 영등포구와 성북구에서 쪽방촌 자원봉사를 다니는 활동가들이 있다. 매월 1회 마음을 내어 봉사하는 이들이다. 단체 이름은 '들판의 나무와 무릎 봉사단'. 그런데 쪽방촌 봉사는 그것대로 하되 광화문 촛불집회가 열리는 현장에도 온기가 필요하다고 생각했던 것일까. 퇴진행동 자원봉사자들과 스태프들 먹으라며 500~600개의 주먹밥을 만들어왔다. 일본대사관 앞에서 소녀상을 지키는 대학생들에게도 주먹밥을 나눠주고 오는 길이라고 했다. 주먹밥과 함께 움직이는 자원봉사클럽은 '시민 나팔부대'. 광화문광장에 나온 시민들에게 따끈한 어묵탕 한 그릇 대접하는 모임이다. 어디에도 소속되지 않은 일반인들이 자발적으로 돈을 모아 100인분의 어묵을 준비했다. 관계자의 말이다.

"벌써 일곱번째 어묵탕입니다. 지난주에는 저희들이 일이 있어서 '어묵텐트'를 못 쳤고 그 대신 만두를 사와서 함께 나눠 먹었습니다."

어딜 가든 자원봉사자가 많다는 것은 그만큼 우리 사회에 긍정적 에너지가 있다는 뜻이 된다. 선한 이웃들이 무엇이든 남을 위해 봉사하려 한다는 것은 그 자체로 공동체의 희망 아닐까.

: 촛불의 기적, 38억 5000만원

"나흘간 계좌 입금만 2만 5000명 정도, 도합 12억원이 모였어요. 통장을 10개 넘게 갈아야 하는 상황이었습니다."

'퇴진행동에 빚이 1억이랍니다'라는 댓글을 퍼 나른 시민들이 1만원, 2만원, 10만원씩 십시일반으로 보낸 누적 후원금이 38억 5000만원이라고 했다. 촛불집회로 퇴진행동이 빚을 지게 되면 어쩌나 하는 시민들의 걱정이 큰 기적을 만들었다고, 박진 퇴진행동 상황실장, 김덕진 천주교인권위원회 사무국장 그리고 윤희숙 한국청년연대 공동대표 세 촛불사회자는 말했다.

박진 상황실장은 2016년 11월 5일 첫 모금 때 현장에서 7900만원, 11월 12일에 4200만원, 이렇게 모여들었다는 게 매우 놀라웠고 심지어 금목걸이같이 자신이 지닌 무엇이라도 내어주려고 하는 시민의 열정을 보고 놀랐다고 전했다. 3차 촛불 때는 사람이 너무 많아서 모금함이 건네지기 어려운 상황이었는데도 모금함을 채우려고 한 시민들이 정말 대단했다고 했다. 사회자들은 촛불시민의 기적이라고 입을 모았다. 특히 헌재의 대통령 파면 결정을 전후한 2017년 3월 9일에서 11일 사이 '퇴진행동에 1억원의 빚이 생겼다'는 보도 이후 이틀 만에 8억 8000만원의 후원금이 모였는데 그 자체로 너무 놀라서 감격했다고 했다.

박진 상황실장은 2017년 3월 14일 밤 자신의 페이스북에 "탄핵

전야부터 시작된 집회비용으로 퇴진행동 계좌가 적자로 돌아섰습니다. 광장이 아니고서는 집회비용을 충당할 방법이 없고, 고생한 무대팀들에게 미수금을 남길 수도 없는데 적자 폭은 1억을 상회합니다. 1억 가까운 비용을 무대팀이 후원했음에도 그렇습니다. 다시 시민 여러분에게 호소드릴 방법밖엔 없습니다"라고 썼다. 그 뒤로 이렇게 많은 후원금이 물밀듯 몰려든 것이다. 박진 상황실장은 먹먹한 마음을 달리 표현하지 못했다. 처음부터 끝까지 오로지 시민의 힘으로 누구 하나에 의해 이끌려가지 않고 전부 자발적 시민의 참여로 이뤄낸 시민혁명. 그 어떤 폭력도 무질서도 약탈이나 범죄도 없이 오로지 평화와 민주주의와 인권 수호만으로 완수한 시민혁명. 이 무혈혁명은 앞으로 꽤 오랜 시간 동안 세계에서 전무후무한 혁명으로 남지 않을까.

: 촛불 속, 또 하나의 시민운동

촛불집회가 열리는 매주 토요일 광화문광장은 수많은 의제가 함께 움직이는 축제의 장이었다. 브라질 뽀르뚜 알레그레, 인도 뭄바이 '세계사회포럼'에서처럼 환경과 여성, 인권, 민주주의 등 수많은 정치·사회·문화 의제들이 매주 '광화문 어젠다 시장'에 내걸렸다. 일찌감치 서둘러 광화문광장에 도착한 시민들은 한국사회

주요 현안이 무엇인지 금세 간파할 수 있었다.

환경운동연합, "박근혜 퇴진과 잘 가라 핵발전소"

2016년 12월 10일, 환경운동연합은 엽서 1만장을 준비했다. '박근혜 퇴진과 함께 잘 가라 핵발전소' 캠페인을 위해서다. 김춘이 국장의 이야기다.

"박근혜를 탄핵으로 보내듯이 핵발전소도 탈핵으로 보내야 한다는 뜻을 담았습니다. 박근혜 없는 세상이 안전한 것처럼 핵발전소 없는 세상이 안전하다는 의미이고요. 헌법재판소에 국민의 뜻이 담긴 엽서 1만장을 보낼 것입니다. 시민이 직접 쓴 1만장의 엽서가 헌법재판소로 배달되는 일도 처음 있는 일이지만, 이렇게 커다란 국민의 뜻을 헌재가 거부하면 안 된다고 생각합니다. 제가 촛불집회에 나오시는 어르신들께 여쭤요. 태극기집회가 아닌 촛불집회에 어떻게 나오셨느냐고요. 그러면 꼭 이렇게 말씀하세요. '박근혜 탄핵에 나이가 있냐? 내 나이가 어때서!' 하하하. 아이들에게도 물어요. 혹시 엄마가 이 엽서를 쓰라고 했니? 그러면 아이들이 이렇게 말합니다. '제대로 된 교육을 받기 위해서는 박근혜가 없는 나라가 필요합니다.' 제가 아주 깜짝깜짝 놀랍니다. 정말, 대한민국 미래가 밝습니다. 지금 아시아에서 한국만 이렇게 민주주의를 외치고 있는 것이 아니랍니다. 말레이시아도 나집(Najib Tun Razak) 총리 퇴진을 요구하는 시민들이 매주 거리에서 집회를 하고

있고요. 필리핀도 두테르테(Rodrigo Duterte) 대통령 때문에 민주화 운동을 벌이고 있습니다. 마약을 똑같이 소지해도 돈 있으면 감옥, 돈 없으면 총살, 벌써 3000명의 시민들이 죽었습니다. 필리핀에선 지금 예술인 나체시위도 벌어지고 있고요. 또 일본에서도 아베 신조(安倍晋三) 야메(やめ, '아베와 야메로'는 '아베는 퇴진하라'라는 뜻)운동이 벌어지고 있습니다. 세계의 시민들이 이렇게 거리로 나온 것은 모든 형태의 억압과 독재를 거부하기 때문입니다. 특히 전세계적으로 우리 촛불이 가장 뜨겁게 얘기가 많이 되어서 너무 기쁩니다. 조만간 촛불 한류가 나올 것입니다. 우리나라가 앞으로 정말 수출해야 할 게 있다면 그것은 거리정신, 바로 시민정신이 아닌가 싶습니다."

국정교과서 폐기 서명운동

박근혜정부가 적극 추진해온 정책 가운데 국민들이 가장 납득하지 못하는 것 중 하나가 국정교과서 채택이었다. 역사학자들은 친일파와 군사독재를 미화하는 국정교과서를 우리 아이들에게 주고 그들이 왜곡된 생각으로 비뚤어진 역사관을 갖게 되면 어떻게 하려는 것이냐며 개탄하고 이를 반대했다. 그러나 박근혜정부는 밀어붙였다. 이에 정치권과 시민사회가 함께 '한국사교과서국정화저지네트워크'를 만들고 공동행동에 나섰다. 도종환 더불어민주당 의원(2018년 현재 문체부 장관)은 2016년 12월 10일 일찌감치 서명대 앞에 서 있었다.

"세종문화회관 계단 앞에서 서명 받을 예정이었는데요. 보수단체 회원들이 이미 약속된 집회 시간이 지났는데도 끝내지 않고 있어서 충돌이 벌어지고 있네요. 저희들이 추진하는 국정교과서 반대 서명운동을 계속 방해하고 있어요. 이건 불법이에요. 경찰이 제지를 좀 해야 하는데, 충돌이 일어나지 않게 하기 위해서 그러는 건지 계속 저분들을 달래고만 있네요. 맞불집회 형식으로 보수단체 회원들이 이러는 건데, 아무리 맞불집회를 해도 촛불을 이길 수 없습니다. 촛불이 맞불을 이깁니다. 이것은 역사의 도도한 흐름이고 이 흐름을 역류시킬 수는 없다고 봅니다."

함께 나선 조희연 서울시 교육감에게도 국정교과서 폐기 이유를 물었다.

"국정교과서는 즉각 폐기돼야 합니다. 광장은 민주주의 교과서입니다. 광장민주주의와 촛불항쟁의 진정한 의미에 대해 생각해보면 좋겠습니다. 민주주의는 선거민주주의·정당·여의도 정치만 있는 게 아닙니다. 해방 후 역사를 돌이켜보면 광장에서는 단지 투표 이상의 직접행동을 통해 정당과 의회를 뛰어넘는 정치를 해왔습니다. 주권자로서 명확히 자기의사를 표현할 때 정당정치도 한 단계 앞으로 또 민주주의도 한 단계 앞으로 가는 것입니다. 국회에서 탄핵이 가결되도록 견인한 것은 촛불민심입니다."

삼일절, 할머니와 소녀상

1272차 수요시위는 2017년 삼일절에 열렸다. 일본대사관 앞에는 수많은 청년 학생, 시민, 정치인이 함께했다. 김복동 할머니와 이용수 할머니가 발언에 나섰다. 김복동 할머니는 "내가 오늘 왜 이렇게 몸이 안 좋은지 모르겠다"며 무릎에 덮고 있던 담요를 걷고 마이크를 쥐었다.

"여러분, 반갑습니다. 요즘 제대로 주무십니까. 우리나라 우찌 될라꼬 이렇게 되는 건지… 죄를 많이 지은 대통령은 잘못이 없다면서 미꾸라지처럼 빠져나가고 있습니다. 과거에 우리들은 나라에 힘이 없어서 억지로 끌려가서 일본이 패망할 때까지 목숨만 살아 있다가 돌아왔습니다. 우리가 그 위로금 받으려고 이때까지 기다린 게 아닙니다. 얼매나 기다리고 있어도 아직까지도 해결이 나지 않고. 박정희는요, 징용·징병·학도병이라고 해서 모조리 끌려가 돌아오지 못한 그 피맺힌 생명값을 돈으로 받아다가 새마을사업을 한다고 자기네들 마음대로 쓰고, 결국 그 돈 다 못 쓰고 죽고 그다음 사람에게 좋은 일만 시켰죠? 박근혜는 우리 일 해결해준다 하드이만 지들끼리 쏙닥쏙닥해서 해결했다 카더니 결국 소녀상 철거하고 위안부 없던 걸로 하고 이걸 갖다가 해결을 지었다고, 이게 말이 됩니까. 우리는 일본정부가 진심으로 잘못을 뉘우치고 사과하기 전에는 돈도 받을 수도 없다 말하면서 함부로 돈 받지 말라, 이러고 지금껏 싸워왔습니다. 그런데 얼마나 우리를 무시

2017년 3월 1일,
1272차 수요집회가 주한일본대사관 앞에서 열렸다.
참가자들에 둘러싸인 평화의 소녀상이
눈길을 사로잡는다.

했으면, 아무것도 모르는 할매들이라고, 돈 몇푼 쥐어주고 다른 사업을 한다네요? 자기들 월급 제하고 다른 일 한다는데, 과연 그 돈 받더라도 그게 목으로 제대로 넘어갈까요? 세상에 어떻게 이럴 수가 있습니까. 자기 아버지는 징용·징병 목숨 바친 사람 저그 마음대로 하드이만, 그 딸은 이 할매들 몸값을 받아 제 마음대로 쓰고, 그래도 되나요? 이 나라 대통령이라는 사람이, 아니, 역사를 팔아먹어도 됩니까. 우리는 100억이 아니라 1000억을 줘도 안 받습니다. 일본정부가 기자들 전부 모아놓고 우리의 명예를 회복시켜 준다면 용서할 수 있습니다. 박근혜 때문에 이렇게 됐으니(2015년 12월 28일 위안부 문제 한일합의) 그 사람은 깨끗이 물러나고, 앞으로 새 정부가 이를 바로잡고 민심을 잘 다독여주길 바랍니다. 태극기 도요, 휘날릴 때 날려야 하는 겁니다. 헌법재판 하는 법관도 지긴다, 촛불 켠 사람은 뺄갱이다, 그렇게 나쁜 말 하는데도 잡아가는 사람 하나도 없어요. 우리 국민들이 이렇게 고달프게 살아야 되겠습니까. 대통령은 내려오고 새 정부가 들어서서 우리 국민들 보호해주기 간절히 바랍니다."

이어서 이용수 할머니가 담요를 젖히고 일어났다. 3월이어도 여전히 맵찬 기운은 일본대사관 인근 건물 숲을 감돌았다. 노인들이 오래 있기에는 힘든 날씨였다. 그래도 구순의 이용수 할머니는 아주 힘찬 목소리로 연설에 나섰다.

"여러분, 이 나라 주인이 누굽니까. 국민입니다. 여러분입니다.

대통령이요? 박근혜는 심부름꾼입니다. 그런데 맘대로 일본과 협상을 해요? 일본과 도장 찍은 그 손목을 사진으로 찍어서 역사에 남길 겁니다. 건방지게 조상을 팔아먹어요? 나라를 팔아먹어요? 시민이 주인입니다. 일본은 소녀상이 무서우면 사과하고 배상해야지요. 건방지고 진짜 못된 놈들이, 아니 대한민국에 소녀상을 세우겠다는데 왜 자기들이 그럽니까. 소녀상을 대한민국 곳곳에 세우고도 더 세울 데가 없으면 동경 한복판에다가 세울 겁니다. 저 나이 안 많습니다. 구십살, 활동하기 딱 좋은 나이입니다. 여러분 같이해주십시오."

환호가 터졌다. 이용수 할머니의 "활동하기 딱 좋은 나이" 발언에 폭소도 터졌다. 항상 웃는 낯으로 시민들을 대하면서 위안부 문제의 진실을 전세계에 알리고 있는 할머니들은 이제 세상에 단 28명만이 생존해 계신다(2018년 4월 24일 현재, 최덕례 할머니 별세 이후 정부 등록 위안부 피해자 239명 중 생존자 28명). 더 늦기 전에 일본정부의 확실한 사과와 배상, 책임을 요구해야 한다. 겨레하나 대표 대학생 김혜빈씨의 말이다.

"12·28 한일합의, 굴욕적이고 기만적입니다. 일본이 10억엔을 주고 '화해와 치유 재단'을 만들어 피해자들에게 입금했다고 하지만, 일본군 위안부 김복동 할머니는 박근혜정부에 정말 아무것도 하지 말라며 규탄하고 계십니다. 일본이 식민지배에 대해 사과했냐, 일본군 위안부 문제가 제대로 해결됐냐, 그사이에 박근혜는 한

일군사정보보호협정이나 체결하려고 하고, 국정이 혼란스러운데 북핵 안보를 들먹이면서 우리나라 군사정보를 일본에 공유해주려 합니다. 아니, 지금 이 나라를 진짜 위협하고 있는 게 누구입니까. 우리 국민을 진짜 못살게 구는 사람들이 누구입니까. 비선실세에 나라를 맡기고, 연설문을 일개 민간인에게 맡기고. 과거사와 식민지에 대한 사과 한번 없이 평화헌법을 개정해 군사 야욕을 노리는 아베에게 오히려 도움을 받겠다는 것입니까. 북핵은 핑계고 우리나라의 군사정보를 이용해 중국과 러시아를 견제하려는 일본의 야욕이 있는 것은 아닙니까. 우리의 군사정보를 일본이 어떻게 남용할지 알 도리가 없습니다. 한반도의 평화를 사랑하는 노동자·청년·빈민 그 누구도 한일군사정보보호협정을 원하지 않습니다. 반드시 막아냅시다. 박근혜는 아무것도 하지 말고 하야하라!"

: 김진태를 찾아라!

13차 촛불집회가 열린 2017년 1월 21일, 함박눈이 쏟아졌다. 강추위 속에 내리는 함박눈에 어깨가 더욱 움츠러들었다. 오후 4시 30분, 보신각에 춘천 시민들이 도착했다. 관광버스 3대로 나눠 타고, 자신들의 지역구 국회의원을 찾겠다고 나선 길이다. 바람이 불면 촛불은 꺼진다는 망언으로 지역사회에서 엄청난 비판에 직면

한 김진태 의원을 춘천에서는 쉽게 만날 수가 없어서 서울까지 쫓아왔다고 했다. 김주묵 '박근혜정권 퇴진 춘천시민행동' 집행위원장을 만났다.

— 이렇게 눈이 많이 와서 길도 미끄러운데 어떻게 서울까지 오셨습니까.

"저희가요, 아주 창피해서 못 살겠습니다. 어떻게 이런 인간이 우리 춘천을 대표하는지, 분노하는 감정이 매우 커요. 바람 불면 촛불이 꺼진다고요? 아니라는 걸 그분께 직접 설명을 좀 드려야 할 것 같아서 계속 춘천에서 만나려고 연락했는데 춘천에 없어요. 지역구는 춘천이지만 서울에 있나 싶어서 직접 서울까지 찾으러 왔습니다."

— 지역구 국회의원인데? 평소 춘천의 모 찜질방도 자주 다닌다는 소문이 있던데요.

"자수정이라고, 춘천에서 제일 큰 찜질방이 있어요. 거기 있다고 해서 저희들이 찾아가봤는데 없어요. 알아보니까, 지역구가 춘천이지만 춘천에는 무슨 행사 있을 때만 나타나고, 정작 시민들이 찾아가 뭘 좀 얘기하려고 하면 보이질 않는 거예요."

— 김진태 의원 지역구 사무소 앞에 많은 시민이 모였다는 소식 또한 화제가 됐습니다.

"1987년 6월항쟁 이후 처음으로 춘천 시민 2만명이 길에 나왔습니다. (2016년) 12월 3일의 일인데요. 2008년 미국산 쇠고기 수입반대 시위할 때에도 시민들이 많이 나왔는데 그때가 5000명 정도 돼요. 그러니 이번에 그 4배가 더 나온 겁니다. 2만 춘천 시민들이 김진태 의원 사무실 앞 6차선 도로에서 촛불을 들었습니다. 하여간에 이렇게 많은 춘천 시민들이 거리로 나와 촛불을 들게 한 건 김진태 의원 공이 커요. 김진태 의원이 춘천 시민을 촛불로 단결하게 해줬어요."

— 원주에서도 처음으로 중고생이 집회를 열었습니다.

"강원도가 분명히 달라질 것입니다. 그리고 분명히 달라지고 있습니다. 허언과 거짓발언을 일삼는 김진태 같은 국회의원이 춘천을 대표하는 일이 없도록 저희들이 열심히 할 것입니다. 바람이 불면 촛불이 꺼진다고 허언을 하는 이가 국회의원이 되는 일이 없도록 춘천 시민들이 이 문제는 꼭 좀 함께 해결했으면 좋겠습니다. 지금 강원도 민심이 들썩입니다."

김주묵 집행위원장뿐 아니었다. 노년의 한 여성도 서울까지 한걸음에 달려온 이유를 설명했다.

"제가요, 집에 있을 수가 없습니다. 제가 이제 일흔셋입니다. 그런데 왜 꼭 여기를 왔느냐, 이유가 있지요. 역사의 이 현장에서 그들과 같은 공범이 되지 않으려고 왔습니다. 그러려면 이 광장에 나와 함께 외쳐야만 공범이 안 된다고 생각했기 때문입니다. 우리

지치지 말고, 최순실이가 갖고 있는 재산을 모두 국가가 회수할 때까지 끝까지 합시다. 이 나라, 이 세상을 바로 잡아야지요. 이렇게 촛불로 박근혜를 몰아내다니 정말 우리 국민들 대단합니다. 김기춘이, 조윤선이 구속되는 걸 보면서, 아, 촛불이 살아 있구나, 김진태가 촛불이 꺼진다고 했는데 다 헛소리였구나, 그거 말하고 싶어서 왔습니다. 아니, 지금 세상이 어떤 세상인데, 국회의원이라고 그렇게 함부로 막말해도 되는 거예요? 춘천 시민들이 이렇게 분노하고 있는데, 어디서 감히 그렇게 함부로 말을 합니까. 지금도요. 바람이 불고 있고 눈까지 내리지만 이렇게 촛불은 살아 있습니다. 김진태 의원의 주장은 거짓으로 판명이 난 겁니다."

서울 광화문 집중집회였던 때를 제외하고 매주 지역에서는 촛불이 활활 타올랐다. 전국의 거점도시에서 펼쳐진 촛불집회에도 많은 시민이 참여했다. 부산에서는 '애들아, 박근혜 하야시키자' 청소년집회를 비롯해 10만 군중이 모이는 집회를 열었다. 충청 지역도 마찬가지다. 충남에서는 아산 온양온천역, 서산 호수공원, 당진 KT 건물 앞 등 10개 시군에서 매주 촛불을 들었다. 4차 촛불집회 때는 천안에서만 5000여명의 시민이 함께했으니 지역촛불도 꽤 뜨겁게 타올랐다고 해도 과언이 아니다. 충북 청주에서도 도민 1만여명이 참여하는 박근혜 퇴진 충북도민 범도민대회, 이밖에도 옥천·영동·괴산·충주·제천·단양 등에서, 또 세종시에서도 촛불집회가 열렸다.

전남 광주에서도 10만 시국 촛불대회가 열렸고, 전남 여수와 순천 등 16곳에서 집회가 열렸다. 대구에서는 1만여명의 시민들이 반월당역에서 중앙로역까지 행진했다. 대구에서 1만명 이상이 모인 것은 1987년 6월항쟁 이후 30년 만에 처음이라고 했다. 버스전용차로 구역을 버스만 다닐 수 있도록 하고 촛불집회가 열리는 시간에는 버스마저 전면 차단할 정도였다니 대구도 촛불 덕택에 상당한 변화를 겪고 있음이 분명했다. 박근혜 대통령이 태어난 곳, 대구시 중구 삼덕동에서는 생가임을 알리는 입간판이 빨간색 스프레이로 훼손되는 일까지 벌어졌다. 이처럼 전국의 민심이 흔들리고 있었고 그중에서도 특히 대구경북이 흔들렸다. 그래서 대구에서 외치는 "박근혜 하야와 퇴진"은 더 큰 울림이 있었다. 촛불 이후 대구경북, 영남권에서도 새로운 사회를 향한 몸부림이 시작되어야 할 것이다.

: 박근혜가 퇴진해야, 메리 크리스마스

공교롭게도 토요일이 크리스마스이브였다. 박근혜 퇴진 9차 범국민행동은 크리스마스이브에 열렸다. 가족 모임이 많은 연말, 크리스마스이브에도 시민들은 광장을 가득 메울 것인가, 주최 측도 언론도 궁금해했다. 그런데 다들 깜짝 놀랄 만한 통계가 나왔다.

2016년 12월 24일 오후 6시 30분 현재 60만명이 광화문에 모였다. 12월 9일 이미 국회에서 정치적 탄핵은 됐기 때문에 참여 의지가 다소 느슨해질 수도 있었다. 그런데 시민들은 더 강고하게 연대했다. 혹여 박근혜권력이 다시 살아나 꿈틀댈라 한치의 여지를 주지 않았다. 권력에 트집 잡힐 공격의 빌미도 주지 않았지만, 그렇다고 권력이 회생할 틈바구니도 열지 않았다. 안진걸 참여연대 사무처장은 "크리스마스이브 때 사람들 없으면 어떻게 하느냐고 걱정한 시민들이 자발적으로 이렇게 많이 참여해주셨다"며 "국민들이 다 함께 만들어가는 민주주의는 발전할 수밖에 없다"고 말했다.

전국적으로 77만, 광화문에만 60만이 모였으니 엄청난 숫자다. 경복궁 앞에서는 불꽃놀이로 폭죽이 팡팡 터졌고, 마야·이한철·자전거 탄 풍경 등 대중가수의 라이브 공연도 이어졌다. 크리스마스이브 분위기가 흠씬 났다. 흥겨운 음악 속에 시작된 '물러나 show(쇼)'에서는 수많은 젊은이들이 마치 클럽에 온 듯했다. 무겁지도, 심각하지도, 슬프지도 않게, 이 시대에 꼭 해야 할 국민의 주장을 굽힘 없이 펼쳤다. 20대 청년이 보수화됐다면서 그들의 정치 무관심이 걱정이라고 했던 이들이 이 현장을 보면 뭐라고 할까. 광화문에 모인 이들의 열기는 뜨거웠고, 타오르는 열정만큼 세상을 바꾸고자 하는 열망도 강렬해 보였다.

"저, 호주에서 왔어요. 14년 살았죠. 캔즈 밑에 있는 타운즈빌이라는 동네인데요. 건강검진 때문에 한국에 왔다가 촛불집회 와보고 싶어서 참석했습니다. 저는 1991학년도에 대학에 입학한 강경대 세대입니다. 그때는 분신정국이었어요. 최루탄·몽둥이·백골단·지랄탄이 난무하던 그때에는 집회 나가기도 무서웠어요. 그런데 이번에 촛불집회 보고 정말 많이 놀랐어요. 정말 많이 변했습니다. 한국에 대해 갖고 있던 부정적인 생각도 많이 바꼈습니다. 촛불로 우리나라가 참 많이 달라지겠구나, 그 가능성을 봤습니다. 국민 여러분, 수고 많으십니다, 하하하."

"중국 광저우에서 왔습니다. 신에너지 분야에서 일해요. 박근혜는 반드시 탄핵돼야 합니다. 또 우리는 종북몰이로 당하지 않게 잘해야 해요. 걸핏하면 종북으로 몰잖아요. 침묵하는 시민들이 있긴 하지만, 지금 우리나라에서 벌어지고 있는 이 국정농단을 부끄러워하지 않는 사람이 있을 수 있을까요? 지금 한국은 거대한 민주주의 실험장입니다. 한반도는 세계사적 모순이 집약된 곳입니다. 저쪽(북한)은 닫힌 곳이잖아요. 여기서부터 하나씩 풀어서 새로운 한반도를 만들어야지요. 그동안 우리 국민들, 얼마나 고생이 많았습니까. 시련을 극복해냈으니 이제 새로운 나라 만들어야지요?"

중국인 전기차 배터리 엔지니어 6명과 함께 광화문광장에 나온 이 50대 남성은 촛불이 세계에 던지는 의미가 엄청난 것이라고 했다. 평화로운 시민의 힘으로 정치적·법률적 절차에 따라 현직 대통령을 자리에서 물러나도록 강제한다는 것 자체가 세계사적으로 유례가 없는 일이라고 말했다. 촛불을 든 우리 시민들이 지금 스스로 얼마나 위대한 민주주의를 실천하고 있는지 실감하지 못할 수 있는데 국제사회 눈높이에서 한국을 들여다보면 엄청난 권력교체를 해내는 이변의 역사를 쓰는 것이라고 했다.

"남원에서 10명의 시민들과 함께 왔습니다. 무지 반갑습니다. 오늘 크리스마스이브지만 300킬로미터를 점심도 안 먹고 왔습니다. 여기 딱 도착하니 너무 힘이 납니다. 이제 헌재로 가서 탄핵인용을 강력히 주장하고, 청와대 100미터 앞에 가서 박근혜 조기 퇴진도 외칠 겁니다. 박근혜를 조기 퇴진시키고, 친일부역자들까지 싹 다 청산해야 깨끗한 나라가 됩니다."

"저도 남원에서 왔습니다. 남원에서 포도농사 상추농사 짓는 농사꾼입니다. 신바람 나게 농사짓는 세상 좀 만들어보려고 왔습니다. 지금 뭐 60~70년간 이 나라가 이렇게 되어왔던 건데, 지금까지 드러나지 않던 박근혜의 민낯이 싹 다 드러나서 이렇게 평화롭게 집회를 할 수 있게 된 것 같습니다. 제가 이렇게 멀리서 온 이유는 6월항쟁 때처럼 되지 않게 하려고, 무슨 말이냐면, 완전한 민주주의를 완성하고 싶어서입니다. 그리고 올해는 별이 엄청 뜨거워서 농사짓기 정말 힘들었습니다. 그러나 우리 지리산 아연포도! 해발 500고지에서 자라 엄청 달고 맛있습니다. 내년부터 서울 시민에게도 선사할 테니까 맛있게 잡수세요, 하하하."

시민들은 들떠 있었다. 정의의 저울이 점점 시민 쪽으로 기울기 시작했다는 것을 광장에 오면 누구나 확인할 수 있었기 때문에 다소 흥분도 하고 들떠 있기도 했다.

크리스마스이브, 광화문광장에는 유독 산타클로스 모자를 쓴 젊은이들이 눈에 많이 띄었다. 매년 산타 복장을 한다는 서울 시내버스 기사도 광화문을 누볐다. 1980년대 연인들이 거리에서 캐럴을 들으며 데이트했다면, 촛불집회 연인들은 '근혜는 아니다'로 시작하는 연영석의 크리스마스 캐럴 「펠리스 나비다(메리 크리스마스)」 개사곡으로 이날을 즐겼다. 크리스마스에도 시대정신이 담기는 것일까.

민주사회를 위한 변호사모임(민변) 박근혜탄핵특위 부위원장 이재화 변호사도 마찬가지였다. 강력한 탄핵 메시지로 성탄인사를 대신했다.

"우리는 지금 시민혁명의 위대한 역사를 써내려가고 있습니다. 국회의 탄핵소추 의결, 누가 만들어냈습니까. 바로 촛불을 든 우리 국민이 만들어냈습니다. 검찰에 박근혜를 피의자로 입건하도록 한 것은 무엇입니까. 분노한 촛불의 명령이었습니다. 우리는 승리하고 있습니다. 그러나 아직 넘어야 할 산이 많습니다. 국정농단 주범, 박근혜를 국민의 힘으로 즉각 퇴진시켜야 합니다. 박근혜 적폐를 청산해야 합니다. 적폐를 청산하지 않으면 도로 박근혜 세상이 될 수 있다고 역사는 말해주고 있습니다. 우선 인적 청산부터 해야 합니다. 국정농단 국정조사 청문회에서 아무런 잘못이 없다고 버티며 뻔뻔스럽게 오리발을 내미는 김기춘과 우병우를 구속해야 합니다. 대통령 코스프레하면서 박근혜표 나쁜 정책을 추진하려고 하는 황교안과 그 부역자를 모두 사퇴시켜야 합니다. 박근혜표 나쁜 정책과 제도를 폐지해야 합니다. 세월호 특별법 재제정·백남기 농민 특검 실시·사드 배치 중단·성과연봉제 퇴출·국정역사교과서 폐기·언론장악 방지법 제정, 이 6대 긴급과제는 반드시 올해 안에 관철해야 합니다. 맞습니까? 지금 헌재에서는 박근혜에 대한 탄핵심판이 진행되고 있습니다. 박근혜와 최순실 일당이 국정을 농단하고 국민주권주의를 유린하고 법치주의를 파괴한 증거는 차고 넘칩니다. 탄핵심판은 오래 걸릴 이유가 없습니다. 재판 지연은 또다른 부역입니다. 헌법재판관들은 휴일을 반납하십시오. 야근하십시오. 오로지 기록만 보십시오. 매주 3일씩 집중 심리를 하십시오. 조기 탄핵, 이것은 국민의 명령입니다. 박근혜정권은 4년 내내 공작정치를 자행했습니다. 고(故) 김영한 민정수석의 업무일지가 이를 증명해주고 있습니다. 헌재도 예외가 아닙니다. 헌재는 청와대와 내통하면서 진보정당을 해산시킨 전력이 있습니다. 촛불이 사그라들면 헌재는 언제든지 엉뚱한 판결을 내릴 것입니다. 도로 박근혜 세상, 헬조선을 벗어날 기회가 사라집니다. 정의로운 세상이 오는 그날까지 광장의 촛불은 계속 타올라야 합니다. 촛불집회는 박근혜 일당의 퇴진과 구속 처벌이 이뤄질 때까지 연말연시에도 계속되어야 합니다. 여러분, 함께하실 겁니까. 우리는 반드시 승리합니다."

: 송박영신, 아듀 2016

"우리의 끝나지 않은 겨울이 지금과는 다른 봄을 가져오길 소망합니다."

10월 30일 최순실씨가 귀국한 뒤로 시간이 훅 지나갔다. 프라다 단화에 토즈 가방, 명품을 휘감고 검찰로 들어가는 와중에 기자들과 얽혀 그녀의 신발 한짝이 벗겨져 나뒹구는 해프닝이 벌어졌다. 국정농단 비선실세의 현재가 어떤 수준인지 국민은 똑똑히 보았다. 그리고 두달간, 국민은 한주도 쉬지 않고 무려 10주 내내 촛불을 들었다. 12월 3일 6차 촛불 때는 230만명이 모였고, 12월 31일 2016년의 마지막 날까지 무려 연인원 1000만 시민이 촛불광장에 모였다. 시민들은 한해를 떠나보내는 의미보다 구체제를 청산하고 새로운 체제를 세워야 한다는 각별한 마음으로 2016년의 문을 닫고 있었다. 시민들은 진보·보수 이념을 넘어 정의와 공정, 평등 앞에 하나가 됐다. 12월 31일, 2016년의 마지막 날, 광화문 이순신 장군상 인근에서 배우 문성근씨와 만났다.

— 2016년 마지막 날인데도 이렇게 광화문에 나오셨네요.

"민주시민의 책무감 때문에요. 정말 감격스럽습니다. 오늘이 열번째 촛불이거든요. 스스로 결집하고 있는 시민들에게 정말 감동하고 있습니다. 우리 사회 기득권세력이 이렇게 부도덕하고 이렇게 천박할 거라고는 생각도 못했는데, 정말 상상 그 이상이군요. 이런 수준의 사람들이 정치권력을 휘두르는 동안 우리가 살아낸 세월이 참 억울해요. 민주정부 10년 동안에도 박근혜권력은 성역화돼 있었습니다. 박정희 후광 때문에 묻고 따지지도 않고 그냥 지나친 거예요. 이 시점에서 우리는 박정희 대통령에 대해 다시 한번 생각해봐야 합니다. 자신의 딸과 논란이 있던 최태민 목사를 거세하라는 지시도 있었다고 하고요. 그러나 정치적 이익을 위해 덮었다는 것 아닙니까. 자기 딸이 망가지는 걸 보면서도, 자기 정치를 위해 그런 사람이라면 역사가 그를 어떻게 평가하는 것이 온당한가, 한번 생각해볼 필요가 있지요. 결국 본인도 부하의 총에 맞아 죽었고 결국 딸로 하여금 이렇게 나라를 거덜 낸 그런 장본인. 저는 박정희가 원죄다, 이렇게 생각합니다. 특히 지식인들, 진보지식인들 그동안 박정희에 대해 상당히 우아하게 접근해왔습니다. 그러나 이제 구체제를 청산하고 새로운 체제로 나가야 하는 상황에서 냉정하게 볼 것은 냉정하게 보고 정확히 분석할 필요가 있습니다."

— 6월항쟁 이후 30년 만에 이런 광장이 다시 열렸습니다. 문익환 목사님께서 생전에 계시다면 뭐라고 하셨을까요?

"(고개를 들어 잠시 하늘을 응시하다가 눈물이 그렁그렁하여) 늘 민중을 믿고 활동하셨던 분입니다. 정말 기뻐하실 거예요. 아마, 이 자리에 같이 계셨겠지요? 1월이면 '문목' 서거

23주기입니다. 유인촌 전 문화부 장관이 이렇게 말한 적이 있어요. '우리가 좌파척결을 웬만큼 해놔서 쉬울 거'라고요. 이게 무슨 말인가 했더니, 블랙리스트를 만들어서 탄압한 거예요. 아마도 MB는 비단 예술인뿐만 아니라 분야별로 블랙리스트를 만들었을 겁니다. 1만여명의 시민을 블랙리스트로 엮어서 관리했어요. 이게 말이 됩니까."

영화배우 문성근씨는 대표적인 블랙리스트 피해자다. TV드라마를 비롯하여 「그것이 알고 싶다」 같은 다큐멘터리 프로그램을 아예 못하도록 퇴출됐다. 배우이자 연예인임에도 이명박-박근혜 정권 9년간 그는 시민운동가로 또 정치인으로 살 수밖에 없었다. 그가 '백만송이 국민의명령' 프로젝트를 시작할 때 경기도 고양의 한 생선구이 집에서 했던 말이 있다. 공기에서 밥을 다 덜어내고는 손바닥 절반만큼만 밥술을 떠서 물었다. 왜 그렇게 조금 드시냐고.

"저는 배우잖아요. 장동건은 더 조금 먹어요. (웃음) 언제일지 모르지만, 스크린으로 돌아가려면 배우는 꾸준히 몸을 만들고 준비해야 해요."

그는 프로였다. 그러나 이명박-박근혜 정권 9년간 드라마로 복귀하지 못했다. 문재인정부로 바뀐 뒤에야 처음으로 드라마에 출연할 수 있었다. 어느덧 그의 나이는 60대 중반이 되었다. 한 배우의 삶을 그렇게 망쳐야만 했을까? 문성근만 당한 것도 아니다. 배우 김여진도 마찬가지다. 두 사람만 당한 것 또한 아니다. 1만여 명의 블랙리스트 피해자들. 언제까지 이런 낡은 정치의 피해자로 살아야 하는 것일까. 겉으로는 자유민주주의를 신봉하는 것처럼 시늉했지만, 속을 들여다보면 그들은 파시스트였다. 친일과 독재를 주도했거나 편승한 세력은 자자손손 대대로 화평을 이루도록, 그 밖의 세력은 숨조차 쉴 수 없도록 주도면밀하게 억압해온 그들이 파시스트가 아니면 무엇인가.

: 3분 자유발언

20차까지 촛불집회가 이어지는 동안의 백미가 무엇이었냐고 묻는다면 역시 시민 자유발언이었다. 어느 곳에서도 들을 수 없던 우리 삶의 이야기, 대한민국의 민낯 그대로를 드러내고 토로하는 시민 고백. 때로는 눈물짓게 했고, 때로는 배꼽 쥐게 했던 그 사연들은 그 자체로 드라마였다.

'촛불 개근' 이순주씨

"1차 청계천 소라탑 촛불집회부터 오늘까지 모두 참가한 저는 홍대 앞에서 음식점을 하는 자영업자입니다. 지난 10월 말 이곳에 오기 전까지 너무나 평범한 삶을 살고 있었기 때문에, 파업 중이던 철도노동자의 말씀이 굉장히 낯설었습니다. 노동, 혁명, 동지, 이런 말들은 저와 상관없는 것으로 들렸거든요. 그저 세월호 엄마들의 눈물, 정유라가 불가사의하게 대학 간 것에 대한 분노에 훨씬 더 공감이 됐습니다. 그런데 저처럼 평범한 음식점 아줌마도 집회에 열번 정도 나오니까 이렇게 큰 무대에 올라 말할 용기도 생기네요. 1차, 2차, 3차 촛불집회에 나오면서 점점 제가 깨어나는 것을 느꼈습니다. 저 사람들이 진정으로 두려워하는 것은 이 자리에 100만, 200만이 모이는 게 아니라 우리들이 각성하고 깨어나 시민의식을 갖게 되는 것이 아닌가 싶습니다. 요즘 자영업자들은 정말 죽을 맛입니다. 하루가 멀다 하고 폐업이 줄을 잇습니다. 자고 나면 물가가 오르고 월세도 오릅니다. 25년간 닭매운탕 전문점을 하면서 이렇게 비싸게 계란값을 지불한 적이 없습니다. 3배가 올랐습니다. 홍대 앞은 임대료가 살인적입니다. 그래서 장사가 잘되어도 문을 닫습니다. 손님은 점점 줄고 있고요. 대책 없는 무능한 정부 때문에 사람도 닭도 죽어 나가는구나 생각했습니다. 이 끝없는 어둠 속에서 저는 촛불에서 희망을 찾았습니다. 감히 말씀드리지만, 인류 문명사에 길이 남을 아름답고 위대한 시민혁명입니다. 세계사적 혁명에 동참할 수 있어서 영광입니다. 인류평화의 본보기가 될 것입니다. 가볍고 평화롭고 즐겁게 집회할 수 있어서 행복하고요. 또 그래야 지치지 않고 끝까지 싸울 수 있습니다. 탄핵이 인용되면 대선이겠죠? 반드시 정권교체를 이뤘으면 좋겠습니다. 이번에는 후보의 아버지를 보지 말고, 후보가 어느 당인지, 뭐하던 사람인지 똑바로 보고 투표합시다!"

'염병하네' 특검 청소노동자 임애순씨

"안녕하십니까. 날씨도 흐린데, 감사합니다. 여러분, 저는요, 청소하는 게 부끄럽지 않습니다. 더러운 걸 깨끗이 씻어주는 청소부입니다. 최순실은 검찰이 여섯번 나오라고 해도 나오지 않더니 체포영장 발부받아 나왔습니다. 그럴 때 최순실이 얼굴을 좀 보려고 나가보니, 차에서 내리자마자 큰소리치면서 민주주의를 외치는데… 어디 감히 민주주의를 외치냐, 안 그렇습니까. 처음으로 사람들 앞에서 '염병하네' 외쳐보네요. 많이 떨립니다. 처음 와서. 제가요, 평소 화가 날 때마다 '염병하네' 소리를 잘 합니다. 전라도에서는 잘 하는 말입니다. 너무너무 화가 나서 최순실이가 너무 떠들고 들어오니까 저도 모르게 그런 소리가 나왔습니다. 여러분, 제가 속을 후련하게 해주었다고 하니 감사합니다. 저는 육십이 넘어서 청소하고 있지만 하나도 부끄럽고 창피하지 않습니다. 나라에 세금 꼬박꼬박 내고 내 자식과 손자 자라는 모습 바라보며 열심히 살고 있습니다. 그런데 최순실이 사태가 나서 우리 국민들의 분노가 들끓고 있다고 해서 저도 여기까지 나와봤습니다. 청소부 월급은 많지 않습니다. '돈백' 정도밖에 안 되지만 세금은 꼬박꼬박 냅니다. 잘 먹고 잘사는 사람들이 오히려 큰소리치고 나라를 망하게 만들어놓고도 되레 뻔뻔하게 고래고래 소리치는 걸 보니 화가 치밀고 너무너무 못 견딜 정도가 돼서 한마디 퍼부은 것이 이렇게 여기까지 올라오게 됐네요. 이렇게 국민 여러분들이 기뻐해줄지는 몰랐습니다. 죄를 지었으면 반성하고 사과하고 머리 숙여야지, 죄지은 사람들이 더 잘살고 큰소리치고 그런 걸 제가 특검 건물에서 청소하면서 알게 됐습니다. 우리나라가 부유해지는 데 보탬이 되고자, 더 잘살고 우리 손주들이 행복했으면 해서 적은 세금이나마 내면서 기뻤습니다. 국민의 이런 세금이 다 어디로 가는 겁니까. 한두 사람 때문에 우리가 이리 고생해야 하는 건가요? 너무 억울합니다. 정말 억울한 건 우리 국민인데 최순실이가 민주주의 외치는 모습을 보며 국민의 한 사람으로서 너무나 화가 났습니다. 그래서 외쳤습니다. 나도 모르게 '염병하네'. 특검 검사님들 너무 수고가 많습니다. 청와대 압수수색 난관에 부딪치는 우리 특검팀에게 모두 외쳐주세요. 힘내십시다, 특검. 국민의 염원입니다. 이번 기회에 대한민국의 정의가 살아나고 공명정대한 사회가 되었으면 좋겠습니다. 더 행복한 나라가 되면 좋겠습니다. 사이다처럼 뻥 뚫리는 소리 한마디 하겠습니다. 염병하네, 염병하네, 염병하네."

임애순씨는 박근혜-최순실 게이트 특검 사무실을 청소하던 청소노동자였다. 2017년 1월 25일 '정신적 충격' '강압 수사' 등의 이유로 박영수 특검팀의 출석 요구를 무려 여섯번이나 응하지 않던 최순실씨가 당일 오후 체포영장이 집행돼 서울 강남 특검 사무실에 출두하면서 "여기는 민주주의 특검이 아니다"고 외마디를 외칠 때, 이 소리를 옆에서 듣고 있던 임씨도 동시에 외쳤다. "염병하네."

당시 임씨의 말을 듣고 있던 기자들을 통해 이 사실이 보도되면서 임씨의 발언은 '사이다 발언'으로 촛불집회 내내 화제가 됐다.

농아인 김세식씨

"(수화통역사 장애인정보문화누리 수화재능기부팀에서 통역) 저는 농아인 김세식입니다. 촛불집회에 수화통역이 있다는 것을 알고 네번째 참여하게 됐습니다. 처음에는 수화통화 창이 작아서 잘 안 보였는데요. 그래도 그 작은 창이라도 없었다면 저희들은 세상과 단절됐을 것입니다. 답답한 심정을 말씀드리고 싶어서 올라왔습니다. 박근혜는 증세 없는 복지국가를 만들겠다고 했습니다. 그러나 지금 '국민 없는 근혜 국가'를 만들고 있다고 생각합니다. 그 과정에서 가장 먼저 희생당하는 사람은 저처럼 자신의 목소리를 내지 못하는 사람들입니다. 광화문 지하역사에 가면, 장애등급제 부여 활동 보조 서비스를 받지 못해 살려달라, 살려달라 애원하는 사람들이 있습니다. 송국현님을 비롯한 12명의 영정사진이 있습니다. 그분들은 목소리가 아닌 온몸으로 살고 싶다고 외친 것 아닐까요? 그 모든 외침을 외면한 채, 대기업의 경영권 승계를 위해 그렇게 뛰어다닌 문형표 보건복지부 장관이 드디어 체포됐습니다. 그렇다고 잘못된 복지정책으로 돌아가신 분들이 다시 우리 곁으로 돌아올 수 있을까요? 박근혜와 그 부역자들이 감옥 가면 그분들의 한이 좀 풀릴까요? 잊지 말아야 합니다. 박근혜와 그 부역자들로 인해 더이상 사람이 죽지 않도록 해야 합니다. 단 한 사람의 국민도 소외되지 않는 그런 광장에서 이게 정말 나라다라고 외치고 싶습니다. 구호 한번 외치겠습니다. 박근혜는 퇴진하라, 장애인도 인간답게 살고 싶다!"

'장애등급제·부양의무제 폐지 공동행동(이하 공동행동)'은 2012년 8월 21일부터 광화문역 지하도에서 노숙농성을 벌였다. 무려 5년. 여섯번의 여름과 다섯번의 겨울을 지하에서 보냈다. 1842일. 그들은 문재인정부 출범 후에야 농성을 마치고 땅 위로 올라올 수 있었다. 문재인정부가 공동행동과 합의한 바는 부양의무제 폐지, 장애등급제 폐지, 장애인 수용시설 폐지다. 5년간 해결되지 않았던 이슈가 정권교체로 풀렸다. 보편적 인권의 관점에서 차별받지 않을 권리가 있음에도 소수자라는 이유로, 사회적 약자라는 이유로, 무시당하고 차별받았던 서러움을 단박에 풀어낼 길은 과연 만들어질까.

전국택배노동자연합 김태완 위원장

"박근혜정권에 뇌물을 갖다 바친 CJ그룹을 규탄하기 위해 이

자리에 섰습니다. 박근혜 조기 퇴진에 이어 쌓이고 쌓여온 폐단 모두 청산해야 합니다. 그중 하나가 재벌입니다. 삼성·현대기아차·LG·SK가 우리 경제의 40%를 차지합니다. 소수 기업 집단의 경제력이 기형적으로 집중돼 있습니다. 양극화 문제, 매우 심각합니다. 삼성의 사내보유금이 110조에 이른다고 합니다. 인구 1000만이 살고 있는 서울시 1년 예산(25~30조원)의 4배 가까운 숫자입니다. 재벌들은 자신의 이익을 위해 박근혜에게 상납한 뇌물이 준조세라고 하면서 온갖 편법으로 부를 세습하고 있습니다. 박근혜에게 들어간 뇌물, 이 돈을 채우는 사람은 바로 노동자입니다. 정규직 전환이 어렵고 임금인상 폭은 좁고 직접고용이 아니라 하청 통한 간접고용 비중이 매우 높습니다. 공정사회를 위해서는 재벌의 특권을 박탈해야 합니다. 박근혜가 지은 죄, 숱하게 많습니다. 그 죄를 함께 저지른 자들도 벌을 받아야 합니다. 청와대가 CJ그룹 이미경 회장을 물러나게 하려고 했다고 해서 마치 CJ가 피해자 그룹인 양 행세하는데요. 그러나 CJ 또한 공범입니다. 이재현 회장 사면을 위해 박근혜 중점 사업인 K컬처밸리 사업에 거액을 투자했다는 의혹이 제기됐습니다. 언론에 드러난 것이 전부인지 더는 없는지, 그 출처 또한 어딘지 밝혀야 합니다. 비슷한 시기 택배부문 관련 대규모 허브단지 구성을 위한 투자도 영문 없이 지연됐습니다. 왜 그렇게 됐는지 밝혀야 합니다. 투자 지연으로 택배노동자와 소비자가 겪은 피해는 말할 것도 없습니다. 택배기사들이 자신의 권리를 찾고자 노조를 설립하려는데 노동탄압을 벌입니다. 열악한 노동조건을 개선하자는데 '갑질'해고를 합니다. 2017년 1월 8일 전국택배연대노동조합이 출범합니다. 갑질해고 철회, 노동탄압 철회를 위해 끝까지 싸울 것입니다."

택배노동자들의 재벌 비판은 귀가 번쩍 뜨이는 주장이었다. 언론은 이미 자본의 포로가 된 터라 재벌이 아무리 나쁜 짓을 해도 우호적인 기사를 써주기에 바쁘다. 어디에서도 들을 수 없는 재벌 비판은 경제의 본뜻을 또 한번 생각하게 했다. 세상과 나라를 다스리고 백성을 구제한다는 뜻의 경세제민(經世濟民)에서 나온 말이 바로 경제다. 특정 재벌만을 위한 경세제민이 아니라 모든 국민을 구제하기 위한 경제란 무엇인지 다시 생각해볼 일이다. 부도덕해도 돈만 많으면, 부자로 살 수 있으면 된다는 천박한 인식 때문에 정유라처럼 "돈도 실력이니 능력 없는 부모를 원망하라"는 식의 몰염치한 주장이 아무렇지도 않게 나오는 것이다. 어디 정유라만 그런 생각일까.

노후희망유니온 이상관 공동위원장

"박근혜 퇴진을 외치는 노인도 있다! 전남 장흥 노후희망유니온 이상관 공동위원장입니다. 어버이연합이나 박사모 엄마부대와는 다른 노인도 있다는 것을 알려드리러 나왔습니다. 어딘가의 지시를 받고 군복에 선글라스 끼고 무언가를 건네받고 관제데모에 동원되는 노인들이 아닙니다. 유니온 회원들은 대통령이면서 대통령이기를 포기한 박근혜정권의 즉각 퇴진을 위해 송박영신 10차 촛불에 참여했습니다. 이승만 독재부패세력을 몰아내고, 박정희 유신독재, 전두환 군사독재에 맞서 싸워왔습니다. 또한 산업화와 민주화의 주역으로 1987년 6월민주항쟁, 7·8·9월 노동자 대투쟁에 온몸으로 함께했습니다. 그럼에도 우리는 60년 넘는 긴 세월을 선거 때만 되면 달콤한 선거공약에 속아 친일정권 보수정권 치하에서 살아왔습니다. 친일보수정권은 자신들과 관점이 다르다고 국민을 종북·좌파로 규정하고 척결 대상으로 삼아왔습니다. 박근혜정권과 그 공범인 새누리당을 이제는 용서할 수가 없습니다. 여러분, 노인 빈곤율이 OECD 국가 중 최하위인 나라가 여기 대한민국입니다. 한번도 찾아오지 않는 자식이라도 호적에 있다는 이유로 노인들이 모든 복지정책에서 제외되는 나라가 여기 대한민국입니다. 박근혜가 공약한 기초연금 20만원 어디로 사라졌습니까. 최순실이의 주머니로 들어간 것 아닙니까? 정말 열받습니다. 국민을 기만한 박근혜, 도저히 용납할 수 없습니다. 무능하고 부도덕한 박근혜의 탄핵소추 가결을 이뤄냈듯이 헌재의 조속한 탄핵인용을 이끌어냅시다. 박근혜의 즉각 퇴진과 부역자 처벌, 박근혜 악법, 쓰레기정책 다 폐기하고 국민들이 더불어 잘살 수 있는 정책을 요구해 관철합시다. 정유년은 단순히 정권교체를 뛰어넘어 국민 모두 차별받지 않고 더불어 함께 잘사는 세상을 이루는

해가 되어야 합니다. 모두 함께 손잡고 나가자!"

이상관 위원장의 삶은 현대사 그 자체였다. 이승만-박정희-전두환-노태우-이명박-박근혜로 이어진 친일유신 군사독재를 6월 항쟁으로 견디고 30년 만에 다시 타오른 촛불로 이겨내고 있으니 그 자체로 현대사 산증인인 것이다.

삼성전자서비스 하청노동자 이우식

"저는 가전제품이 고장 나면 방문해서 수리하는 하청노동자 이우식입니다. 삼성전자서비스 마크를 달고 일했는데 삼성은 저희를 삼성 직원이 아니라고 합니다. 일주일 사이에 법원은 삼성에 두번이나 면죄부를 주었습니다. 두번 다 불법파견에 면죄부를 주었는데요. 금속노조 삼성전자서비스지회는 2013년 노동조합을 결성하고, 우리가 삼성전자서비스에서 일하는 정직원임을 확인해달라고 근로지위 확인을 요청했는데요. 법원은 2017년 1월 12일 우리가 삼성 직원이 아니라고 판결했습니다. 우리는 삼성전자서비스 본관에서 면접 보고 6개월간 교육받고 나와서 일했습니다. 삼성이 준 옷 입고 삼성에 접수된 고장사례로 삼성에서 가라는 집에 가서 삼성제품을 수리하고 삼성 영수증을 주고 삼성에 입금했는데 왜 우리는 삼성 직원이 아닌 겁니까. 지시·관리·감독을 다 삼성이 맡았는데 왜 우리는 삼성전자서비스 직원이 아니라는 걸까요? 이게 말이 됩니까. 불법파견에 면죄부를 준 것입니다. 두번째 면죄부는 뇌물·위증·횡령에 준 것입니다. 삼성은 자꾸 최순실에게 뻥을 뜯겼다고 하는데요. 최순실에게 갖다 바친 430억원이 뇌물이 아니면 무엇입니까. 반드시 이재용을 구속하고 더이상 삼성에 면죄부를 주어서는 안 됩니다. 불법파견에 면죄부 준 것, 꼭 무효로 만들 것입니다."

2018년 4월 17일, 삼성전자서비스는 전국금속노조와 협상을 통해 90여개 협력사 직원을 직접고용하는 데 합의했다. 언론은 삼성의 80년 무노조 경영이 막을 내렸다고 보도했다. 이병철 전 삼성그룹 회장이 내 눈에 흙이 들어가기 전까지 노조는 안 된다고 했지만, 삼성의 무노조는 끝났다. 노조 있는 삼성, 어떻게 달라질까?

월성 원자력발전소 천막농성 2년, 황분희 할머니

"저는 동해안 남쪽 월성 원자력발전소에 가까이 사는 황분희입니다. 다섯살짜리 손주와 함께 삽니다. 제가 사는 곳은 경주이고, 월성 원자력발전소도 경주에 있습니다. 정말 이 억울함을 이야기하고 싶어서 천릿길을 달려왔습니다. 그 동네에서 30년 넘게 살았습니다. 발전소 한 기가 지어질 때마다 값싼 에너지를 얻게 된다고, 안전하다고 한수원(한국수력원자력)과 정부는 주민을 속였습니다. 정부와 한수원이 안전하고 깨끗하다고 해서 우리들은 정말 그런 줄 알고 바보처럼 그곳에서 병들어 죽는 줄도 모르고 살아왔습니다. 우리 어른들뿐만 아니라 그곳의 모든 것이 오염돼 있습니다.

방사능으로요."

어린 손주를 데리고 월성 원자력발전소 인근 나아리 마을에서 30여년간 살아온 황 할머니는 "마을 주민 상당수의 몸에서 체내 방사성 물질인 삼중수소가 검출됐음"에도 대책 없이 이 마을을 떠나지 못하고 있는 현실을 토로했다.

원자력안전법상 발전소 인근 이주 대상 구간이 914미터라서 그보다 300미터 더 떨어진 1.2킬로미터 남짓 지역에 사는 황 할머니 등 그곳 주민들은 이주 대상이 아니라는 법률 때문에 발전소 인근을 떠나지 못한 채 원전 공포에 시달리고 있다.

2018년 1월 28일 황 할머니는 청와대 국민청원 게시판에 '월성 원자력 인접 주민인 저는 대한민국 국민이고 싶습니다'라는 제목으로 이 사연을 올렸지만, 청와대가 직접 답할 수 있는 20만 청원 수를 채우지는 못했다. 다만 이 글을 통해 황 할머니는 "나는 갑상선암 환자가 됐고, 초등학교에 다니는 손주들 몸속에서 삼중수소가 검출됐다"는 소식을 알렸다. 촛불혁명으로 새 정권이 들어섰지만, 황 할머니는 3년째 이 문제 해결을 위한 천막농성을 벌이고 있다.

성주군 소성리 임순분 어머니

"저는 전쟁무기 사드가 배치된다는 성주군 초전면 소성리에서 온 주민입니다. 저희 마을에는 60여가구 100여명의 주민들이 옹기종기 오순도순 살아가고 있습니다. 그런데 갑자기 전쟁무기 사드가 들어온다고 합니다. 주민들에게는 한번도 얘기 꺼낸 적 없이 배치하려 합니다. 마을 끝자락에 사드가 배치된다는데 거기서 700미터 떨어진 곳에 여섯가구가 삽니다. 쇳덩어리 사드를 내려다보면 누가 잠이 오겠습니까. 그 700미터 바로 밑에 사는 분이 저와 함께 이 자리에 왔습니다. 저희 마을 어르신들의 한과 눈물을 담아 이 자리에 왔습니다. 지금 참 많이 떨립니다. 그러나 용기를 내보겠습니다. 전쟁무기 사드는 절대로 들어와서는 안 됩니다. 국방부에서 사드 배치한다고 발표하는 그날 젊은이는 군청으로, 나이 드신 어르신들은 마을회관으로 모였습니다. 하루 종일 비가 왔습니다. 군청에서 반대 기자회견을 하고, 오후 3, 4시쯤 되어 마을회관으로 가보니 불도 안 켜고 방 안에서 어른들이 숨소리도 안 내고 계셨습니다. 그러고는 말씀하셨습니다. 왜 이제 오느냐고, 무서웠다고, 사람이 그리웠다고 하시면서 점심식사도 하지 않고 기다리고 계셨습니다. 동네 어르신들 붙잡고 저희들 한참 울었습니다. 소성리 군민은 전국 촛불들이 협조하고 밀어주고 당겨주시면 사드 배치를 막을 수 있을 거라고 생각합니다. 그렇지 않습니까, 여러분. 박근혜, 국회의원 이완영, 경북지사 김관용, 성주군수 김항곤, 국방장관 한민구, 이 5명은 우리 성주 군민의 철천지원수입니다. 만약에 하늘이 있다면 하느님이 있다면 부처님 계시다면, 소성리에서 탄생하신 원불교 2대 종사 정산종사님, 이들에게 철퇴 그리고 벼락을 쳐주십시오. 왜 죄 없는 백성들이 가진 자들에게

시달리고 일방적으로 무시당하고 이렇게 살아야 합니까. 평생 농
사지어 이웃과 정 나누며 살아보겠다고 하는데 왜 그분들에게 죽
으라고 하십니까. 너무 떨리고 앞이 하얗고 아무것도 생각나지 않
습니다. 이대로 마치겠습니다. 구호 한번 하겠습니다. 사드 말고
평화! 사드 말고 평화! 감사합니다."

송파 할머니
"제가 노인들 정신 좀 차리라고 직접 이 자리에 나왔습니다. 요
즘 잠도 못 잡니다. 박근혜가 우리에게 사과했습니까? 이게 정치
입니까. 말도 안 됩니다. 그런 사람이 정치를 하니까 이런 사태가
벌어진 것입니다. 나는 초등학교도 안 나왔습니다. 공주가 고향입
니다. 우리 고향 사람들이 전부 이명박이 잘했다고 하고 박근혜
좋아해요. 이게 말이 됩니까. 보수가 뭡니까. 나라를 지키자는 게
보순데 보수정권에서는 계속 북한이 위협 주고 미사일을 쏜다고
벌벌 떱니다. 김대중·노무현 정권 때에는 얼마나 평화로웠습니까.
퍼주면 얼마나 퍼준다고, 북한이 남의 나라입니까. 미국이 우리
를 지켜줍니까? 일본 놈은 웬수 중의 웬수인데 일본 놈과 군사협
정 맺는다고 합니다. 북한을 단죄해야 해서 그렇게 한답니다. 정치
를 잘하라고 찍었지, 이렇게 맨들라고 찍었습니까. 잘하라고 찍었
어도 그가 잘못하면 잘못하는 걸 알아야지. 노인네들이 요새는 텔
레비전도 안 봅니다, 방송에서 박근혜 비판한다고. 못난 사람이 올

라와서 이렇게 하다보니께 미안합니다. 어제 고등학생 중학생 들이 나온 걸 보니까 눈물이 나더라고요. 이 나라를 이 지경까지 만든 건 할머니 할아부지들인데, 왜 젊은 사람들이 고생하나요. 늙은이들은 집회에 잘 나오지도 않습니다. 나도 머리가 아픕니다. 이제 그만할게요. 쓰러질 것 같습니다. 감사합니다."

개성공단 비대위 강창범

"남북 화해협력 최후의 보루인 개성공단이 비선실세를 통해 일거에 폐쇄됐습니다. 이 과정에서 저희들은 단 하루 만에 개성공단에서 철수했습니다. 이 과정을 명백히 밝혀야 하지 않겠습니까. 저희 개성공단 124개 기업과 협력업체 5000개, 10만 종사자들은 지금 현재 도산 위기에 처해 있습니다. 떨리는 가슴을 안고, 이 기업들의 생존을 위해, 여러분의 지지를 호소하기 위해 나왔습니다. 남북 화해협력의 옥동자인 개성공단이 폐쇄된 지 벌써 10개월이 넘었습니다. 저희들은 종북·좌파·친북 기업 소리 들어가면서 온갖 누명 쓰며 지금까지 왔습니다. 그러나 이제 앞으로는 개성공단이 복원되어 남북의 화해협력과 공동번영을 이룩해야 하지 않겠습니까. 함께 외쳐보겠습니다. 남북 화해협력 상징 개성공단 복원하라! 공단 폐쇄 비선 개입, 웬 말이냐, 즉각 해명하라! 최순실 등 비선실세가 개입하여 개성공단을 폐쇄했다는 점을 분명히 밝히지 않으면 안 됩니다. 헌정이 유린되고 국민의 생명과 재산권을 보호

받지 못해 분개합니다. 박근혜는 즉시 하야해야 합니다. 박근혜는 퇴진하라."

그동안 억울한 약자들이 오를 무대는 없었다. 텔레비전과 라디오는 힘센 정치인, 권력과 자본에 유착된 지식인들의 독무대다. 소수자, 약자 들은 '세상이 과연 우리 같은 사람들이 하는 말을 들어나 줄까' 회의했다. 그러나 촛불은 그들을 불러내 무대에 세웠다. 그것이 촛불의 힘이었다. 무시, 외면 그리고 업신여김을 받아온 수많은 이슈의 당사자들이 무대에 올랐다. 그들의 사연은 우리가 함께 해법을 찾아야 할 중대한 사안이다. 왜 정치인들은 이들의 소중한 외침에 귀 기울이지 않을까 하는 답답함도 있다. 그러나 이 절박한 이야기를 서서히 한올 한올 풀어가고 있음은 분명해 보인다.

: 엄마 아빠 그리고 가족 촛불

"우리 아이들에게 상처 주는 저 정부가 저리 고집을 피우니…대통령 제발 좀 내려오라고 엄마의 말로 당부하고 싶습니다. 저는 23살 아들의 엄마입니다. 애가 지금 군대에 가 있는데, 휴가 안 오니까, 외아들이라 너무 보고 싶습니다. 내 아이가 이제는 돌아올 수 없는 상황에서 2년이란 세월 동안 광화문 거리를 헤매고 있는 부모님들, 그런 엄마들에게 손가락질을 하고, 그 어미에게 애가 죽었는데 더이상 어찌 해달라는 거냐라는 식으로 말하는 그 모리배들. 열달 동안 애를 뱃속에 품고 있다가 아픔 끝에 낳은 자식인데, 엄마부대라는 것들이 자식을 잃은 그 어미들한테 어떻게 그런 상처를 줄 수가 있는지, 정말 욕이 나옵니다. 저도 20대 초반 아들을 키우고 있기 때문에 엄마로서 너무나 아프고. 또 이 의경들 힘들지 않게 하기 위해서라도 제발 박근혜는 어서 내려와야 합니다. 또 어버이연합 할아버지들 용돈 2만원에 눈이 어두워 양심을 팔지 말아야 합니다. 아니, 여러분들에게는 자식도 손주도 없습니까. 어떻게 이런 아이들 앞에서 박사모라는 그 더러운 이름으로 돈 2만원에 양심을 팝니까. 집회가 늦어지니까 야간수당을 달라고 그랬다면서요? 이거는, 이거는, 정말. 그리고 세월호 부모님들 힘내십시오. 대한민국에 정의는 살아 있습니다."

한 가족 네 식구가 무대에 올라 박근혜 퇴진을 요구하기도 했다.

"가족을 대표해서 말씀드리겠습니다. 저는 서울에 사는 중학교 1학년 학생입니다. 저는 여기 촛불집회에 와서 한가지 깨달음을 얻었습니다. 사람이면 생각을 하고 살아야 한다는 점입니다. 사실 그동안 어떻게 하면 더 놀 수 있나, 멋진 여자는 어디 가면 만날 수 있나, 이런 잡생각만 하고 살았는데요. 저처럼 잡생각만 하던 중학생도 이제는 생각이라는 것을 합니다. 박근혜 대통령도 생각을 한다면 이제 그만 내려오십시오."

"저는 이 아이의 엄마 됩니다. 저희 부부는 저희 아이들이 스스로 사랑하고 존중하는 사람이 되기를 바랍니다. 자존감이 높은 사람이 되었으면 좋겠어요. 그런데 박근혜 대통령은 자존감보다 자존심이 더 강해 보여요. 이제라도 늦지 않았으니 박근혜 대통령, 스스로 당당해지면 좋겠습니다. 자존감 있는 사람은 남에게 휘둘리지 않고 또 남에게 조종당하지 않습니다. 하야하기 좋은 밤입니다. 대통령님, 이제 그만 내려오시고 당당하게 자존감을 되찾기를 바랍니다."

"아빠입니다. 엄동설한에 오신 분들 감사합니다. 첫눈이 '하야'케 대지를 적신 날입니다. 지금 청와대로 달려가고 싶은 마음, 굴뚝같습니다. 100만 국민의 힘으로, 청와대의 지붕이 날아갈 정도로, 그분이 드라마를 보고 있는지 또는 주사를 맞고 있는지 잘 모르겠지만 얼굴이 '하야'케 질리도록 '하얗'게 첫눈 내린 오늘 물러나라고 말하고 싶습니다. 물러나라, 물러나라, 5번만 해주세요. 우리 가족은 '하야'만사성입니다."

: 정부 수립 후 최초, 청와대 200미터 앞

2016년 12월 3일 6차 범국민행동의 날, 오후 8시 현재 서울 광화문광장에 130만, 지역 30만, 전국에서 모두 160만의 시민들이 민주주의 촛불을 불태웠다. 지하철 1호선 시청역은 각 출구마다 인산인해였다. 광장에서 집으로 돌아가는 사람들, 또 광장으로 몰려나오는 시민들. 세종로도 큰 도로 말고는 미국대사관 뒷골목까지도 사람들로 꽉꽉 들어찼다. 식당, 커피숍에 앉아 있는 시민들도 테이블 위에 촛불과 함께 박근혜 퇴진 손팻말을 올려놓고 있었다. 종로경찰서 청운파출소 창문에는 아예 화장실에 갈 사람들은 차례로 줄을 서라는 안내문구가 붙어 있었다. 그날, 거대한 시민의 촛불바다는 청와대로 향했다. 안국동에서 정독도서관 방향까지 촛불이 줄지어 있었다. 청와대 춘추관 쪽으로 향하는 입구 격인, 삼청동으로 올라가는 총리공관길 쪽에도 행진대열이 꽉 차 있었다. 이순신장군상이 바라보고 있는 남대문, 또 서대문 사거리 방향도 마찬가지였다. 대한민국 헌정사상 최초로 청와대 앞 200미터까지 행진한 날, 시민들은 법원의 판단에 고개를 끄덕였고 박근혜 대통령의 귀에 쩌렁쩌렁 울릴 만큼 큰 소리로 함께 외쳤다. 박근혜는 퇴진하라!

송지고등학교 1학년 오인호씨의 말이다.

"미래에 저도 어른이 되는데요. 제 아이가 '아빠는 촛불집회 그때 당시 무엇을 했냐'고 물으면 부끄러울 것 같아서 나왔습니다. 한국사 선생님께서 박근혜 게이트에는 최순실이 엮이고 또 엮여 있어서 다 풀려면 정말 많은 시간이 걸린다고 하셨습니다. 또 이렇게 여러 시민과 함께 행진하면서 민주주의를 위해 한 목소리를 내니까 너무 감동입니다. 기뻐요. 국민 여러분께 제가 이런 말을 좀 해도 되나요? 박근혜 하야 외치러 이렇게 광장에 나와주셔서 정말 고맙습니다! 하야가 되면 축제를 벌이고 마음 놓고 행복하게 삽시다!"

고등학교 1학년 학생의 또랑또랑한 목소리, 거기에다 시민들에게 감사의 인사를 전하는 예의까지, 뿌듯한 마음이 들었다. 이심전심으로 모여든 시민들의 자발적 연대가 거악을 뿌리째 걷어내고 있는 지금, 그 뿌리 밑에서부터 어떤 희망이 솟구쳐오르고 있음을 느꼈다.

서울 중앙고등학교 백선제, 오병규씨는 '근혜-순실' 피켓을 들고 광장에 섰다. 지금 박근혜 대통령이 계속 검찰수사를 거부하고 있는데 대통령도 임기가 끝나면 반드시 구속수사를 해서 몽땅 감옥에 보냈으면 좋겠다고 했다.

"국민 여러분이 함께 모여서 시위한 덕분에 이렇게 추운 겨울에도 광화문이 따뜻한 느낌입니다. 행복하고 보람 있습니다. 그리고 지금 이 자리에 고등학생들 많아요. 다만 박근혜가 왜 퇴진해야 하는지 제대로 좀 알고 시위에 참여했으면 좋겠습니다. 국민들을 무려 한달씩이나 추운 데서 덜덜 떨게 하는 대통령은 없을 겁니다. 얼마 지나지 않아 그가 수갑 차는 모습을 이불 속에서 좀 보게 해주세요."

: 촌철살인 유쾌한 말·말·말

2016년 11월 19일 4차 촛불집회. 광화문 일대에서 열린 사전집회를 한 바퀴 돌고 오니 어느새 광장은 시민들로 꽉 차 있었다. 어디서 그런 촌철살인이 나오는지 시민들의 유쾌한 연설은 머리카락이 쭈뼛쭈뼛 설 정도였다.

"한국외대 중국어과 4학년, 노동자연대 활동가 박혜신입니다. 2016년 11월 12일, 우리가 본 100만 촛불은 87년 6월 군부독재에 맞선 이후 가장 큰 시위였습니다. 수능이 끝나고 우리 학생들이 하야를 외치면서 거리로 나왔습니다. 너무나도 존경스럽고 자랑스럽지 않습니까. 우리 학생, 청년들이 왜 이렇게 박근혜정권에 분노할까요? 이화여대 입학처장은 면접관들더러 아시안게임 금메달리스트를 뽑으라고 했답니다. 한 학생이 정말 금메달을 들고 왔고, 그 자리에서 했다는 얘기가 '이거 보여드려도 되나요?'였습니다. 이렇게 해서 이화여대 입학한 게 정유라 아닙니까. 학교 다니는 내내 최하위권 성적을 받고도 연세대에서 성적장학금 받은 사람이 최순실의 조카 장시호입니다. 그런데 우리는 '지금 자면 수능 망하고, 수능 망하면 취업 못하고, 취업 못하면 제대로 살 수 없으니까' 잠이 와도 찬물에 발 담그고 밤새 공부했습니다. 그런데 저들은 온갖 특혜 속에서 살았습니다. 너무 열받습니다. 우리가 경쟁교육과 취업난에 허덕일 때 장시호, 정유라는 '빽'으로 대학 갔습니다. 쉬운 해고, 낮은 임금, 비정규직 양산 꾸러미를 우리에게 안겨주며 기업은 살려주었습니다. 이제 박근혜를 해고시켜야 합니다. 우리 삶을 챙기지도 않는 더러운 네트워크가 우리 삶을 흔들어놓고 있습니다. 박근혜 버티기. 검찰수사 거부. 이게 말이 됩니까? 박근혜는 물러가라!"

대학생 박혜신씨의 뒤를 이어 고등학교 1학년 박상원씨가 연단에 섰다.

"청소년들이 거리로 나올 때마다 이런 얘기가 들렸습니다. 배후세력이 있다, 누가 선동하고 있고, 누군가 뒤에 있다고요. 청소년들이 거리로 나오게 한 배후세력은 박근혜입니다. 학생들을 살인적인 입시경쟁으로 몰아넣은 길라임이 배후세력입니다. 새누리당 김진태가 이런 말을 했습니다. '촛불은 바람 불면 꺼지게 돼 있다.' 우리는 촛불 하나 꺼지기 전에 두개의 초에 불을 붙일 것이고, 또 100개, 아니 수만개의 초에 불을 켜서 들불을 만들 것입니다. 정유라가 대학교를 말 타고 그렇게 들어갔는데 일반 고등학생들은 밥을 먹으면서도 책에서 눈을 떼지 못하고 열중했습니다. 정유라의 엄마 최순실에게 권력을 쥐여준 사람이 누구입니까. 박근혜입니다. 박근혜가 청와대에서 나오지 않겠다고 하는데 우리 힘으로 끌어내려야 하지 않겠습니까."

다음은 고3 주돈근 학생 차례였다.

"수능 끝나고 뉴스 보는데 나라 꼴이 말이 아니더군요. 갑자기 눈물이 터졌습니다. 탄식과 함께요. 눈물을 흘리면서 다시 한번 국가란, 국민이란 무엇인가 생각했습니다. 국민이 곧 국가이기에, 대한민국의 눈물이 제 눈에서 흐를 수 있었고, 대한민국 분노가 우리 국민의 심장을 요동치게 만들었습니다. 박근혜의 죄목은 너무나 많습니다. 불법선거 덮기 위한 간첩조작! 매년 최고치를 경신하는 가계부채! 최악의 청년실업! 자영업 몰락으로 대한민국을 굶주리게 했습니다. 의료 민영화가 된다면 미래의 가난한 이는 아파도 병원에 못 가게 될 것입니다. 언론장악! 역사교과서 국정화로 국민의 눈과 입과 귀를 틀어막고 생각까지 지배하려 합니다. 물에 빠진 자녀들은 안중에도 없고, 지지율 또는 본인에게 흠가는 것만 걱정했던 것 아닙니까. 위안부 매국합의로 할머니들 가슴에 박힌 상처를 덧나게 했습니다. 국민을 물대포에 맞아 죽게 했습니다. 심지어 이 난리 속에 한일군사정보보호협정까지 날치기 통과하려 합니다. 여러분, 온 기능이 마비되어가는 대한민국 국민의 고통이 느껴지십니까. 박근혜의 눈에선 대한민국의 눈물이 흐르지 않습니다. 이 나라에서 얼마나 많은 독립운동가들이 얼마나 잔인하게 죽어갔습니까. 그들의 염원은 지금까지도 고통 속에 있습니다. 최순실 게이트는 단순히 현재의 문제가 아니라 과거부터 이 나라 역사에 오욕으로 남아 있는, 또 조국을 병들게 한 친일파와 기득권의 만행에 절정을 알리는 사건입니다."

경기도 광주에서 온 박준병씨의 연설도 이어졌다.

"가장 억울하고 안타까운 국민은 그 나라 지도자에게 세뇌당한 이들입니다. 저는 박정희정권에 세뇌를 당했습니다. '일하시는 대통령, 이 나라의 지도자, 3·1정신 받들어 사랑하는 겨레에 5·16 일으키니 6대주에 빛나고 70년대 번영은 팔도강산 이어가네, 구국의 새 역사는 10월 유신정신으로.' 제가 어렸을 때 이렇게 세뇌를 당하면서 교육받았습니다. 이게 나라입니까. 조목조목 한번 따져봅시다. 일하시는 대통령이라니요? 최순실과 둘이 일했습니다. 이 나라의 지도자라니요? 이 나라의 지도자가 재벌들과 협잡해 돈을 갈취합니까? 3·1정신 받들면서 국정교과서 만듭니까? 사랑하는 겨레 위해 박근혜는 빨리 하야해야 합니다. 5·16이 뭡니까. 쿠데타입니다. 쿠데타를 일으키고 잘났다고 이런 말을 합니까?"

시민의 해학과 촌철살인은 언제나 빛났다. 배꼽을 쥐게 만들기도 했고, 풀잎에 맺힌 이슬처럼 또르르 눈물방울이 뺨을 타고 흘러내리게 하기도 했다.

2016년 11월 19일 4차 범국민행동의 날, 이미 서울에서만 오후 5시 30분 현재 25만명의 시민이 광장을 메웠다. 박근혜 대통령의 대리인 역할을 자임하는 유영하 변호사가 '세월호 7시간 의혹'과 관련해 "대통령이기 전에 여성으로서 사생활이 있다"고 말해 큰 논란을 낳았다. 여기에 분노한 시민 최이삭씨가 발언에 나섰다.

"대통령이기 전에 여성으로서의 사생활이 있다… 2016년 11월 15일 박근혜의 변호사 유영하가 검찰조사 일정을 늦춰달라면서 한 말입니다. 참 모욕적인 말입니다. 쟤는 여자니까 어쩔 수 없다는 잘못된 편견. 유난스럽게 군다는 말을 들으면서도 일상에서 성차별에 대해 문제제기 해왔습니다. 이를 위한 모든 노력이 부정당한 기분입니다. 그간 시민들은 박근혜 최순실이 여성이라는 이유만으로 부당하게 혐오받지 않게 하기 위해 노력했습니다. 미스 박, 강남 아줌마, 저잣거리 아낙네⋯ 이런 표현 몰아내고 박근혜정권의 국정농단에만 집중해야 한다고 서로를 독려했고 혐오와 차별 없는 집회를 만들려고 노력했습니다.

그런데 박근혜는 이런 시민들의 노력을 무시하고 여성이라는 이름을 함부로 내세워 스스로 혐오를 선택한 것입니다. 국정원의 대선개입 의혹, 정경유착, 세월호 7시간 의혹, 이 거대하고 복잡한 문제를 시간이 오래 걸리더라도 명명백백하게 밝혀야 합니다. 아마도 박근혜 쪽은 '여자가 정치를 하니 그 모양이지' 식으로 우리 촛불시민들이 감정적으로 소모되고 이 집회가 종료되기를 바랐던 것 같습니다. 길라임, 태반주사 1억 5000만원. 이런 식으로 박근혜를 '혐오적 여성'으로 소비하고 가십으로 끝내서는 안 됩니다.

대통령의 단골병원 차병원에 192억원의 정부지원금이 들어간 경위, 또 국민의 건강권을 팔아 1% 부자들의 배를 채우려는 의료민영화, 그 커넥션을 파고들어야 합니다. 국정원-국군사이버사령부의 댓글 의혹, 세월호, 백남기, 새누리당 이정현의 공영방송 보도개입 의혹, 이런 일들이 개인의 일탈로 축소 유야무야되는 것을 더이상 용납해서는 안 됩니다. 국민이 알고 싶고 또 요구하는 것은 박근혜의 사생활이 아닙니다. 국정농단의 진상입니다. 관련자를 엄벌하고 다시는 이런 비극이 일어나지 않도록 민주주의와 헌정질서를 다시 세우는 일을 해야 합니다. 여성은 약하고 비밀스러워 특별히 배려를 받아야 할 존재가 아닙니다. 여성은 우리 사회의 동등한 사회구성원으로 말하고 일하며, 지금 여기에서 촛불을 들고 있습니다. 오늘 이 광장이 박근혜정권의 퇴진을 넘어 우리 사회 모든 구성원들이 동등하게 존중받아야 한다는 공감과 토론의 장, 박근혜정권이 훼손한 민주주의와 헌정질서의 가치를 시민의 손으로 다시 세우는 역사의 한 페이지로 영원히 기억되었으면 좋겠습니다."

우레와 같은 박수가 터져나왔다. 국정농단 초반 단지 여성이라는 이유만으로 인격훼손이 있으면 어쩌나 많은 여성단체, 여성 언론인이 우려했다. 그러나 그것은 기우에 불과했다. 오히려 여성성을 정치에 이용한 쪽은 박 대통령의 법률 조력자였다. 이 가운데 자칫 놓치기 쉬운 의표를 찌르는 연설이 나왔다. 수많은 공감을 얻은 명연설이었다. 속에 담아두었던 이야기를 후련하게 다 쏟아낸 시민이나 또 그 이야기를 들으면서 마음속에 응어리졌던 답답함이 해갈됨을 느낀 시민이나 생각은 같았다. 그러니 누군가는 말하고 또 누군가는 들으면서 카타르시스를 느끼는 것 아닐까.

2016년 11월 19일 4차 범국민행동 촛불집회에는 서울에서만

60만, 지역 35만, 모두 95만 촛불이 함께했다. 내자동 사거리 차벽 앞에서는 경찰과 시민이 대치했지만 경복궁역 사거리엔 발 디딜 틈이 없이 시민들로 빼곡했다. "타는 목마름으로, 타는 목마름으로, 민주주의여 만세"를 부르는 일군의 시민들이 인상적이었다.

시민 자유발언은 광화문광장 메인 무대뿐 아니라 곳곳에 놓인 방송차량 위에서도 이어졌다. 30대 재담꾼이 마이크를 쥐었다.

"이 말씀 좀 드리고 싶어서 올라왔습니다. 의경들 욕하지 맙시다. 저분들이 무슨 죄가 있겠습니까. 저분들도 여기 서서 촛불 들고 박근혜 퇴진하라고 외치고 싶지 않겠습니까. 언제까지나 집회는 비폭력·평화적으로 합시다. 그리고 제 옷에 촛농 흘리고 가신 분, 이 옷 제 여자친구가 사준 건데, 그래서 화가 많이 났는데, 이렇게 올라와서 시민들 보니까 제가 화내서 미안합니다. 용서하겠습니다. 세탁비는 제가 내겠습니다. 우리나라는 편의점 국가가 아닙니다. 원 플러스 원. 하나 샀는데 하나 더 주네요. 콜라 샀는데 환타 주네요. 우리나라에 편의점이 많지만 그렇다고 편의점 국가는 아닙니다. 우리는 대통령을 원 플러스 원으로 뽑지 않았습니다. 한마디만 더 하겠습니다. 김진태 의원이 말했죠? 촛불은 바람 불면 꺼진다고. 절대 안 꺼지니까 걱정 마라, 새누리당이 휘발유라서 우리의 촛불은 절대로 안 꺼진다! 김진태 의원의 아주 주옥같은 발언 때문에 촛불은 계속된다, 이 말씀 드리고 싶습니다."

한바탕 웃음꽃이 피었다. 사회자는 덧붙였다 "이렇게 해학적이

고 유쾌한 국민이 또 어디에 있겠습니까"라고. 시민들의 익살과
해학이 빛나는 촛불집회였기에 정치인들은 연단에 오를 기회를
갖지 못했나? 오롯이 시민에 의한 시민의 집회로 평범함이 빛나
는 자리였다. 그럼에도 매주 촛불에 개근하는 정치인들이 여럿 있
었다. 그중 정의당 심상정 대표는 2016년 11월 19일 4차 범국민행
동 촛불집회 참가를 위해 세종문화회관 계단 한쪽에 쪼그려 앉아
있었다. 무엇보다 계엄령 관련 발언이 정치권에서 나와서 국민들
사이에선 이러다가 무슨 일이 나는 것이 아니냐는 우려가 나오던
때였다.

— 전국 100여군데에서 촛불집회가 열리고 있습니다.

"우리가 평화롭게 시위를 하고 있지만, 아주 단호하고 분명
한 뜻을 보내고 있는 겁니다. 대통령에 대한 최후통첩인 겁니
다. 반격을 꾀하는 대통령에게 다시 한번 우리 국민의 뜻이 분
명하게 전달될 것입니다."

— 계엄령 얘기가 나왔습니다.

"글쎄, 추미애 더불어민주당 대표가 정확한 정보와 근거를
갖고 있는지 확인은 못했지만, 박근혜정부가 반격을 가하면
서도 지금 현재 가장 두렵고 불편한 점은 바로 우리 시민들이
100만이나 모여도 너무나 평화롭게 또 그러면서도 퇴진하라는
단호한 입장을 밝히고 있다는 점일 것입니다. 계엄령은 대통령

이 설사 그렇게 하더라도 국회에서 과반 의결로 부결시키면 됩니다. 걱정할 게 없습니다. 그리고 그와 같이 평화시위를 음해하는 세력이 일부 있다면 정부가 단호하게 색출해서 단죄하면 됩니다. 평화가 곧 힘이며, 평화가 진정으로 우리 국민들의 명확한 비전이라는 것을 이 촛불들이 표명하고 있습니다. 우리 시민들이 폭력을 행사할 거라든지, 이런 식의 예단이나 기우를 널리 퍼뜨리는 것은 오히려 시민들의 참여를 방해하는 음모라는 점을 염두에 둬야 합니다."

— 박근혜 대통령이 직접 국무회의를 주재하고 국회가 재의해야 하는 상황이 오면 어떻게 될까요?

"그런 정도가 되면 국민들이 박근혜라는 이름을 마음속에서 바로 지워버리고 싶을 것입니다. 지금도 청와대를 점거하고 국민들에게 선전포고하는데요. 모든 가능성을 배제하기 어려운 사람이 박근혜라는 인물이긴 합니다만, 그러나 한때 국민의 사랑을 받았던 대통령이었다면 국민에 맞서 싸우지 말고, 또 국민들에게 씻을 수 없는 절망감을 주는 데까지는 가지 말아야죠. 차라리 청와대에서 나와서 맞서는 편이 낫습니다. 국민의 권력을 내놓고 맞서라, 이거예요. 박근혜 대통령이 아무리 반격하고 용을 써도 대통령의 통치력이 부분적으로라도 회복될 가능성은 제로입니다. 앞으로 밝혀질 일이 더 많습니다. 세월호 7시간 동안 뭘 했냐, 길라임이라는 가명으로 대리로 진료받고 조제해간 게 향정신성의약품이라는 것 아니냐는 거죠. 주사제, 일설에 따라 프로포폴을 상시적으로 맞는 상태라면, 그런 중독 환자를 대통령 자리에 한시라도 놔둘 수 있겠는가, 열렬히 박근혜 대통령을 지지한 사람도 이제는 더이상 박근혜라는 인물이 대통령을 할 수 없다는 것을 인식해야 합니다. 이제 헌법에 따라 당연히 탄핵에 들어가야 합니다."

매번 집회 때마다 또 하나의 장관이 펼쳐졌다. 촛불이 수놓은 장관 얘기가 아니다. 스티커 얘기다. 시민들은 경찰버스에 꽃 스티커를 붙였다. 차벽을 꾸미는 시민 퍼포먼스다. 그런데 집회가 끝날 무렵이 되니 시민들이 모두 경찰차에 붙어 있는 꽃 스티커를 떼느라 여념이 없다. 집회가 시작할 무렵에는 붙이고, 끝날 때는 떼는 것이다. 궁금했다. 왜 남아서 손수 스티커를 떼고 있는지…

"네, 지금 손가락으로 떼고 있어요. 평화시위를 하기로 했으니까요. 의경들도 위에서 시켜서 차벽을 세운 것일 텐데 군이 이런 스티커를 붙여서 의경들에게 피해를 줄 필요는 없다고 생각했어요. 그래서 다 떼고 있습니다."

"저는 올해 고등학교 3학년 학생인데요. 이렇게 해놓고 그냥 가면 의경들이 힘들어하지 않을까요? 가뜩이나 힘들 텐데, 스티커까지 떼려면 더 일이 많아지지 않을까요? 의경들의 힘을 덜어주고 싶었어요. 촛불집회 참여해보니, 역사 속의 한 장면에 들어와 있는

2016년 11월 26일,
촛불집회에 참여한 시민들이
경찰버스에 부착된 스티커를 제거하고 있다.
촛불광장에는 존중과 배려가 흘러넘쳤다.

느낌이고, 아주 뿌듯했습니다. 다음 주에도 다 같이 모여서 함께 외치면 좋겠습니다."

손가락으로 긁어 떼는 사람들, 또 카드로 긁어서 떼고 있는 시민들. 바닥에 떨어진 스티커 용지를 직접 주워 쓰레기봉투에 담는 아홉살 소녀. "직접 해보고 싶어서" "보람이 있다"는 말을 하며 웃었다. 정말 수많은 시민이 떼고 있었다. 평화롭고 질서 있는 성숙한 시민의식을 보여준 데 더해 자신들이 붙여놓은 스티커마저 스스로 떼어냄으로써 보수세력에 공격당할 논란의 여지를 없애겠다는 분명한 태도였다. 필경 의경들이 저 스티커를 떼어내느라 동원될 텐데 그들이 수고할 일이 없도록 아예 시민들이 나서 해결하겠다는 것이다. 배려였다. 박근혜정권 시절 '헬조선'이 돼버렸지만, 적어도 촛불광장 안에서는 존중과 배려가 넘쳐흘렀다. 100미터 정도나 되는 행렬의 시민들이 한 줄로 서서 한 손엔 촛불을 쥐고, 다른 손으론 꽃 스티커를 떼는 모습은 우리 시민들이 얼마나 성숙한가 보여주는 지표였다.

: 행진, 청와대 앞 100미터를 뚫다

정부 수립 이래 최초라고 했다. 1948년 남한 단독 정부가 수립됐으니 68년 만에 처음인 셈이다. 2016년 12월 3일 6차 범국민행동의 날, 국민들이 마침내 법원의 결정으로 대통령의 관저와 집무실이 있는 청와대 앞 100미터까지 행진할 수 있게 됐다. 법원은 촛불집회 참가자들이 청와대 경계에서 100미터 떨어진 지점인 126맨션 앞, 효자치안센터 앞, 자하문로16길 21 앞에서 이날 오후 1시부터 5시 30분까지 6차 촛불집회 행진을 할 수 있도록 허용했다. 법원은 헌법이 보장하는 집회의 자유는 집회의 시간·장소·방법과 목적을 스스로 결정할 수 있는 권리를 내용으로 한다는 점을 강조했다.

우리는 헌법상 집회결사의 자유를 보장받지만 현실에서는 늘 공권력 우선이라는 미명하에 그 권리를 박탈당했다. 경찰이 쳐놓은 마지노선 앞에 서서 언론을 통로로 권력과 싸워왔다. 70년대 박정희 유신 시절, 80년대 전두환 군사독재 시절에는 이마저도 상상조차 할 수 없었다. 이명박정부가 들어선 이후에도 그랬다. 경복궁역은커녕 세종대로에서부터 길을 막아 광화문광장에는 얼씬도 못하게 했다. 이명박 전 대통령은 '명박산성'을 쌓아 국민들을 근처에도 못 오게 했고, 박근혜 대통령은 농민들을 향해 물대포를 쏘았다. 백남기 농민이 경찰이 쏜 물대포에 맞아 쓰러져 운명할 때까지 권력은 모르쇠로 일관했다.

그런데 법원이 '촛불시민의 명령에 따라' 청와대 앞 100미터까지 행진할 수 있도록 시민들에게 합법적 권한을 부여한 것이다. 과거에는 불법과 탈법을 무릅쓰고라도 반드시 지켜야 할 민주주의의 보루가 있다면, 그렇게 했다. 그러나 촛불이 만든 압도적인 평화의 위력은 법원의 합법적 판결을 이끌어냈다.

법원의 판결 이후로 매주 시민들은 청와대 앞 100미터까지 행진하고, 박근혜 대통령이 살고 있는 관저에 들릴 정도로 함성을 질렀다. "박근혜는 퇴진하라!"

광화문광장에서 청운동, 효자동, 그리고 삼청동 총리공관까지 가는 길은 멀지 않았다. 산책 삼아 충분히 걷고도 남을 거리였다. 그럼에도 여기까지 오는 데 자그마치 70년 가까이 걸렸다고 생각하니 어안이 벙벙했다.

"박근혜는 퇴진하라!" "지금 당장 내려와라!" 그는 무슨 생각을 하며 이 구호를 듣고 있을까. 생각하기 귀찮아하는 그는 TV드라마나 보면서 커다란 관저에서 홀로 무료한 시간을 때우고 있을까. 그럴 거면 무엇하러 대통령이 됐을까. 그토록 청와대로 오고자 했던 대통령 박근혜의 꿈은 무엇일까. 혹시 대통령 당선 그 자체만이 꿈이었으려나. 아버지가 18년 장기 독재하는 동안 안온했던 청와대 시절이 그리워 그저 그 시절로 돌아가고 싶었던 것일까. 독재자의 딸로, 공주처럼 살아왔던 그 세월 속에 스스로를 가둬놓으려 한 것은 아닐까. 국민에게 발각되지만 않는다면 그 안에서 영원한 권력을 누리며 살 수 있으리라 여겼던 것은 아닐까. 우리 국민들이 촛불을 들지 않았다면, 이 기막힌 현실을 견디며 살아야 했던 것은 아닌가 생각하니 끔찍했다.

2018년 1월, 참여연대가 청와대 반경 100미터 안에서의 집회 금지는 위헌이라면서 헌법소원을 냈다. 현행 집시법(집회 및 시위에 관한 법률) 제11조는 청와대뿐만 아니라 국회의사당, 각급 법원, 헌법재판소, 국회의장·대법원장·헌법재판소장·국무총리 공관 등의 경계 지점으로부터 100미터 이내 장소에서 옥외 집회 또는 시위를 금지하고 있다. 그러나 위험성이 없는 소규모 비폭력집회까지 일률적으로 금지하는 것은 국민의 기본권 침해에 해당된다는 것이 참여연대의 견해다. 이에 대해 법원이 어떻게 판단할지는 두고 볼 일이다.

청와대 앞 100미터까지 가서 권력을 향해 외치는 시민들은 마치 '촛불올레길'을 걷듯 광화문광장에서 출발해 삼청동·청운효자동으로 향해 목청을 높였다. 서울 서대문에서 온 서민정씨는 청와대 앞 100미터까지 행진한 것에 대해 이렇게 말했다.

"집이 서대문인데요. 평소에는 경복궁역에 내려서 광화문까지 걸어와요. 매주 왔습니다. 왜 행진하냐고요? 밝은 역사를 쓰고 싶어서요. 빛나는 역사를 쓰고 싶어요. 수많은 국민이 피를 흘리며 지킨 이 민주주의, 더이상 말아먹을 수 없잖아요? 박근혜 대통령의 첫번째 미국 출장길에 인턴 성희롱으로 물의를 빚은 청와대 전 대변인 윤창중이 보수집회에 출연해 촛불집회를 폄훼했더군요. 그러나 진실은 언젠가 승리합니다. 정의는 언젠가 이깁니다. 우리가 그런 역사를 미리 만들지 못해 부끄럽지만요. 그래도 진실의 길로 가야지요. 제 딸이 올해 고3인데요. 오늘 대학 면접 보고 함께 왔어요. 변화 없이 상황이 악화되더라도 꾸준히 나와야 한다고 생각해요. 조금이라도 이 나라가 나아졌으면 하는 마음입니다. 대통령이라는 자리는 돈으로 살 수 없는 소중한 자리입니다. 최순실이 개입해서 국정을 농단한 죄, 용서 못합니다."

안양에서 온 변성철, 홍원정 씨도 청운효자동 주민센터 앞까지 행진 중이었다.

"저희는 고등학교 3학년 학생입니다. 공부만 할 게 아니라 사회문제에 참여해야겠다는 생각으로 이 자리에 왔습니다. 대학시험은 그럭저럭 잘 봤습니다. 촛불집회를 통해 이렇게 단결이라는 걸해낼지 몰랐습니다. 한 나라의 대통령이 이렇게 엄청난 사고를 치고도 그 자리에 그대로 있다는 게 정말 분하고 그래요. 문제제기가 끊이지 않는데도 버티는 모습을 보면서, 차라리 우리가 청와대 앞으로 가서 민주적으로 끌어내볼까 생각하고 왔습니다. 제가 촛불집회 올 때마다 느끼는 것은 4·19혁명세대도 많이 오시는데 그분들이 이뤄낸 민주주의가 박근혜, 최순실로 이렇게 한순간에 무너지는구나 하는 거였어요. 정말 후대로서 죄송한 마음뿐입니다. 후배나 동생 들에게도 선배로서 너무 미안하고요. 앞으로 이런 사회가 반복되지 않도록 열심히 노력해야겠습니다."

고3 두 청년은 마치 정치인처럼 책임감을 갖고 말했다. 너무 진지하게 얘기를 해서 귀엽기도 했지만, 두 청년의 자못 진지한 태도가 우리 사회를 더욱 긍정적으로 바꿀 힘이 된다고 생각하니 어깨가 으쓱하는 느낌도 받았다. 청운효자동 주민센터를 지나 통인시장 쪽으로 내려오다가 금태섭 더불어민주당 의원을 만났다. 두툼한 점퍼 속에 손을 쿡 찔러 넣고 빠른 걸음으로 어디론가 향하고 있었다.

― 여기는 어떻게 나오셨습니까.

"실은 저희 애가 의경이에요. 혹시 여기서 방패 들고 서 있나, 그럼 혹시 만날 수 있을까 해서 이쪽으로 한번 와봤습니다. 그런데 지금 둘러봤더니 저희 애가 속한 부대가 아니네요. 그래서 저희 당 지역위원회 분들이 많이 오신 곳으로 가는 길입니다."

― 아버지는 집회에 참석하고 아들은 막고, 그런 겁니까.

"매주 우리 아들이 방패를 들고 청와대를 지킵니다. 애가 '코너링이 좋질 못해서' 방패쟁이를 하고 있네요. 한가지 시민 여러분들께 당부드리고 싶은 게 있어요. 이 젊은 의경들도 전부 우리 자식이고요. 또 이 친구들도 우리와 같은 생각일 겁니다. 그러니 지금 매우 안타까운 상황인 거죠. 박근혜 대통령만 물러나면 이런 일은 없을 텐데, 참 아쉽습니다."

― 오늘(12월 3일) 새벽 4시경 국회에서 탄핵안이 발의됐습니다.

"결국 저희들은 믿을 게 국민들의 힘밖에는 없습니다. 새누리당 의원이 탄핵대열에 합류해야 하는데요. 솔직히 그들에게도 박근혜 대통령보다 더 무서운 것은 유권자밖에 없거든요. 끊임없이 압박해야 해요. 새누리당 의원들을 만나보면 탄핵열차에 동승할 생각이 아예 없지는 않은 것 같아요. 새누리당 국회의원들도 박근혜 대통령이 임기 끝날 때까지 계속 자리에 있는 것은 말도 안 된다고 생각들을 하더라고요. 12월 9일 표결하는데요. 그때까지 우리 국민들께서 힘을 모아주시면 좋겠습니다."

말이 끝나기가 무섭게 거의 뛰다시피 금태섭 의원은 사라졌다. 8차선 도로에서 수많은 시민들이 행진하고 있었고, 이곳은 법원의 허가가 난 합법 공간이기에 많은 시민들은 축제를 즐기듯 여유 있게 걸었다.

서울 영등포에서 온 중년 남성은 조카아이를 데리고 청운효자동 행진에 나섰다. 그는 "아이는 처가에 맡기고 그 대신 조카아이를 데리고 촛불집회에 참석했다"고 말했다.

"애가 감기가 심하게 걸려서 같이 못 왔어요. 그런데 오늘은 꼭 나와야겠어서 아이를 처가에 맡기고 아내와 나왔습니다. 도로를 점거한 채 걷는 것은 제 인생 처음 있는 일입니다. 역사적 순간인 거죠. 그래서 드리고 싶은 말씀이 있습니다. 양심이 있다면 지금이라도 국민들을 생각해서 빨리 내려오시라! 대한민국을 위해서 제발 좀 물러나시라!"

영등포 중년 남성과 대화하는 사이 한 아주머니가 사탕 한움큼을 손에 쥐여주었다. 사탕, 초콜릿, 커피, 음료수, 황사마스크, 브로치, 털실로 직접 짠 목도리, 시민들은 종일 촛불집회를 중계하는 기자를 그냥 지나치지 않았다. 자신이 갖고 있는 무엇이라도 쥐여주려 했다. 그 따뜻한 마음이 전달될 때마다 가슴 한편이 찌릿찌릿했다. 촛불집회 현장에는 적극적으로 마이크 앞에서 하고 싶은 말을 거리낌없이 하는 시민도 많았다. 강동구에서 온 시민이 그랬다.

"벌써 촛불집회에 여러 차례 왔습니다. 제가 초등학교 2학년 때 4·19가 났습니다. 그때는 경찰이 시위에 나선 고등학생들을 막 잡아가고 때렸어요. 학생들이 경찰에게 맞는 모습을 직접 봤습니다. 그런데 지금은 경찰도 국민도 모두 한마음 아니에요? 법원도 촛불시민의 뜻을 지지해서 우리가 지금 청와대 가까이까지 와서 이렇게 행진하고 있지 않습니까. 이 정도로 민주주의가 많이 성숙했다는 겁니다. 표현의 자유가 보장된 사회, 얼마나 좋습니까."

강동구 시민은 기분 좋게 한마디 하고 행렬을 따라가며 손팻말을 번쩍번쩍 들어올렸다. 4·19, 5·18, 그리고 1987. 30년 전만 해도 독재권력에 저항하면 모진 고문 심지어는 죽임을 당했다. 그때에 비하면 국가 폭력에 대한 두려움도 많이 줄고 민주주의와 인권에 대한 시민의식도 많이 성장했다. 뉴미디어 시대에 SNS도 큰 몫을 한다. 예전에는 주류 미디어가 사실을 왜곡해도 진실을 전달할 방법이 없었다. 그러나 요새는 SNS를 통해 실시간으로 '팩트 체크'를 한다. 더이상 거짓말 보도가 통하지 않는 세상이 된 것이다. 여전히 가짜 뉴스가 범람하지만 이 역시 시간이 지나면서 시민들의 SNS를 타고 곧 사실이 밝혀진다. 그런 면에서 한국은 민주주의에 관한 한 매우 발전된 나라다. 국제 NGO에서 오랫동안 활동해온 인권운동가 이성훈씨도 이에 동의했다.

"방콕에서 열린 국제 인권단체 회의에 갔다가 어젯밤(12월 2일) 비행기로 왔습니다. 1987년 이후 처음인 것 같아요, 이 뜨거운 열기는. 190만명이 모였다는 건데요. 이런 적이 없었지요. 인권운동가의 시선으로 보자면, 국정농단을 끝내고 박근혜 대통령의 퇴진을 빨리 이끌어내려면 국민의 목소리를 더욱더 높이는 방법밖에 없는 것 같습니다. 지금 우리나라 촛불은 유엔 등 국제사회의 많은 관심을 받고 있습니다. 다들 한국의 민주주의가 승리한다는 것을 꼭 보여줘야 한다고들 말합니다. 한국은 민주주의에 관한 한 저력이 있는 나라입니다. 아시아의 여러 나라들이 주목하고 있는 만큼 더욱 힘을 내서 행진해야 합니다."

법원이 열어놓은 합법적인 행진의 길. 시민은 시민대로, 운동가는 운동가대로, 정치인은 정치인대로 걷고 있었다. 이들이 역사에 남길 발자취는 또렷하다. 최소한 청와대 앞 100미터까지 가서 행진했던 사람들은 적어도 향후 30년간 이 민주주의의 소중함을 기억할 것이다. 민주주의의 원동력을 만들어냈다는 데에 묘한 자부심 또한 가질 것이다.

법원이 '청와대 앞 100미터까지 행진'을 허용한 첫날인 2016년

2016년 12월 3일,
촛불시민들이 청와대 턱밑인 분수대까지
행진해 경찰과 대치하고 있다.
법원은 정부 수립 이래 최초로
청와대 앞 100미터까지 집회와 행진을 보장했다.

12월 3일, 110만명의 시민들이 청와대로 행진했다. 대통령 관저까지는 570미터. 분명히 시민의 소리를 들었을 게다. 하야하라, 퇴진하라, 물러가라 등등 엄청난 구호가 귓전에 쟁쟁하게 울렸을 텐데, 박근혜 대통령은 모르쇠로 일관했다. 12월 3일 오후 7시 30분 195만 운집. 전국에서 동시간대 최고의 인파가 촛불을 들었다. 인권운동가 박래군의 말이다.

"바로 이 자리가 세월호의 어머니들이 통곡했던 장소입니다. 3차 대국민 담화(11월 29일)를 통해 박근혜씨가 자신의 입장을 밝혔는데요. 핵심은 스스로 물러나지 않겠다, 공을 국회로 넘겨버린 겁니다. 꼼수 담화죠. 세월호의 아이들이 전부 여기 있습니다. 세월호의 엄마 아빠 들이 등에 메고 있는 이 노란색 보자기에는 우리 아이들의 사진이 전부 들어 있어요. 이걸 등에 붙이고 걷는 부모의 뒷모습을 바라보는데 진짜 억장이 무너졌습니다. 단원고 아이들의 얼굴을 하나하나 볼 때마다 정말 왈칵왈칵 눈물이 납니다. 이 청운효자동 길은 세월호 엄마 아빠 들에게 매우 특별한 장소입니다. 4월 19일 진도대교가 가로막히고 5월 19일 KBS 항의 방문을 갔다가 바로 이곳에서 하룻밤을 새우고 1박 2일 농성을 했습니다. 또 세월호 참사 진상 규명을 위한 특별법을 제정하라고 노숙 농성을 벌였던 곳이기도 합니다. 그리고 여길 넘어 청와대 분수대 앞에서 1인시위를 하겠다고 했는데, 청와대 경호실에서 모든 관광객들은 다 들어가게 하면서 유독 세월호 부모님들만 못 가게 했어요. 1인시위도 허락하지 않았습니다. 대통령 경호실에서 뭐라고 했느냐면, 피케팅 1인시위가 대통령 위해사항이래요. 다른 피켓은 다 허용하면서 유일하게 허용하지 않은 것이 '7시간 의혹 밝히라' 는 거였습니다.

세월호 가족들에게는 한이 서린 장소가 바로 청와대 앞 100미터입니다. 세월호 참사를 통해 우리 국민이 확인한 것은 국가가 국민을 버렸다는 것, 바로 그것입니다. 이미 세월호 참사 때부터 국가는 없었습니다. 민생 얘기를 하지만, 민생은 엉망이고요. 민생 예산 깎고 뒤로 잇속 챙긴 정권입니다. 우리 사회가 이대로 가서는 안 된다는 인간적인 공감능력을 재생하는 기회가 필요합니다. 같이 아파하고 함께 분노할 수 있는 것. 세월호 가족들의 노력이 많은 이들에게 각인된 면이 있습니다. 이분들, 쉽게 물러나지 않습니다."

인권운동가 박래군의 말처럼 세월호의 엄마 아빠 들은 2014년 4월 16일 사건 발생 직후부터 3년이 흐른 지금까지 진실 규명에 목말라 있다. 국가의 이름으로 세월호 참사의 진상이 밝혀져야만 지난 3년간 거리를 헤매던 부모들이 마침내 집으로 돌아갈 이유가 생긴다. 국가가 아이들을 살려내지 못했기 때문에 국가의 이름으로 세월호 아이들의 영령을 추모해야 한다. 그래야 나라다운 나라, 이게 나라냐에 대한 답이 나온다. 2018년 4월 16일 세월호 참사 4년 만에 처음으로 정부 합동 영결식이 열렸다. 아이들을 대신해 진상 규명 한길로 출발할 때가 이제야 온 것이다.

: 1987 박종철, 이한열 그리고 세월호 아이들

너무 추웠다. 기상청은 올겨울 최강 한파라고 했다. 귓불이 떨어져나갈 듯 바람은 차가웠다. 입이 얼어붙었고 손가락과 발가락은 곱았다. 최강 한파 속에서도 2017년 1월 14일 12차 촛불집회에는 10만 넘은 인파가 모였다. 바람이 엄청나게 강했고 서울 종로구 수은주는 한낮에도 영하 7도까지 떨어졌다. 국민연금을 동원해 자신의 3대 세습을 밀어붙인 삼성전자 이재용 부회장의 구속이 초읽기에 들어간 가운데 시민들은 광장에서 촛불을 들었다가 너무 추우면 세종문화회관 로비나 커피숍, 또는 화장실 인근에서 몸을 녹였다. 몇시간 내내 서 있기에는 너무나 '아픈' 추위였다. 가뜩이나 추운 날, 광화문광장에선 박종철 열사 추모제가 엄수됐다. 추모영상은 그날의 기억을 되살리기에 충분했다. 만약 박종철이 살아 있다면, 세월호의 아이들이 살아 있다면 아버지와 아들딸로 함께 살아갈 세상인데, 민주주의와 싸우다, 수학여행을 떠나다가 갑자기 그리되었다. 그 애절한 마음을 이한열 열사의 어머니 배은심 여사가 대신 표현했다.

"날씨가 참 춥습니다. 춥지요? 저는 우리 세월호 가족 아픔을 내 아픔으로 받아들이면서 여기 왔습니다. 이런 추위에, 광화문에서, 세월호 가족들의 분 넘치는 심정을 여러분께 전달하고 싶었습니다. 30년 전, 제가 제 자식의 사진을 가슴에 안고 대한민국 방방곡곡을 다녔습니다. 그때 나는 원숭이고 많은 사람들은 구경꾼이었습니다. 세월호 가족들이 30년 전 이한열 애미의 모습이 아닌가 생각을 하면 가슴이 정말 많이 아픕니다. 춥습니다. 여기서 어떤 말을 들려드려도 시원치 않은 것이 내 심정입니다. 자식들의 눈망울을 볼 때마다 특별히 교감하지 않아도 그 눈망울로 알아차립니다. 그러니 가장 힘든 것이 억울한 죽음을 당한 자식과 교감하지 못하는 슬픔입니다. 나는 백번 천번 만번 겪으면서 살고 있습니다. 20대 국회의원들은 여기에 없을 수도 있는데요. 세월호 특별법을 하루빨리 제정해서 이 나라에 이런 아픔이 다시는 생기지 않도록 해줄 것을 간청합니다. 이것이 내 일이다, 생각하고 처리해주세요. 우리 종철이가 남영동에서 탁 치니까 억 하고 죽었다, 그 소리를 뉴스에서 듣고 처음에는 저 집 부모들 억울해서 어떻게 사나 걱정했는데, 얼마 안 돼서 내 아들이 그 더러운 놈들 손에 죽어갔습니다. 우리는 언제 내 앞에 어떤 일이 닥칠지 아무도 생각 안 해봤고 생각할 수도 없습니다. 그런데 그런 일이 벌어질 수 있다는 것을 염두에 둘 필요는 있을 것 같습니다. 거기에 대비하여 우리들이 해야 할 일이 있지요. 그리고 세월호 특별법을 만들 수 있도록 세번 네번 간청합니다. 여러분, 춥죠잉? 엄마가 백날 얘기해봤

자 위로가 되겠습니까마는 법적으로 뭔가 특별법을 마련해두어
야 합니다. 그렇죠? 저 이제 그만 줄일랍니다. 추운디, 모두 조심하
십시오."

5부

심야식당

: 이게 나라냐

 2014년 세월호 참사가 터진 뒤 "이게 나라냐"고 탄식했다. 주먹을 불끈 쥐고 한탄은 했지만 그 울분이 대규모 항쟁을 만들어내지는 못했다. 유민 아빠 김영오씨가 광화문에서 곡기를 끊고 40일이 넘도록 세월호 참사의 진실 규명과 특별법 제정을 요구했지만 박근혜정부는 들은 체도 하지 않았다. 오히려 극우 성향의 일베, 자유청년연합 등은 그 앞에서 폭식투쟁을 하며 인면수심(人面獸心)을 그대로 드러냈다. 나중에 알고 보니, 이 비상식적 행동에는 국정원의 공작이 있었고 거대 재벌 삼성이 돈을 댄 사실까지 드러났다. 박근혜정부는 그런 정권이었다.

 텔레비전 생중계로 배가 뒤집히는 장면을 바라보기만 했다. 아무것도 도와주지 못한 채 아이들이 떠났다. 야만과 폭정의 시대가 회귀했음에도 이에 제대로 저항 한번 하지 못한 우리 국민들은 그래서 더욱 세월호 가족들에게 미안했다. 내 자식이 아니라는 이유만으로 외면했던 것은 아닐까 스스로 자괴감에 잠 못 드는 일도 많았다. 많은 이들이 노란 리본을 달고 다니면서도 적극적인 저항 한번 제대로 조직하지 못했다.

기성언론은 정권의 뜻에 따라 왜곡하기에 바빴고 가짜 뉴스를 마치 진짜 뉴스인 양 소비하는 사람들도 있었다. 진실에 갈급했던 시민들은 기성언론 대신 팟캐스트를 찾아 들으며 무엇이 진실인지 가늠하려 애썼다. 박근혜정부 시절 팟캐스트를 비롯한 뉴미디어가 폭발적으로 성장하게 된 계기가 여기에 있다.

감옥에 간힌 대통령 박근혜는 2014년 4월 16일 그날 사고의 골든타임 7시간 30분 의혹에 대해 여전히 입을 열지 않고 있다. 그 엄중한 시각 머리 손질을 했다는 것, 최순실이 청와대 관저에 도착하기 전까지 아무것도 하지 않았다는 것, 오전 내내 잠을 잤다는 것 이외에는 밝혀진 게 없다. 조사도 재판도 모두 거부하면서 오로지 자신의 지지층을 향해 정치투쟁만 벌이고 있다. 하지만 진실은 가릴 수 없다. 그가 전직 대통령이라면, 한때 모두가 행복한 100% 대한민국을 만들겠다고 선언했던 대통령이라면, 이제는 잘못을 고백하고 양심에 따라 7시간 30분 의혹을 밝혀야 한다. 그래야 최소한의 양심이 있는 사람으로 평가받게 될 것이다.

천박한 자본주의 탓에 생명과 안전의 논리가 온데간데없이 실종되어버린 한국사회에서 그나마 인본주의를 강조하면서 안전한 대한민국을 주장한 사람들이 있었으니 바로 세월호 가족들이다. 피해 당사자이면서도 그들은 누구 탓할 겨를도 없이 평정심을 잃지 않으려 애쓰며 진실 규명과 안전사회 만들기에 나섰다. 박근혜-최순실 국정농단으로 비선실세 마각이 드러나기 시작하면서 그동안 가졌던 의혹의 일부가 풀려가자 진실 규명에 힘이 실리기 시작했다. 정말 눈물겹게 싸운 사람들이다. 그런데 그들이 촛불집회에 참가한 시민들에게 따뜻한 밥상을 준비하겠다고 나섰다.

: 4160인분의 카레라이스

"송박영신"

2016년 12월 31일, 많은 사람들은 송구영신 대신 송박영신(送朴迎新)을 외쳤다. 박근혜 대통령이 제 자리에서 물러나야 묵은해를 보내고 새해를 맞이할 수 있다는 의미를 담은 조어다. 그해 겨울, 강추위와 미세먼지를 이겨낸 시민들은 박근혜 대통령이 정치적 탄핵을 넘어 법률적으로도 깔끔하게 파면 결정되어야 대한민국에 진정한 봄이 온다고 생각했다.

박근혜 없는 새봄을 가장 강렬히 원하는 사람들은 누구일까. 세월호 가족 아닐까? 세월호 대국민 담화 당시 눈물을 흘리며 일부 희생자들을 영웅이라 호명했던 최고 권력자. 그것이 모두 연기에 불과했다는 사실이 확인되면서 세월호 가족들은 치를 떨었다. 언제든 유족들과 만나겠다던 약속은 헌신짝처럼 내팽개쳐졌고 면담은 두번 다시 기회조차 주어지지 않았다. 참사 직후 시작된 KBS 망언 보도, 막말과 왜곡, 인면수심의 괴담 유포 심지어 극우단체 회원들의 폭식투쟁까지 어떻게 그 끔찍한 세월을 이겨냈을까 싶을 정도로 모욕은 심각했다. 4년을 거리에서 헤매었지만 진실 규명은 제대로 이뤄지지 않았다. 조사권과 기소권이 있는 2기 특별조사위원회(2018년 3월 29일 출범)를 통해 새롭게 규명해야 할 의혹은 너무나 많다.

세월호 가족들에게 청와대 앞 청운효자동 주민센터 인근은 매우 상징적인 장소다. 참사 특보가 한창이던 2014년 4월 28일 김시곤 전 KBS 보도국장이 세월호 참사를 일반 교통사고에 비유하며 폄훼한 사실이 전국언론노조를 통해 알려지면서 세월호 가족들은 즉각 KBS 항의 방문에 나섰다. 그해 5월 8일 오후 8시 50분께 가족들은 80여개의 영정사진을 버스 4대에 나눠 싣고 KBS 여의도 본사에 도착했다. 그러곤 KBS를 지나 청와대로 가자며 청운효자동 주민센터 앞에서 아이들의 영정사진을 끌어안고 담요 한장으로 밤을 새웠다. 그리고 이어진 광화문 단식농성. 유민 아빠 김영오씨는 진상 규명을 위한 특별법 제정을 요구하는 단식을 46일 간이나 벌였고, 많은 이들이 기억하는 것처럼 프란치스코 교황은

34일째 단식 중이던 유민 아빠의 손을 잡아주었다. 유민 아빠는 교황에게 가족의 처지를 담은 편지를 전달했고 당시 깡마른 유민 아빠의 모습도 안타까웠지만 그의 셔츠 등에 붙어 있던 글귀는 더욱 가슴이 무너져내리게 했다.

'대통령님, 힘없는 아빠 쓰러져 죽거든 유민이 곁에 묻어주세요. 유민 아빠'

많은 시민이 함께 울었고 정치인들이 동조단식에 돌입했다. 문재인 당시 새정치민주연합 대표, 정청래 전 의원은 유민 아빠를 살려내야 한다는 취지로 같이 굶었다. 가수 김장훈씨를 비롯해 전국의 시도교육감 10명·영화인·작가·언론인·시민 등 모두 2만여 명의 동조단식 물결이 이어졌다. 당시 광화문광장엔 단식텐트가 차고 넘쳤다. 유민 아빠를 저대로 놔둘 것이냐는 비판이 정부를 향해 쇄도했다.

나중에 확인된 일이지만, 당시 전국적으로 동조단식운동이 확산되자 청와대는 문재인 당대표 등의 광화문 동조단식을 자살 방조, 죽음의 정치, 생명위해 행위로 몰아세울 것을 지시했다. 고 김영한 민정수석의 업무수첩(2014년 8월 23일자)에는 "자살 방조죄. 단식 생명위해 행위, 단식은 만류해야지 부추길 일 X. 국민적 비난이 가해지도록 언론 지도"라고 적혀 있었다. 청와대 행정관 강모씨의 업무수첩(2014년 9월 23일자)에도 관련 메모가 적혀 있었는데, 내용은 대동소이하다. "수석님 지시사항. 문재인 단식(광화문) 피케팅

시위 독려, 문재인 끌어내기, 자살 방조(죽음의 정치)." 여기서 수석은 조윤선 전 정무수석을 가리키므로, 김기춘 전 비서실장의 지시를 받은 조윤선 전 수석이 해당 행정관에게 업무 지시를 하면서 남은 기록인 게다. 두 기록을 보면, 박근혜정권이 세월호 참사를 정치에 악용하려고 했음이 확인된다.

세월호 참사 이후 우리 사회를 우울감에 빠뜨린 인성 파괴 행태가 청와대에 의해 주도됐다는 사실은 입을 다물지 못하게 한다. 이런 극악무도함 앞에서도 세월호 가족들은 흔들림 없이 유연하게 버텼다. 2014년 8월 22일부터 11월 5일까지 무려 76일간 청와대 앞 청운효자동 주민센터 앞에서 노숙농성을 벌였고, 국회에서도 농성했다. 그해 10월 29일 시정연설을 위해 국회를 찾은 대통령 박근혜는 농성 중이던 가족들이 "대통령님, 저희 좀 봐주세요!" "세월호의 진실, 안 밝히나요? 못 밝히나요?" "세월호 참사 관련자들을 성역 없이 조사해주세요!" "진상 규명을 위한 특별법 제정" "안전한 대한민국"이라고 외치는 목소리를 못 들은 척 외면했다. 눈길 한번 주지 않았다. 당시 현장을 취재했던 기자로서 절대로 잊을 수 없는 장면이다.

그로부터 2년간 거리에서 정권과 싸우며 세월호 참사의 진실 규명을 요구했던 가족들은 마음이 흔들릴 때마다 자신들을 다잡아주었던 시민들에게 참 감사한 마음이 들었다고 했다. 그래서일까. 2016년 한해를 보내면서 세월호 가족들은 촛불집회에 참가한 시민들에게 4160인분의 카레라이스를 선물했다. 정권이 조롱해도 단단히 버틸 수 있게 도와준 시민들에게 전하는 감사의 밥상이었다.

"고생했어요! 고마워요! 같이 힘내요!"

세월호 가족들이 청운효자동으로 향하는 길, 통인동 커피공방 앞에 천막을 치고 밤 10시 30분 시민들의 행진에 맞춰 심야식당을 열었다. 예은 아빠 유경근 416 가족협의회 집행위원장이 '심야식당'을 연 까닭을 설명해주었다.

— 식당을 새로 여셨어요. 현수막 글귀를 보고 울컥했습니다.

"그냥, 서로서로에게 하는 얘기예요. 서로 고마워하고 격려하고 같이 힘내자고 하는 겁니다. 이 자체가 또 우리가 앞으로 나아갈 길을 만드는 원동력이 될 것이니까요."

— 오늘이 열번째 촛불인데요. 2016년의 마지막 촛불, 또 연인원 1000만명이 넘은 의미있는 날이기도 합니다.

"겨우 열번째인데요, 뭘. 상식과 양심을 가진 사람들이었다면 우리가 열번이나 모일 때까지 이렇게 버티고 있으면 안 되는 거죠. 내가 잘못했구나, 버티면 안 되겠구나, 그렇게 하고 물러나야죠. 상식적인 사람들의 사고 수준에서 보면 내가 잘못했구나 그럽니다. 시민들은 이렇게 수준이 높은데 어떻게 저토록 저질인 사람이 저렇게 높은 자리에 올라가 있는지 도통… 대한민국이라는 나라가 참 희한한 나라예요. 저 사람들만 보고 있으면 과연 살 만한 나라인가 싶은데, 이 자리 모인 시민들을 보면 정말 살아야 할 나라거든요. 연인원 1000만. 열번의 촛불집회 동안 이렇게 모였다는 것은 전세계 유례가 없는 일입니다. 그러나 유례가 중요한 게 아니라 그만큼 우리의 요구가 절실했다는 점이 중요합니다. 그만큼 내 자식들에게는 이런 나라를 물려주면 안 되겠다는 절박함을 느끼기 시작했다고 보고요. 그 힘으로 지금까지 왔다고 봅니다."

— 그동안 굉장히 냉정하게 그리고 엄격하게 평정심을 지키면서 놀라운 투쟁을 이어오셨습니다. 보통 사람이라면 참아내기 어려운 수준의 모욕도 참아내셨고요. 어떻게 이런 일이 가능했을까요.

"잘 모르겠습니다. 저희처럼 똑같은 입장이 되어보면 압니다,라고 말할 수도 없어요. 저희들의 목적은 자식을 잃은 엄마 아빠의 한풀이가 아닙니다. 내 한풀이, 예은이 아빠로서의 한풀이였다면, 그냥 누구 하나 딱 찍어서 붙들고 물속으로 들어갔죠. 그게 과연 예은이 또 우리 희생자들을 위한 길일까. 그들의 죽음을 의미있게 만드는 게 무엇일까를 항상 고민합니다. 그래서 매일 수십번씩 갈등이 와요. 항상 질문을 하지요. 내가 말하려고 하는 게 나를 위한 것이냐 아니면 예은이와 우리 아이들을 위한 거냐. 항상 헷갈리고 답이 없고 자신 없고… 그래요, 후훗.

아무리 엄마 아빠라 해도 저희들만의 힘으로 여기까지 올 수 있었겠습니까. 저희들끼리라면 못 왔을 겁니다. 흔들릴 때마다 포기하지 않도록 붙잡아주신 분들이 바로 시민 여러분입니다. 항상 격려해주고 따끔하게 한마디 해주면서 정신 차리게 만드셨어요. 이런 게 합쳐져서 여기까지 오게 된 거죠. 지난 2년 8개월간 저희들을 도와준 분들이 달려와서 도와주니까 이런 일도 가능해지는 거라고 생각합니다."

— 청운효자동 주민센터, 청와대 앞 100미터, 세월호 가족들에게 의미가 참 크지요.

"청와대 앞 100미터까지 행진해서 갔을 때 정말 절절히 느낀 게 아, 우리끼리 오려고 했으면 못 왔을 텐데, 시민들이 함께 오니까 여기까지 오게 되는구나, 불과 한두달 전까지는 상상도 못할 탄핵을 했네, 국민의 힘으로… 헌재도 국민의 뜻을 저버리지 못할 것입니다. 세월호 진실을 찾고 안전한 사회를 만드는 일은 전적으로 국민의 힘에 달려 있습니다. 그 힘을 전적으로 믿고 의지하면 확실히 해낼 수 있습니다. 촛불집회 10차례 하는 동안 가족들이 몸은 힘들지만 집회 마치고 돌아갈 때는 웃거든요. 힘을 얻고요. 이 힘으로 아마 2017년에는 정말 좋은 일이 일어나지 않을까 생각해봅니다."

2년 8개월간 이어진 세월호 가족들의 활동이 주마등처럼 스쳐

지나갔다. 분명 이 나라에서 자식을 잃은 피해자임에도 스스로 진실 규명을 위한 행동에 나서야 했으니 그 자체로 기가 막힌 일이었다. 세월호 인양을 위해 투입된 상하이 샐비지가 제대로 작업하고 있는지 확인하기 위해 2015년 9월 동거차도에 망원경을 직접 설치하고 감시운동까지 했다. 일부 아빠들은 진도 팽목항에서 동거차도까지 가는 배편이 수월치 않자 아예 선박 면허를 땄다. 참사 현장에서 가장 가까운 동거차도에서 무려 400일이 넘도록 상하이 샐비지 바지선의 세월호 인양활동을 감시했다. 그 현장에 있는 부모들과 영상통화 인터뷰를 했다.

— 동수 아버님?

"네, 여기는 동거차도입니다. 날씨가 좋습니다. 충분히 인양이 가능한 날씨입니다. 바람도 안 불어요."

— 광화문 심야식당 앞입니다. 시민 분들이 카레라이스를 맛있게 드시고 계십니다.

"맛있게 드세요. 저희는 여기서 저녁으로 즉석밥에 떡라면 먹었습니다. 그리고 여기서도 오늘 광화문 촛불집회에 맞춰 같이 촛불을 들었습니다."

— 시민들께 하고 싶은 말씀은요.

"함께해주셔서 감사하고, 내년에는 세월호가 인양될 수 있도록, 세월호가 온전히 올라와서 진상 규명이 되도록 힘을 보태주십시오. 참, 여기 표창원 의원 계세요."

— 아, 그럼 바꿔주세요. 의원님, 언제 거기까지 가셨습니까.

"오늘 아침 배를 타고 이곳 동거차도로 왔습니다. 우리 국회의 반성과 사죄의 뜻을 전달하기 위해 왔고요. 세월호 참사가 발생한 지 2년인데 아직까지도 배를 인양도 못했고 진상 규명, 책임자 처벌, 재발 방지책 이걸 만드는 국회가 되도록 하겠다, 다짐하러 왔습니다. 세월호 가족들을 뒤에서 돕고 힘을 보태면서 함께하면 좋겠습니다. 송박영신!"

동수 아빠 정성욱씨와 통화가 끝난 뒤, 예은 아빠 유경근 위원장이 말을 받았다.

"동거차도 생활에 어려움이 많은데요. 그중 가장 어려운 게 화장실이에요. 몇차례 개선을 거듭해서 화장실에 지붕도 만들었는데요. 물론 천막 1장을 덮은 거라 바람 불면 훅 날아갈 수도 있지만, 그래도 좋아졌어요. 문제는 춥다는 건데요. 겨울이니까. 그래도 크게 불편함 없이 지내고 있습니다."

사고가 나면, 왜 그 사고가 발생했는지, 피해자를 어떻게 도울 것인지, 다시는 사고가 반복되지 않도록 하기 위해 국가는 무엇을 할 것인지 등을 앞장서 논하는 게 정부의 역할이다. 이건 상식이다. 그런데 박근혜 대통령은 3년이 지난 상황에서도 아무것도 개선하지 않았다. 그사이 국가 참사 피해자인 세월호 가족들은 스스

© 연합뉴스

2016년 12월 31일,
세월호 인양 현장이 내려다보이는
전남 진도군 동거차도에서 세월호 유족과 시민들이
LED 촛불로 세월호를 기억하며 새해를 맞고 있다.

로 물을 지고 식량을 이고 산꼭대기로 올라가 세월호 인양의 진실을 기록하고 감시해왔다. 정부가 하지 않으니, 피해자인 가족이 직접 나설 수밖에 없었던 것이다. 그러니 이것이 얼마나 참담하고 또 억울한 일인가. 유경근 위원장의 말을 듣는 동안 카레 향이 코끝을 간질였다. 직접 맛을 보고 있는 시민을 만났다. 중년 남성이었다.

"세월호 가족들이 해준 밥이어서인지 정말 꿀맛 같습니다. 세가지 맛이 나요. 약간 쓴맛, 매운맛 그리고 마지막에 담백한 맛. 오늘은 제 딸, 초등학교 6학년인데요, 이 아이와 함께 참석했습니다. 지금까지 두세번? 어렸을 때 아빠 손을 잡고 광장에 섰다는 기억을 남겨주고 싶어서 데리고 나왔습니다. 이런 대통령, 우리 역사에서 다시는 있을 수 없겠지만 그래도 혹여 이 아이가 커서 또다시 광장에 설 수밖에 없게 되면 오늘의 기억을 떠올렸으면 해서요."

'맛 설명' 아빠. 꼼꼼한 설명에 감탄했다. 유경근 위원장이 말을 이었다.

"선체 CCTV 영상저장장치와 함께 노트북이 발견되고 한달에 걸쳐서 가족들이 그걸 함께 봤습니다. 채널이 굉장히 많아서요. 찬찬히 보느라 시간이 많이 걸렸어요. 어느 순간, 여러 엄마들이 통곡하기 시작했어요. 우리 아이들이 아침 7시쯤 배 안에서 아침식사를 했는데 애들이 줄 서서 식판에 밥을 받아먹는 장면이 찍혔습니다. 그때 아이가 밥을 맛있게 먹는 모습을 본 거죠. 화면 속의 아이가, 자기 딸이, 살아서 움직이는 마지막 모습. 그게 아침밥을 먹는 모습이었던 거죠. 엄마들이 그랬어요. 아침을 잘 안 먹는 애라 걱정했는데 그래도 맛있게 먹고 갔구나, 통곡을 했습니다. 그래서인지 엄마들이 자꾸 또래 아이들, 대학생들을 보면 자꾸 뭘 먹이려고 해요. 뭐라도 하나 집어주려고 하고. 고등학생들 오면 "아들, 교복 깃도 잘 다려주었네" 얘기할 때, 그때 참 가슴이 아팠습니다. 우리 어머니들께서 처음부터 그랬던 건 아니에요. 아니, 처음 몇달 동안엔 교복 입고 등하교하는 시간엔 아예 문밖출입도 못했습니다. 또래 아이들을 보면 복받칠까봐 그 시간을 피해 다녔다고 들었어요. 몇달이 지나서야 거리로 나오면서 시민들을 만나고 그 아이들이 또 우리 엄마 아빠 손을 붙잡고 같이 울어주는 모습을 보면서 용기를 낸 것입니다. 그때마다 '왜 내 새끼는 여기 없을까' 하면서 돌아서서 울지만, 또 한편 힘을 얻습니다. 지금 보면 엄마 아빠 들이 많이 단단해진 것 같습니다. 옆에서 저희들을 지켜주셨던 시민들, 또래 학생들 덕분에 여기까지 왔지요."

엄마들은 테이블 위를 꼼꼼하게 치우고 닦았다. 가족끼리 밥을 먹고 나서 행주로 상을 닦는 것처럼 그렇게 깔끔하게 치웠다. 홀로 심야식당을 이용하던 중년 여성과 마주했다.

"정말 맛있습니다. 사실은 이걸 먹어도 되나 싶습니다. 저희들이 대접을 해드려야 하는데 이렇게 얻어먹게 되는 경우가 생겨서⋯ 아무튼 잘 먹고 잘 기억하겠습니다. 사실 저희도 공범이지 않나 싶습니다. 같이 자식을 키우는 입장으로서 정말 죄송합니다. 죄송하다고밖에 할 수 없고, 힘내시라고 하고 싶고요. 제대로 잘 밝혀져서, 그렇다 해도 발 뻗고 주무실 수는 없겠지만, 어쨌든 한은 안 맺히게끔 잘 밝혀지면 좋겠습니다. 어쨌든 죄송합니다. 죄송하고, 또 죄송하고, 힘내십시오."

내 새끼 귀하면 남의 새끼도 귀하다는 말이 있다. 똑같이 자식 키우는 입장에서 그러지 말자 하면 웬만하면 다 통한다. 미안하다, 죄송하다, 끊임없이 사과할 수밖에 없는 이유를 우리 국민은 안다. 그래서 함께 촛불을 들었다. 1700만명이나, 그 엄동설한에. 그러나 세월호의 엄마 아빠들은 줄지어 말했다.

영만 엄마, 이미경 "아니, 그동안 저희 가족들 옆에서 힘이 되어주시고 어수선한 시국에서도 국민들이 함께해주셔서 감사해요. 2017년 새해를 맞이하면서 가족들이 힘을 모아서 따뜻한 밥 한끼로, 정말 작은 것이지만, 마음으로 정성으로 보여드리고 싶었어요. 맛있게 드셔주시고 불편한 자리임에도 오히려 저희를 위로해주시고 힘내라고 하시는 걸 보니 더 큰 힘이 되고 너무 감사해요."

동영 아빠, 김재만 "2년 8개월간 국민의 힘이 없었다면 저희는 큰 소리도 못 냈을 거예요. 정부에서는 자꾸 우리를 억누르려고만 했는데 정말 국민의 힘으로, 촛불의 힘으로 우리가 힘을 얻어서 여기까지 왔습니다. 국민들께 감사드리고 영만이 엄마께서도 말씀하셨지만 한해를 마무리하는 과정에서 작으나마 힘을 보태고 싶었습니다. 맛있게 드셔서 감사해요."

동영 엄마, 이선자 "오늘까지 10차 촛불집회를 진행하고 있습니다. 1차부터 빠지지 않고 나왔어요. 날이 갈수록 시민 분들이 더 많이 참여해주시고 세월호가 이슈가 되는 것 같아서 주저앉았던 제가 다시 힘을 낼 수 있는 기회가 됐습니다. 심야식당 준비한 것도 국민들이 지금까지 저희들에게 보태주신 힘에 비하면 너무 보잘것없다는 생각입니다. 하지만 길거리에서라도 같이 밥 한끼 나누는 마음으로 또 함께하는 마음으로 해서, 뿌듯해요. 국민 여러분께 감사드리고 싶습니다."

모든 것은 자원봉사의 힘으로 이뤄졌다. 자발적인 시민의 힘이 없었다면 촛불혁명은 완성될 수 없었을 것이다. 예은 아빠 유경근 위원장의 말이다.

"사람이 사는 목적 중 하나가 먹고사는 거잖아요. 저 사람들은 혼자 먹으려다 나라를 말아먹은 거예요. 똑같이 먹는 건데, 우리는 같이 먹고, 같이 나누고, 같이 보태고, 같이하려고 하니까 정말 가치가 있는 것이지요. 같이 살기 위해 아이들이 몸부림친 그 모습을 잘 알고 있기에, 그 가치를 품은 새로운 한해가 됐으면 해요. 그러면 정말 우리가 이게 나라다, 여실히 보여줄 수 있을 것 같습니다. 함께해주신 국민들께 진심으로 절이라도 하고 싶은 심정이고요. 별이 된 세월호의 아이들에게 부끄럽지 않은 어른이 되기 위해 매 순간 다짐하게 되네요."

심야식당에 몰려든 시민들은 세월호 가족들의 넉넉한 밥상에 웃음 짓고 행진을 이어갔다. 밥 한술 나누는 기쁨이 이렇게 큰 것일까. 밥 한끼의 기적이라는 말처럼, 세상을 바꿀 원동력을 심야식당에서 찾은 기분이 들 정도였다. 힘겹지만 유쾌한 투쟁. 그것이 우리의 밥이고, 힘이고, 일이고, 사랑이라는 생각이 들었다.

: 아들에게 쓰는 편지

12월 31일 10차 촛불집회 연단에 선 세월호 가족은 조은화 학생의 아빠 조남석씨와 허다윤 학생의 엄마 박은미씨였다. 미수습자 가족으로 남았다가 끝끝내 세월호가 인양되고서야 아이들을 찾게 된 부모님들은 애끓는 심정으로 대중 앞에 섰다. (2018년 4월 16일 현재 미수습자는 5명이다.)

"은화 아빠 조남석입니다. 팽목항을 떠나 이 광장에 왔습니다. 너무나 은화가 보고 싶고, 다윤이도 보고 싶습니다. 미수습자들을 가족 품에 안겨주겠다고 하셨던 그 약속은 어디로 갔는지 모르겠습니다. 세월호 인양작업에 어려움이 많습니다. 여러분의 도움이 커서 지금까지 인양작업이 진행된 것 같습니다. 감사합니다."

"허다윤 엄마입니다. 세월호 속에 사람이 있습니다. 대한민국 국민 9명이 있습니다. 박영인, 남현철, 양승진 선생님, 고창석 선생님, 권혁규, 권재근님, 이영숙님. 저희가 조금 있으면 세월호 1000일(2017년 1월 9일)입니다. 아직 세월호 속에 제 딸이 있습니다. 저희는 팽목에서 1000일이 다 되도록 아직 돌아오지 못한 가족들을 기다리고 있습니다. 2014년 4월 16일 참사가 일어났을 때 마지막 1명까지 모두 가족의 품으로 돌려주겠다는 그 약속, 이제는 지켜주세요. 세월호 배가 올라와야 저희는 가족을 찾을 수 있습니다. 그리고 세월호 배가 있어야 진상 규명도 할 수 있습니다. 세월호 배가 올라왔을 때 거기 있는 사람 먼저 찾으라고 해주시고, 그 배를 가지고 왜 그랬는지 알 수 있도록 해주십시오. 304명의 희생, 너무 많이 지치고 너무 많이 힘듭니다. 여기에 계신 국민 여러분, 여기 계시는 엄마 아빠 여러분, 부모의 마음으로 세월호를 인양해 주세요. 세월호 속에 있는 9명이 가족의 품으로 돌아갈 수 있도록 마지막까지 함께해주세요. 정말 사랑하는 가족에게, 너무 많이 사랑한다고 말해주고 안아주고 함께해주세요."

다윤이 엄마의 외침에 촛불광장은 눈물바다가 됐다. 세월호 안에 사람이 있다. 대한민국 국민 9명이 있다. 그리고 그 배가 올라와야 진실 규명이 가능하다. 이는 아무리 강조해도 지나침이 없다.

4차 촛불집회가 열렸던 2016년 11월 19일 광화문광장 연단에 오른 영석이 엄마 권미화씨의 일기를 듣다보면 감정은 더욱 복받쳐 오른다.

너무 보고 싶은, 예쁜 아들에게.

804일째. 장례식장 농성을 하고 있어. 무의미해. 그래도 이렇게라도 하고 있는 지금 이 순간, 예쁜 아들 만나는 날, 많은 얘기 해줄 수 있을 것 같은데. 힘내자, 예쁜 아들. 어여 예쁜 아들 만날 수 있으면 좋겠어. 혼자 보내서 미안해. 늘 가슴에 네가 있어. 심장 멈추는 날, 함께할 그날 기다리며 하루하루 힘낼게. 진상 규명하는 그날까지 힘내자.

947일째. 수능 보는 날이구나. 2016년 11월 17일. 엄마는 2014년 4월 16일 그대로 살고 있어. 그대로 살아 있기만을 간절히 바란 엄마인데, 현실은 엄마가 너를 찾아가야 하는구나. 애기 방에 양복 한벌 선물로 놓았는데, 입고 멋지게 꿈속에서라도 웃는 모습… 미안해, 예쁜 아들. 수능 또 한번 지나갔다. 2014년 4월 16일 생이별을 겪었지만 예쁜 아들에게 문자 보내고 있다. 매일매일. 받아보고 있는 거니? 늘 예쁜 아들 함께하고 있지? 얼마나 컸을까. 졸업도 군대도 생일도 대학 캠퍼스도 미래도 꿈도 다 사라진 내 새끼. 친구들 졸업하는데 엄마가 해줄 수 있는게 없네.

예쁜 옷, 양말, 속옷, 늘 주말에는 영화 보고 맛있는 것 먹으러 가자고, 여행도 좋아했는데. 사계절 모두 아픔으로 돌아오고. 엄마에게 재잘거리며 웃고. '사랑해 어머니' 다리 주물러주고 '최고!' 항상 칭찬 주고받던 내 하나뿐인 아이. 이쁜 아들 씻고 나오면 서로 냄새 맡고 깔깔거리고. 음식 하면 맛봐주고 칭찬해주며 설거지도 함께 해주던 아들. 가족 앞에서 춤추며 노래하던 이쁜 내 아들. 용돈 아껴 맛있는 거 엄마 아빠 할머니 할아버지 선물해주던 자상한 아들. 비밀 없이 얘기하며 피부에 신경쓰던 아들. 잘 자고 운동 좋아하던 아이. 내 꿈은 우리 이쁜 아들 외동아들이라 장가 빨리 보내 손주 많이 보는 것이었는데 그 흔한 노후도 아이가 좋아하던 미래도 없어졌다. 엄마로 자식이 잘되는 모습 보는 것도 허락지 않는 이 정부에 한없이 외치고 싶다. 소소한 일상 부러워하며 세상에서 제일 불쌍한 엄마가 되어버렸어. 진실 규명하는 날, 이쁜 아들 만나는 그날까지 바꿔야 할 대한민국. 이 땅에 태어나 살아서 행복했던 엄마였는데 이제는 이 땅에 이쁜 아들 묻었네.

엄마도 대한민국 살다 아들 곁에 가려면 좋은 나라로 바꿔야 할 텐데. 온 나라 국민이 분노하고 있어. 민심 저버리고 생명 저버린 정부는 이제 끝내야 하는데. 다시 국민들이 살아가야 하는 세상을 위해 걷고 뛰고 노력하고 있어. 청소년 보기에도 부끄럽다. 엄마가 정신 차리고 버텨서 이겨낼게. 다시 만나는 날 꼭 안고 놓지 않을게. 미안하다, 이쁜 아들. 늘 사랑해. 거기서 친구들이랑 잘 지내주기 바랄게. 다시 한자리에 친구들이 모여 쉴 수 있게 노력할게. 사랑해, 이쁜 내 아들 영석아…

눈물범벅이 된 채로 아들에게 보내는 편지 형식의 일기를 읽어 내려가던 영석 엄마가 촛불시민을 향해 말을 이어갔다.

"저희, 되게 힘들게 지금까지 왔습니다. 앞으로도, 앞으로도, 여러분들은 맹목적인 부모이고 자식이고 대한민국 국민입니다. 저희 가족들, 지금까지 잘 버텨온 이유는요, 많은 청소년들이 힘을 주었기 때문입니다. 그리고 지금 시국 참 힘든 상황인데요. 많은 어르신들이 고백하십니다. 정말 미안하다. 박근혜정부가 이렇게 잔인한지 몰랐다. 사과하는 분들이 많아졌습니다. 저희들 내년에도 좀 울겠습니다. 가족들에게 힘 좀 많이 주십시오. 아들과 함께 희망을 나눌 수 있고, 가족을 지킬 수 있는 대한민국 국민이 되었으면 좋겠습니다."

416합창단의 「잊지 않을게」가 연주되자 눈물보가 터졌다. 작곡가 윤민석씨가 세월호 아이들을 기억하며 만든 작품인데, 이 노래만 들으면 폭포수처럼 눈물이 솟는다. 아마 대한민국의 모든 부모들이 그럴 것이다. 도무지 용납할 수 없는 행위들이 저질러졌음에도 평정심을 잃지 않고 싸우는 세월호 가족들이 대단할 뿐이다. 영석이 엄마에 이어 마이크를 쥔 가족은 찬우 아빠 전명선씨다.

"4·16 세월호 참사로 희생된 삼백네분은 이 나라 주인인 국민입니다. 고귀한 생명을 대한민국정부는 구하지 않았습니다. 전국민이 지켜보는 가운데 세월호 안에서 애타게 정부의 구조를 기다리던 아이들과 승객들은 결국 희생되었습니다. 그리고 2015년 4월 16일 세월호 참사 1주년 추모식 날, 304명 희생자 앞에 꽃 한송이 바치려던 국민을 정권은 차벽으로 막고 물대포와 캡사이신으로 공격했습니다. 추모를 위해 정의의 목소리를 내고 행동하던 국민을 수배하고 구속하고 벌금으로 탄압했습니다.

그리고 여러분, 작년 11월 14일 민중총궐기 때 국민의 안전을 책임지라고 맡겨줬던 그 경찰권력은 물대포로 국민을 향해 조준사격 해서 백남기 어르신을 돌아가시게 했습니다. 그들은 살인을 한 것입니다. 박근혜는 또한 어떠했습니까. 세월호 참사 후 국가개조 운운하며 국민 앞에서 가증스러운 눈물을 흘렸던 박근혜는 650만명 넘는 국민의 힘으로 만든 세월호 특별법과 세월호 특조위를 강제 해체시켰습니다. 삼백네분을 희생시키고도 책임을 민간에게만 전가했던 그때처럼 현재도 뻔뻔하게 책임을 부정하고 있습니다.

올해 안에 반드시 세월호를 인양하겠다던 정부 발표는 지난 11월 11일, 올해에는 인양이 어렵다, 또 6차례 인양실패를 거듭한 다음에는 인양방법 또한 변경하겠다고 했습니다. 세월호 인양을 책임지던 인양추진단장이 사직서를 제출했습니다. 현 정부의 무능과 무책임을 보여주는 게 아니고 무엇이겠습니까.

국민 여러분, 세월호는 반드시 온전하게 인양돼야 합니다. 이제 세월호 참사 진상 규명으로 삼백네분을 돌아가시게 만든 자들을 제대로 처벌받게 하고, 이 나라 주인은 박근혜와 그 부역자 세력이 아니라 우리 국민임을 보여줘야 합니다. 박근혜는 이 나라의 대통령이 아닙니다. 박근혜는 이제 청와대에서 끌어내려야 합니다. 이미 국민들이 박근혜에게 명령했습니다. 이제 당장 내려오라!

박근혜 퇴진 시한도 이제 국민이 정합니다. 국민의 힘으로 박근혜를 이번 기회에 반드시 끌어내려야겠습니다. 그렇게 하실 수 있겠습니까. 아직도 박근혜를 옹호하는 세력, 국민의 촛불을 가로막는 공권력을 향해 이제 더이상 가만히 있지 않겠습니다. 농민과 손잡고, 이 나라 발전을 이끌어온 노동자와 손잡고, 대한민국 미래를 책임질 청년 학생과 손잡고, 온 국민과 손잡고, 4·16 유가족도 끝까지 함께 행동하겠습니다.

진실은, 정의는, 반드시 승리합니다. 지금 서서히 그 추악함이 드러나고 있는 이 정권이, 또 돈과 권력을 앞세워서 국민을 기만한 박근혜와 그 주위 몇몇 친구들이 아니라, 이 나라의 주인은 바로 우리 국민임을 보여줘야 합니다. 삼백네분의 희생이 헛되지 않도록 반드시 연대해서 승리합시다. 박근혜를 구속하라! 끝까지 함께하겠습니다."

전명선 4·16가족협의회 운영위원장의 말에는 힘이 있었다. 지치지 말고 끝까지 진실 규명을 해야 한다는 주장에 공감하는 박수가 우레와 같았다. 20차까지 매주 주말을 반납하고 한주도 거르지 않고 촛불을 들 수 있었던 그 밑바닥에는 세월호 참사가 있었다. 배 안의 아이들을 구해내지 못했다는 자괴감은 대한민국의 오늘을 살아가는 모든 이들에게 많은 고통과 상처를 주었다. 어린 생명조차 구하지 못하는 정부가 무슨 정부냐, 이게 나라냐 하는 탄식은 이때부터 나온 거였다. 무엇이든 돈 몇푼이면 해결할 수 있다고 오판한 권력자들은 세월호 참사의 진실 규명은커녕 '민중은 개돼지' 식의 논법으로 시민들을 적당히 무시해도 상관없는 존재로 취급했다. 그러니 들불처럼 번진 국민의 촛불로 쫓겨나는 것은 어쩌면 당연한 일인지 모른다.

: 대통령의 7시간 30분

2016년 11월 26일 5차 범국민행동 사전 행사로 세월호 참사의 진실 규명을 요구하는 퍼포먼스가 시작됐다. 304벌의 구명조끼를 전시하고, 전시가 끝난 뒤에는 시민들이 다 같이 조끼를 입고 오후 4시 16분부터 시작해 1분 간격으로 호루라기를 7번 불었다. 시민들 곁에서 청와대 쪽을 바라보며 생각했다. 세월호 참사의 진실은 무엇인가. 7은 박근혜 대통령의 사라진 7시간을 상징한다. 퍼포먼스 기획자에게 기획의도를 물었다.

"대통령은 이제 국민의 말을 들어야 합니다. 이미 들리실 텐데, 안 들리는 척, 못 들은 척하고 있다고 생각합니다. 우리는 너무 궁금한 게 많습니다. 대통령을 하면서 왜 그렇게 많은 돈이 필요했는지, 청와대가 사들인 그 많은 약은 누가 다 어떻게 쓴 건지, 도대체 2014년 4월 16일 대통령은 7시간 동안 어디서 무엇을 했는지, 또 나라와 국민에 대해 어떻게 생각하고 있는지, 빨리 내려와서 이 질문들에 대답해야 합니다."

세월호 아이들이 입었어야 할 구명조끼 그리고 흰 국화. 그 위엔 304명 희생자 이름도 올려져 있었다. 별이 된 아이들, 금요일엔 돌아올 줄 알았는데, 여전히 집으로 돌아오지 못한 지금, 어쩌면 이곳에 함께 있는 것은 아닐까.

2016년 12월 2일 6차 촛불집회 때 연단에 오른 조은화 학생의 엄마 이금희씨는 애끓는 마음으로 아직도 찾지 못한 은화에 대한 그리움을 토로했다. 은화 엄마의 시계는 2014년 4월 16일에 멈춰 있었다.

"2014년 4월 16일 오전 8시 55분, 은화에게 전화를 받았습니다. 밥 먹었냐고 물었더니, 배가 이상하다고, 파도가 쳐서 뱃멀미를 하는 줄 알았다고 했어요. 그리고 낮 12시에 제주도에 도착할 거라고 했습니다. 그리고 은화가 오전 9시 12분에 다시 전화를 했어요. 휴대폰에 기스가 났는데, 지금 배가 45도 기울었다고. 선생님이 구명조끼 입고 있으라고 그런다고. 그리고 두번 다시 통화를 못했

2016년 12월 10일,
광화문광장에 구명조끼 304벌이 놓여 있다.
이 구명조끼들은 공연예술단체 '창작그룹 노니'가
세월호 참사를 잊지 말자는 뜻에서 마련했다.

습니다. 배가 기우는 모습을 보며 우리 딸 어떻게 하느냐고, 거실에서 울었습니다. 그 큰 배가 당연히 구조될 거라고 생각했는데 아침 9시 58분 은화 친구 승희랑 통화를 했습니다. 승희 말이, 여기서 은화는 보이지 않지만 다른 방에 있을 거라고 했습니다. 그러고 나서 단원고로 갔습니다. 학교에서 전원 구조 소식을 듣고, 은화가 놀랐을까봐 일단 진도로 가서 애를 데리고 와야지 하고 진도로 갔습니다. 진도 가서 보니까 몇 안 되는 아이들, 생존자 아이들이 나와 있었습니다. 그리고 저는 팽목에 가서 모포를 두른 그 상태로 계속 팽목에 머물러 있습니다. 제가 왜 이 말씀을 드리는지 아시겠죠? 저는 그렇게 2014년 4월 16일을 보냈습니다. 지금도 4월 16일을 살고 있습니다. 은화가 마지막에 불렀을 이름은 분명히 엄마였을 겁니다. TV 화면을 보면서 전원 구조에 기뻐했을 국민들, 그래 다행이다 숨 돌렸을 많은 엄마 아빠, 그날 저녁에 어떻게 이래? 하면서 가슴 아파했을 많은 국민들, 모두 감사드립니다. 그러나 세월호는 아직 바닷속에 있습니다. 아직 은화 다윤이 현철이 영인이, 양승진 선생님, 고창석 선생님, 권재근님, 혁규, 이영숙님 가족 품에 돌아오길 원합니다. 세월호 인양은 미수습자에게는 가족을 만나는 거고요. 유가족에게는 진상 규명으로 가는 증거물입니다. 생존자에게는 친구가 다 돌아왔으니 이제 아픔 없이 살아갈 수 있는 계기이고, 국민에게는 안전한 세상을 만들 수 있는 길입니다. 세월호가 올라오고 진실 규명이 돼야 우리 국민이 국가로부터 보호받는 세상이 될 겁니다. 세월호가 뭍으로 올라올 수 있게끔, 최소한 사람으로서 엄마로서 은화를 보내줄 수 있게끔 힘을 실어주시기 바랍니다. 9명의 미수습자가 유가족이 될 수 있도록 해주십시오. 제발 부탁드립니다."

2016년 12월 10일 단원고 동혁이 엄마와 아빠는 정신없이 바빴다. 핫팩 1000개, 세월호 리본 3000개, 무한리필 차〔茶〕 자원봉사 현장에 나와 있었기 때문이다. 동혁이 아빠 김영래씨의 말이다.

"어제 국회에서 탄핵이 가결됐는데요. 어제 직장 때문에 국회 현장에는 못 갔고요. 집사람이 갔는데, 저는 생방송으로 지켜보면서 그 순간 참 많이 울었습니다. 그냥, 2년 8개월의 시간이 주마등처럼 지나갔습니다. 동혁이 생각이 정말 많이 났고, 아빠로서 너무 부끄러웠고, 동혁이 생각하면 미안하다는 말밖에 다른… 아이한테 부끄럽지 않은 아빠로 세월호 참사의 진실을 밝혀야 한다는 믿음으로 살아요."

눈시울이 붉어진 상태로 말을 잇지 못했다. 대통령이 참사 당시 구조의 골든타임 동안 머리 손질에 시간을 썼다는 점이 확인됐는데 이 점은 어떻게 생각하느냐고 물었다.

"한마디로 너무 화가 납니다. 대체 대통령이라는 사람이, 아니, 과연 대통령이라는 사람이, 저 자리에 앉아 있을 자격이 있나요? 이라크에서 김선일씨가 피랍됐을 때 박근혜 당시 한나라당 당대표는 노무현 대통령을 향해 '국민 한 사람도 지키지 못하는 사람이 무슨 대통령이냐'고 비판했습니다. 그런데 박근혜 대통령은 무려 304명의 생명을 지키지 못했습니다. 그 숫자가 정확한 건지 그것도 의문입니다. 국민이 수장되는 상황에서 머리를 하고, 점심, 저녁을 다 챙겨먹었다는 것 자체가… 과연 저분이 사람인가. 참울분을 토할 수밖에 없는 상황입니다."

곁에 있던 동혁이 엄마 김성실씨도 한마디 보탰다.

"대통령의 사라진 7시간 중에 90분은 확인됐습니다. 꼭 그 시간에 머리 손질을 했어야 했을까요? 김기춘 비서실장이 대통령은 눈뜨면 출근이고, 잠들면 퇴근이라고 했는데 그것도 사실이 아닌 것 같아요. 만약 그거였다면 처음부터 얘기했을 것 같아요. 확인된 두어시간 이외에 나머지 5시간 30분은 뭐 했다는 건가요? 계속 국민들에게 혼동만 주는 것 같은데 제발 좀 사실대로 이야기했으면 좋겠습니다. 세월호 문제에 있어서만큼은 박근혜를 구속해야 합니다. 권력을 가진 사람이라도 잘못을 저질렀다면 강력한 수사를 통해 법의 준엄한 심판을 받아야 정의로운 국가 아닙니까. 박근혜로 인해 발생한 이 엄청난 사건의 진실이 제대로 밝혀져야 합니다. 국민이 이 사건의 진실을 얼마나 명확히 규명해내느냐에 따라 우리나라 민주주의 수준이 달라질 거라고 생각합니다."

김성실씨는 박근혜-최순실 게이트 특검에 꼭 당부하고 싶은 게 있다고 했다.

"이번 특검은 과거 특검과 정말 달라야 합니다. 더이상 권력 눈치 보지 말고 제대로 수사했으면 합니다. 정말 지금까지 세월호 사건과 관련해 수많은 싸움을 하면서 혹시나 삭발, 혹시나 단식, 울고불고 안 해본 게 없지만, 검찰이 제대로 해준 게 없습니다. 국회에서 박근혜 탄핵이 가결됐을 때 저는 제 얼굴을 꼬집으면서 막 울었습니다. 이제 시작입니다. 어디서 물꼬가 터질지 모르지만, 권력이 한순간에 무너지는 것을 봤습니다. 진실과 정의의 편에서, 강력히 철저하게 수사해서 부역자를 다 잡아넣어야 합니다. 그래도 저희는 한이 안 풀립니다.

저희는 대부분 아이 사망신고도 못한 엄마들입니다. 행정적으로 우리 애들은 살아 있습니다. 좋게 보내주세요. 그래야 저희도 다리 좀 뻗고 잘 수 있지 않겠습니까. 요건은 단 하나, 그 아이가 죽었다는 것을 인정할 수 있어야 합니다. 그런데 지금 이 상황에서는 그 사실을 인정할 수가 없습니다.

국회에 가보니, 너무나 뻔뻔스러운, 너무나 가증스러운 국회의원들. 자식 가고 없는데 이게 다 무슨 소용이냐고 하는 분들도 있습니다. 하지만 이 길의 끝에는 우리 애들에게 가지고 가야 할, 살아낸 이력이 있습니다. 우리 동혁이에게 엄마 아빠가 이 사건의 진실 규명을 위해 무엇을 했고 어떻게 싸웠는지 얘기하려면 지금 이렇게 할 수밖에 없습니다. 12월 1일은 우리 동혁이가 떠나고 '세번째' 맞는 생일이었습니다. 저는 정말 화려하게 해주고 싶었습니다. 애는 없지만 애 생일이니까. 자, 봐, 우리 집에서 나를 이렇게까지 챙겨, 그렇게 보여주고 싶었습니다. 그런데 미수습자 아이들이 돌아오지 않아서 그렇게 하는 게 죄스러웠습니다. 미수습자들을 찾아와야 우리 아이들을 다 같이 보낼 수 있습니다. 동혁이 생일에 온 국민 잔치를 하고 싶습니다. 너무너무 미안하지만, 너무나 아픈 생일이지만요."

2016년 12월 17일 촛불집회 연단에 오른 재욱이 엄마 홍영미씨의 말이다.

"세월호 참사로 별이 되어서도 지금 이 자리를 환하게 밝히고 있는 단원고 2학년 8반 이재욱 학생의 엄마 홍영미입니다. 아이들은 우리의 미래였습니다. 우리의 희망이었습니다. 누구보다 간절히 이 순간을 응원하고 있을 아이들이 있기에 엄마 아빠 들은 오늘도 뚜벅뚜벅 이 자리에 있습니다. 풍찬노숙과 밤잠 이루지 못한 세월이 3년. 무엇보다 엄마의 건강을 걱정하고 있을 재욱이에게 너무 미안합니다. 그렇지만 너희들의 희생이 헛되지 않게 안전한 사회를 만드는 그날까지 이 엄마는 멈출 수가 없다고 날마다 날마다 재욱이에게 얘기하며 이 자리에 섭니다. 이 추운 겨울날 저 맹골수도 바닷속 세월호에는 아직도 가족들 품으로 돌아오지 못한 사람들이 있습니다. 오늘 이 자리에도 와 있을 것 같은 우리 아이가 '엄마! 나 여기 있어'라며 간절히 우리를 부르고 있습니다. 아이의 세포 하나하나가 느껴지는 엄마가 있습니다. 스치는 바람에도 뼛속 마디마디, 아이가 느껴지는 아빠가 있습니다. 여러분은 그

간절한 마음을 느끼시나요? 우리 세월호, 반드시 인양되어야 하지 않겠습니까. 며칠 전 국회 국정조사 청문회를 참관했습니다. 국회는 방청을 불허했지만 우여곡절 끝에 우리 가족들은 비집고 들어갔습니다. 아이들이 왜 그렇게 억울한 희생을 당해야만 했는지 꼭 알아야만 했기 때문입니다. 그런데 여전히 변명과 거짓말, 책임 회피로 일관하는 어른들을 보면서 참으로 한심하고 참담하고 부끄러웠습니다. 자식을 잃은 어미, 아비가 아이들 영정사진을 들고 거리로 나서고 삭발하고 단식하고 청와대로 국회로 정부청사로, 숱한 세월을 보냈습니다. 국민들의 도움으로 세월호 특별법 특조위를 만들어 3번이나 청문회를 열었건만 그때마다 공중파 방송 어디에서도 생중계를 하지 않았습니다. 감시와 사찰, 모욕과 수모, 밀쳐지고 내쫓기고 고립되어 잡혀가던 세월이 너무나 생생하게 떠올랐습니다. 마침내 촛불의 힘으로 박근혜가 탄핵 도마 위에 올려졌습니다. 번번이 경찰 벽에 막혀 가볼 수조차 없었던 청와대도 이제는 그 100미터 앞까지 갈 수 있고, 국회에서도 청문회를 열어 진실을 생중계하고 있습니다. 국민 여러분, 우리는 오늘 여기까지 왔습니다. 처절하게 짓밟히면서도 우리가 좌절하지 않으니, 이런 날이 왔구나 싶습니다. 이 어려운 걸 우리가 해내고 말았습니다. 국민 여러분, 진심으로 감사드립니다. 인륜을 빼앗고 천륜을 빼앗고 양심을 저버린 저들을 절대로 용서할 수가 없습니다. 아니, 용서해서는 안 됩니다. 이참에 아주 혼쭐을 내야 합니다. 작살이라도 내야 합니다. 어디 감히 생명 앞에 양심을 판단 말입니까. 이게 인간으로서 할 짓입니까. 박근혜는 거대한 망상에 사로잡혀, 탄핵사유가 없다며 헌재에 답변서를 냈습니다. 아직도 정신을 못 차리고 버티고 있고 황교안은 가증스러운 대통령 놀음을 하고 있습니다. 황교안은 2014년 세월호 참사 당시 박근혜 밑에서 법무부 장관을 맡아 직권남용으로 세월호 참사 수사를 가로막고 심지어는 인사 보복까지 했던 아주 나쁜 작자입니다. 민정수석 우병우와 비서실장 김기춘은 박근혜의 하수인으로 있으면서 이 모든 걸 조종했던 악질 중 악질입니다. 오늘 국정농단의 원흉, 그놈이 그놈인 자들입니다. 반드시 처벌해야 합니다. 그들이 가야 할 곳은 이미 정해져 있습니다. 어디입니까? 어디입니까? 어디입니까? 감옥에 가야 할 사람들이 아직도 권력을 행사하고 있고, 오히려 석방돼야 할 사람인 민주노총 한상균 위원장은 2심 판결에서 3년형을 선고 받았습니다. 우리 유가족들은 세월호의 진실을 밝히기 위해 함께 싸워주신 한상균 위원장이 지난해 조계사에서 끌려가던 모습을 똑똑히 기억합니다. 한 위원장을 비롯해 함께 싸우다 고초를 겪은 수많은 분들에게 미안한 마음을 전합니다. 박근혜를 구속하고 한상균을 석방하라! 한상균을 석방하고 부역자를 처단하라! 국민의 명령이다, 세월호를 인양하라! 기소권과 수사권이 보장된 제대로 된 특별법을 제정해야 합니다. 끝까지 함께해주실 거죠? 2014년 4월 16일 그날 우리 아이들이 입었어야 할 구명조끼를 입고 부역자 척결을 위해 황교안 총리관저로 행진합니다. 국민 여러분, 함께해주십시오."

나중에야 알게 된 사실이지만 2014년 4월 16일 오전 10시 20분. 박근혜 전 대통령은 청와대 관저 침실에 있었다. 그저 자고 있었다. 왜 그는 오전 내내 깊은 잠에 빠져 있었던 것일까. 오리무중이다. 박 전 대통령 스스로 고백하기 전에는 과연 밝힐 길이 없는 것일까.

검찰 조사 결과에 따르면, 김장수 전 국가안보실장은 세월호 참사 당일 박근혜 대통령에게 수차례 전화를 걸었다. 하지만 대통령은 받지 않았다. 안봉근 전 제2부속비서관이 대통령의 침실 앞까지 찾아가 문을 두드리며 여러번 불렀을 때에야 침실 밖으로 나왔다. 안 전 비서관이 "국가안보실장이 급히 통화를 원하십니다"라고 했을 때, 박 전 대통령은 "그래요?" 하곤 도로 침실로 들어갔다. 20분 뒤인 10시 40분, 박 전 대통령은 간호장교에게 가글을 받았고, 오후 2시 15분 'A급 보안손님' 최순실씨가 청와대 관저로 들어올 때까지 3시간 30분간 계속 침실에 있었다. 침실은 TV와 회의 공간이 갖춰진 제법 큰 공간인 것으로 알려졌다. 스위트룸 같은 공간일 터. 그 안에서 박 전 대통령은 무엇을 했을까. 텔레비전으로 뉴스를 보았다면 세월호가 이미 뒤집힌 상태를 확인했을 텐데, 그랬다면 상황의 심각성도 직감했을 텐데, 왜 그는 3시간 30분이나 아무것도 하지 않은 채 침실에 있었을까. 사건 당일 오전

2017년 3월 25일,
광화문광장에서 열린 21차 촛불집회에서
시민들이 세월호 조형물에 촛불을 내려놓으며
희생자들을 추모하고 있다.

10시 17분, 세월호는 108.1도 기울어 전복됐다. 이 상황을 분명히 알 수 있는 상황에서 아무것도 하지 않고 침실을 지켰다니. 제정신이었을까.

검찰에 따르면, 최순실씨가 이날 오후 2시 15분 관저로 들어왔고, 박근혜 대통령, 안봉근·이재만·정호성 문고리 3인방과 '5인회의'를 한 뒤, 미용사를 불러 대통령의 헤어스타일을 정돈하게 하고 오후 5시 15분 중앙안전재난대책본부(중대본)에 가도록 했다. 그리고 오후 6시, 대통령은 퇴근했다. 매주 수요일 일정이 없던 그에게 청와대와 지척인 중대본에 다녀오는 것도 피곤한 일이었나. 304명이나 되는 희생자가 발생한 참사 앞에서 그는 인간성을 잃었다. 사람이라면 도무지 할 수 없는 행동을 했다.

6부

탄핵 그 후

: 필리버스터

2016년 12월 9일, 국회 본청 3층 중앙홀은 시장처럼 북새통을 이뤘다. 민주당·국민의당·정의당 등 야3당은 박근혜 대통령 탄핵 표결 직전까지 국회를 24시간 전체 가동할 뜻을 밝혔고, 그 가운데 민주당은 국회 본관 중앙홀에서 '100시간 대국민 필리버스터'에 돌입했다. 국회의원·지방자치단체장·당직자·시민 등등 60분씩 릴레이로 이어가는 대중연설 시간이었다. 이미 19대 국회 당시 테러방지법 제정반대 필리버스터로 학습된 국회의원들은, 긴장감이 최고조에 올랐던 12월 8일과 9일 내내 탄핵 이후 정국질서가 어떻게 될지, 또 앞으로 개혁정치를 어떻게 해나갈 것인지 그비전을 밝혔다. 국회 본청 중앙홀에서 100시간짜리 필리버스터를하고 그것을 유튜브 생중계와 팟캐스트로 내보내는 건 헌정사상 처음 있는 일이었다. 그만큼 정국은 긴장돼 있었고, 박근혜권력이 무너지느냐 마느냐는 국가의 운명을 결정할 중대사였다.

1일부터 국회 정문으로 나가 미세먼지를 무릅쓰고 아흐레째 길거리 '풍찬노숙 끝장농성'을 벌인 정의당, 같은 날 국회 중앙홀에서 무기한 농성을 전개한 더불어민주당, 그리고 국민의당 등 야 3당은 박근혜 대통령 탄핵 가결을 위해 새누리당을 압박했다. 심지어 모든 야당 의원들은 탄핵이 부결되면 의원직을 사퇴하겠다는 '의원직 사퇴서'를 각 정당 지도부에 제출해놓고 배수진을 쳤다. 노숙농성, 철야농성으로 국회 중앙홀은 말 그대로 농성장으로 변했다. 예전 같으면 국회가 농성장이냐며 보수정당 보수언론이 시비 붙일 만도 한데, 그들도 그럴 정신이 아니었다. 새누리당 국회의원 중에서도 정권의 심각한 실정을 민망하게 여기며 이번 탄핵은 반드시 관철돼야 한다고 주장하는 이들이 더러 있었다. 사실상 대세는 형성돼 있었다.

문재인 당시 민주당 전 대표는 8일 여의도 촛불문화제에 참석해 "지금 촛불시민들이 대한민국의 새로운 역사를 쓰고 있다"며 "탄핵은 우리 촛불시민들이 앞으로 이끌어나가야 할 위대한 촛불혁명의 시작"이라고 말했다. 이어 "정의의 이름으로 이 사회의 반칙과 특권을 대청소하고 원칙과 상식을 바로 세우는 그런 세상을 만드는 시작이다. 탄핵 가결을 확신한다"고 말했다. 추미애 대표도 같은 날 밤 국회 본청 중앙홀 의원총회에서 "이 밤이 지나면 정의로운 한국을, 새로운 역사를 쓸 수 있는 그런 반전의 계기가 만들어질 것"이라고 장담했고, 국민의당 박지원 당시 원내대표는 탄핵 의결일에 의총에서 "부산과 목포에서 출발한 탄핵열차는 이제 여의도에 거의 도착했다"며 "어떠한 장애물도 촛불을 연료로 움직이는 탄핵열차를 막을 수는 없다"고 밝혔다. 심상정 정의당 대표는 일찌감치 보도자료를 통해 "정의당은 지금까지와 마찬가지로 한치의 흔들림 없이 맨 앞에서 당당하게 탄핵을 관철시키는 데 혼신의 힘을 다할 것"이라며 "9일은 새누리당의 운명을 가르는 날이 될 것이다. 새누리당 의원들도 속죄의 심정으로 탄핵열차에 동승하라"고 압박했다. 8일 집회에서 박원순 서울시장은 "탄핵은 과거 잘못을 청산하는 시발점이고 대한민국을 건설하는 출발점"이라고 했고, 이재명 성남시장은 페이스북에 "박근혜가 청와대를 나서는 순간 뭇 중범죄인과 동일하게 수갑을 채우고 구치소로 보내 처벌을 시작해야 한다"고 밝혔다.

불의한 권력, 박근혜권력을 즉각 심판하라는 국민적 요구는 매우 컸다. 이 커다란 민의에 국회가 명확히 답변해야 한다는 인식이 강했다. 시민들은 지역구 국회의원들을 압박하는 전화·문자메시지·카카오톡 등 SNS를 통해 의회를 옥죄었다. 민심이 어디에 있는지 정확히 보라는 요구는 새누리당뿐 아니라 야3당 국회의원 누구에게나 똑같았을 게다. 정진석 원내대표 등 새누리당 내부에서는 '광장민주주의'가 '의회민주주의'를 대체하려는 것이냐며 격앙된 태도를 보이기도 했지만, 새누리당의 주장에 귀를 기울이는 국민은 박사모 집회에 참여하는 이른바 '태극기 부대' 이외에는 별로 없었다. 너무나 명백한 잘못이 속속들이 확인됐기 때문에 누구 하나 박근혜 대통령의 탄핵소추안이 부결될 거라고 의심하지 않았다. 다만 얼마의 차이로 가결될 것이냐, 즉 대의민주주의 체제하에서 과연 국회가 국민의 뜻을 얼마나 제대로 받아들일 것인가 하는 점이 관전 포인트였다. 국민들이 촛불을 들어서 다 싸워준 상황에서 국회가 마지못해 움직였다는 비판도 있었지만 그래도 의회 안에서 이 국면을 이끌어가기 위해 분투했던 야당의 노력은 평가할 만하다.

본회의장 앞에서 더불어민주당 의원들이 밤샘농성을, 국회 본청 2층과 3층을 연결하는 계단 좌측에선 박근혜 대통령의 탄핵을 요구하는 정치인들의 필리버스터가 진행됐다. 동시다발로 진행되니 어느 한곳에 집중할 수 없을 만큼 장내는 소란했다. 그러나 그것은 어쩔 수 없는 우리의 정치 현실이었고 또 생생한 현장이었다. 표결 예상 시간은 오후 3~4시. 표결 절차가 다 마무리되는 시간은 오후 5시. 오후 5시면 박근혜 대통령에 대한 탄핵소추안 의결 가부가 결정된다. 박근혜 대통령 탄핵소추안 의결을 둘러싸고 새누리당 의원총회 장소에선 싸움이 났고 서로 "네가 나가라" 주장하며 분당을 예고했다. 박근혜 탄핵소추 의결에 대한 찬반양론으로 당이 쪼개지는 것보다 더 중요한 것은 과연 새누리당 의원들이 양심에 따라 표결에 참여할 것이냐 여부였다. 박근혜-최순실 국정농단 사태 이후 새누리당을 향한 민심은 싸늘했다. 김무성 새누리당 전 대표가 카톡 문자를 4만여개나 받았다고 하니 탄핵을 열망하는 국민의 의지가 얼마나 뜨거운지 알 수 있었다. 국민의당 의원들도 2000여개의 메시지를 받았고, 하도 문자에 시달려서 아예 휴대폰을 바꾸는 정치인이 늘어날 정도였다. "문자, 카톡 폭탄 때문에 전화번호 바꿨습니다." 여러 정치인들에게서 온 문자메시지였다. 국회가 박근혜 탄핵안을 가결하느냐 부결하느냐, 역사의 갈림길에서 정치인들도 꽤 긴장한 눈치였다. 설훈 더불어민주당 의원도 그랬다.

"어젯밤에도 중앙홀에서 밤샘농성을 했는데 한편에서 계속 필리버스터를 하고 그걸 인터넷 방송으로 내보내니까 새벽 3시에 잠이 깨서 그 뒤로 한숨도 못 잤습니다. 각 위원회별 분임토의를 했고, 어떻게든 새누리당 의원들을 설득해서 탄핵에 동참하도록 하자는 계획도 세웠습니다. 제가 만나봤더니, 친박 의원들도 대놓고 찬성한다 말은 못하지만 내심 찬성이에요. 가결 표가 많이 나올 것으로 예상합니다. 그런데요, 골수 친박은 여전히 박근혜가 옳다, 이런 생각을 해요. 그러나 지금 박근혜 대통령 지지율이 4%잖아요? 아무리 권력이 세다 해도 친박도 끈이 다 떨어진 상황이잖아요. 이러다가 큰일 나겠다, 빨리 방향을 틀자, 이 분위기예요.

저는 1987년 6월항쟁 당시 김대중 총재 옆에서 YS와 DJ 정치권과 재야, 학생 노동자 들의 연결고리 역할을 했습니다. 제가 김대중 내란음모사건의 공범이었거든요. 내년이 6월항쟁 30년째 되는 해입니다. 우리가 87년 6월항쟁 30년 만에 촛불을 맞이하게 됐습니다. 대단한 혁명이라면서 전세계가 주목하고 있습니다. 87년 때만 해도 거친 면이 많았습니다. 최루탄이 난무했고 화염병도 투척했고요. 그러나 지금은 그런 게 전혀 없습니다. 훨씬 성숙한 자세로 사회 전체가 같은 방향으로 나아가고 있습니다. 저는 너무 설레요. 30년 만에 우리가 또 시민혁명으로 세상을 바꾸게 됐구나, 벅차오르는 감정을 감출 수가 없습니다. 썩은 곰팡이 싹 다 햇볕에 쨍쨍 잘 말리고 쓰레기 청소 깨끗이 해야 합니다.ˮ

86세대 대표적 국회의원 송영길 의원도 한마디 안 할 수 없었다. 인천시장실에서 자신이 쓰던 변기를 뜯어내고 새 변기로 교체했던 일을 폭로했다. 국민세금인데 말이다.

"제가 인천시장을 할 때인데, 박근혜 대통령께서 민정시찰 차원에서 인천시에 오시는데 시장실을 좀 쓰고 싶다는 거예요. 휴식공간으로. 대통령이 오시는데, 당연히 그렇게 하시라고 했지요. 당시 청와대 경호실에서 요청한 것이 몇가지 있는데 그중 하나가 변기를 교체하는 것이었어요. 그리고 전신이 다 나오는 큰 거울도 배치를 했던데요. 여성 대통령이니까 당연히 화장도 해야 하고. 제 방에 있던 거울은 너무 작으니까 이런 게 필요했나보다 했습니다. 그런데 변기를 교체한다는 것은 좀 놀랐습니다. 제가 쓰던 거라 좀 꺼림칙하면 깨끗이 청소해서 쓰면 되는데, 국민세금으로 변기를 뜯어내야만 했을까 여전히 의문입니다. 예산 낭비라고 생각했어요. 이런 대통령, 계속 모실 수가 없지요. 새누리당 의원들한테 좀 물어봤어요. 오늘 아침에 국회 목욕탕에 가서 비박 김학용 의원을 만났습니다. 잘될 거라고 하더군요. 오다가 엘리베이터에서 정우택 친박 의원을 또 만났습니다. 잘될 거라고 했어요. 지금 가슴이 오그라드는 심정으로 생방송 화면을 지켜보고 있습니다. 촛불운동으로 '공주의 나라' '여왕의 나라' '국민을 개돼지로 보는 나라'를 민주공화국으로 재창조하는 첫걸음이 오늘 시작될 것입니다. 최선을 다해 국민의 뜻을 받들겠습니다."

국회 안에서는 국회의원들이, 국회 밖에서는 시민들이 농성 아닌 농성을 벌이고 있었다. 오후 3시, 박근혜 대통령에 대한 탄핵안이 표결에 부쳐지자 긴장은 최고조에 달했다. 날씨는 영상 4도, 햇살은 따사로웠다. 직장에 휴가원을 제출하고 국회 앞으로 몰려든 시민들. 국회 담벼락에는 '지체 말고 탄핵하라! 즉각 처벌'이라는 글귀도 적혀 있었다. 박근혜 탄핵을 위한 여의도 포위 시민집회는 전날 저녁 7시부터 비가 내리는 와중에도 계속되었다. 200여 명의 시민들은 국회 앞에서 텐트까지 직접 쳐가면서 꼬박 밤을 새웠다. 차가운 보도블록 위에서 컵라면으로 점심을 때우면서도 불의한 권력 심판에는 긴장을 늦추지 않았다.

"총 투표수 299표 중 가(결) 234표…"

12월 9일 국회 본회의장. 정세균 국회의장이 대통령 탄핵소추안 의결 결과를 발표했다. 본회의장은 환호와 박수 소리로 가득 찼다. 중앙홀에서 현장 분위기를 스케치하던 외신기자들도 '박근혜 탄핵 가결'을 속보로 긴급 타전했다. 4층 방청석에서 이 현장을 지켜보던 세월호 엄마 아빠들은 벌떡 일어나 박수 치며 환호했다. 국회 경위들이 세월호 가족들을 제지하다가 더는 말리지 못했다. 세상 그 어떤 부모도 자식 잃은 슬픔 앞에 우선하는 것은 없으니까.

박근혜권력의 대리인 또는 아바타 역할을 했던 새누리당 일부 의원들이 탄핵에 찬성표를 던져 박근혜권력은 무너지기 시작했다. 국민을 대리해 국회의원이 됐음에도 불구하고 국민의 요구는 안중에 없고 오로지 박근혜권력에만 충성했던 그들을 돌려세운 것은 오로지 촛불이었다. 국민들이 하나 된 함성으로 불의한 권력을 심판해야 한다고 외쳤고, 그 국민의 소리에 그들도 굴복한 것이다. 국민을 이기는 권력은 없다는 진리가 국회 안에서 또 한번 확인됐다. 낙숫물로 바위를 뚫는다 했던가. 작은 촛불 하나로 절대로 무너지지 않을 것 같았던 철옹성 박근혜권력을 무너뜨렸다. 그 차가운 겨울을 오로지 촛불 하나로 버틴 결과, 국민 승리라는 쾌거를 얻었구나, 자부심이 만발했다.

대통령(박근혜)탄핵소추의결서 제출

제346회국회 (정기회) 제18차 본회의(2016.12.09.)에서
"대통령(박근혜)탄핵소추안"이 가결되었으므로 헌법
재판소법 제49조제2항에 따라 탄핵소추의결서의 정본을
제출합니다.

첨부서류 : 대통령(박근혜)탄핵소추의결서 정본 1부.

2016. 12. 09.

소추위원
국회 법제사법위원장 권성동

헌법재판소 귀중

대통령(박근혜)탄핵소추의결서

주 문

헌법 제65조 및 국회법 제130조의 규정에 의하여 대통령(박근혜)
의 탄핵을 소추한다.

피소추자

성 명 : 박근혜

직 위 : 대통령

탄핵소추사유

헌법 제1조는 "대한민국은 민주공화국이다. 대한민국의 주권은 국
민에게 있고, 모든 권력은 국민으로부터 나온다."라고 선언하고 있
다. 대통령은 주권자인 국민으로부터 직접 선거를 통하여 권력을
위임받은 국가의 원수이자 행정부의 수반으로서 헌법을 준수하고
수호할 책무를 지며 그 직책을 성실하게 수행해야 한다(헌법 제66
조 제2항, 제69조). 이러한 헌법의 정신에 의하면 대통령은 '법치와
준법의 존재'이며, "헌법을 경시하는 대통령은 스스로 자신의 권한
과 권리를 부정하고 파괴하는 것"이다(헌재 2004. 5. 14. 선고 2004

정본입니다
2016. 12. 9.
대한민국 국회
의안과장 구현우

2016년 12월 9일,
권성동 국회 법제사법위원장이
헌법재판소에 탄핵소추 의결서를 제출했다.
국민을 이기는 권력은 없다는 사실이 확인된 날이었다.

: 정치적 사망선고

"박근혜 구속!"

2016년 12월 10일 토요일, 광화문 사거리에서 신호 대기 중인 한대의 오토바이. 이 오토바이에는 짐칸에 노란색 플라스틱박스가 매달려 있었는데 거기에 작은 피켓이 꽂혀 있었다. '박근혜를 구속하라!' 전날 국회에서 탄핵소추결의안이 통과된 덕인지, 길 건너 박사모 집회에서 아무리 군가를 부르고 시끄럽게 해도 광화문광장으로 몰려드는 시민들은 별로 개의치 않는 분위기였다. '박근혜 구속' 피켓을 꽂고 오토바이를 운전하던 시민에게 이 피켓을 왜 꽂고 다니느냐고 물었다.

"저는 작은 공장 기계실에서 일해요. 탄핵 가결, 테레비로 봤는디요. 차암, 기가 맥히대요. 아니, 그렇게 할 수 있는 걸 진작에 했어야지, 여태 뭐 하고 있다가, 이제 와 가지고. 국회의원들 반성해야 돼요. 아니, 박근혜 대통령, 자기가 스스로 잘못을 좀 시인했으면 을매나 좋아. 이렇게 온 나라가 시끄럽고 말이여. 뻔뻔하기도, 뻔뻔하기도, 아니, 이렇게 뻔뻔할 수가 있어그래? 여기까정 와서 대통령직을 계속허겠다, 이건 진짜 말도 안 돼요. 자기 아부지 공덕도 다 파헤쳐지는 거 아녀? 내가 참 세월호 애덜만 생각하믄 아주 그냥 내 가슴이… 저는 항상 걔덜을 위해 기도해요. 수고들 하세요. 신호가 배뀌어서."

쏜살같이 사라졌다. 구수한 충청도 사투리가 귓전에 남았다. 가장 평범한 언어로, 일상의 말들로 왜 박근혜정권이 불의한가를 쉽게 설명하고 세월호 참사의 진상 규명을 요구했다. 오토바이 아저씨를 지나쳐 광장으로 도로 올라가다가 서울 송파구에서 온 아기 엄마를 만났다. 17개월짜리 아기를 키우는 엄마였다.

"애가 어리고 그래서 못 나오고 그랬어요. 그런데 한번은 나와야지, 한번은 나와서 함께해야지 하는 마음이 컸습니다. 너무 깜깜해지면 아이들 때문에 들어가야 해서, 이렇게 낮에 나왔는데요. 탄핵 가결 현장중계를 집에서 보면서 이런 생각이 들었어요. 잘못을 했으니까 탄핵되는 것도 맞는데, 대통령 하나가 잘못된 일을 해서 이 나라가 이렇게까지 됐구나 싶으니까 속상하더라고요. 자라나는 우리 아이들에게 안 좋은 모습이니까요. 나라가 좀 바르게 가야 하는데 그게 안 되니까 안타까웠어요. 박근혜 대통령은 자기만 생각하지 말고 국민이 바라는 바대로 청와대를 나와야 한다고 생각해요. 빠른 국정 안정을 우리 국민들은 요구하고 있습니다. 빨리 특검수사 받고 국민이 궁금해하는 것들에 대답해야 합니다. 세월호 7시간의 비밀. 이제는 속 시원히 털어놓아야 해요. 지금도 사람들이 많이 늦었다고 하지만, 그래도 늦었다고 할 때가 가장 빠른 거라잖아요. 이제라도 빨리 발표를 해서 국민이 박근혜 대통령을 용서할 시간을 좀 주었으면 좋겠습니다."

치우침 없는 매우 완곡한 표현이었다. 국회 탄핵 이후 박근혜 대통령이 국가의 수장으로서 어떤 선택을 해야 하는가를 명확히 알려주는 시민의 고언이었다. 이런 고언을 받아들일 정도였다면 국정농단 사태도 벌어지지 않았겠지만, 그래도 한때 국민들로부터 높은 지지를 받았던 우리나라 최초의 여성 대통령이 조금이라도 국민에 대한 예의를 갖춰달라는 요구로 들렸다.

촛불집회에 참석하기 위해 네덜란드에서 직접 날아온 장나라 씨의 사연은 더 많은 생각을 하게 했다.

"저는 1987년 6·10항쟁 당시 시청 광장에 있었습니다. 그때 그 광장에, 역사적인 현장에 다시 서게 되어서 너무 많이 울었어요. 87년 당시 호헌철폐 독재타도, 그리고 직선제 쟁취를 확실히 책임지지 못한 죄의식 때문에 또 이렇게 나왔는데요. 30년 전과 달리 사람들의 표현방식이 많이 자유로워졌고 또 국민들의 의견을 모아서 민의를 반영할 수 있는 단계가 됐다는 사실에 너무나 행복합니다. 우리가 힘을 모아서 행복한 대한민국을 만들었으면 좋겠습니다! 18세 이상 투표권이 있는 나라가 얼마나 많은데, 우리는 제자리걸음인지 모르겠습니다. 젊은 세대를 만나면 그냥 말없이 끌어안았습니다. 과거에는 대한민국은 냄비야, 이래서 안 돼, 저래서 안 돼, 안 된다고 생각한 적이 많았는데요. 이제는 절대 아닙니다. 우리 국민들 정말 대단한 분들입니다."

한국의 민주주의를 위해 30년 전 시민들은 고문과 폭행을 견디어냈고, 지금 시민들은 세월호에 갇힌 헬조선에서 살다 전세대가

2016년 12월 10일,
7차 촛불집회를 마친 시민들이 청와대 인근에서
폭죽을 터트리며 탄핵소추 가결을 축하하고 있다.
뜨거운 연대의 현장은 그 무엇보다 아름다웠다.

함께 촛불로 나라를 바꾸는 시민혁명 대열에 섰다. 거대한 역사의 물줄기란 이처럼 굽이치면서도 결국엔 제 갈 길을 가는 건가 싶기도 했다.

"경기도 안산에서 왔어요. 혹시 탄핵이 가결돼서 사람들이 집회에 안 나오면 어쩌나 걱정이 돼서 저라도 나와야지 하고 나왔습니다. 저는 두 아이가 있는데요. 하나는 11살, 다른 하나는 9살이에요. 아이들과 함께 역사의 현장에 서고 싶었습니다. 탄핵 가결이 선포될 때 저는 직장에서 일하고 있었는데요. 계속 인터넷으로 보면서 가슴을 졸였습니다. 어느 순간, 딱, 클릭을 하니까 가결됐다고 뜨는 거예요. 얼마나 안도의 한숨이 나오던지. 무엇보다도 지금 경제가 너무 어렵잖아요. 이 어수선한 난국을 빨리 정리하고 새로운 방향으로 나아가야 합니다."

안산의 시민은 미리 준비해온 원고를 읽는 것처럼 또박또박 말했다. 뉴미디어 시대라서 그런가, 모든 시민이 달변가라고 해도 과언이 아닐 정도다. 또 스스로 미디어가 되었다. 기술과 미디어의 발전이 민주주의 발전으로 이어지는 건가 생각할 무렵, 한 시민이 핫팩을 내 손에 쥐여주고 표표히 사라졌다. 감사의 인사를 할 촌각도 허락하지 않은 채.

"경기도 구리에서 두 딸을 데리고 왔습니다. 김장 때문에 계속 못 오다가 이제야 나왔습니다. 탄핵 가결 현장은 집에서 박수 치면서 봤어요. 누구 한분 때문에 우리 아이들이 한국사회를 참 많이 배우게 되네요. 한편으로는 감사하다고 해야 하나요? 하하."

"저는 두 아들과 함께 나왔습니다. 탄핵은 당연히 될 줄 알았어요. 나라 꼴이 너무나 비정상이잖아요. 조선 시대에나 섭정이나 간신이 있는 줄 알았더니 요새도 그런 사람들이 청와대에 진을 치고 있었네요. 역사적인 날, 아무리 추워도 두 아들과 이렇게 나와서 촛불집회 광경도 보고 나쁘지 않네요. 대통령에게 한마디만 해도 되나요? 대통령님, 감방 가서 끝까지 휴식 취하세요!"

두 딸과 나온 엄마, 두 아들과 나온 아빠. 촛불집회에서 흔히 만날 수 있는 '참여형 가족'이었다. 또는 친구, 직장 동료, 학교 동창생 모임이다. 간혹 민주동문회 깃발도 보였다. 대학 졸업한 지 30년 만에 처음으로 매주 대학 동창들을 만나고 있다는 시민도 있었다. 촛불집회가 낳은 새로운 풍경이다.

국회에서 탄핵이 이뤄졌다는 것은 박근혜 대통령에게 정치적 사망선고가 내려진 것이나 다름없었다. 그럼에도 그는 관저에서 나오지 않고 끊임없이 언론플레이를 하며 버텼다. 꾀를 내어도 죽을 꾀만 낸다고, 내놓는 논리마다 국민들 앞에서 박살이 났다. 얼토당토않은 주장에 국민이 이죽거려도 부끄럽지 않은 것일까.

함세웅 신부가 나섰다. 민주주의국민행동 상임대표 자격이다.

"박근혜 탄핵 이후가 훨씬 더 중요합니다. 앞으로 우리가 무엇을 할 것인가. 우선 선거연령을 18세로 내려야 합니다. 또 국회의원 수를 더 늘리고 권한은 대폭 축소해서 정부 감시기능을 활성화

해야 합니다. 청와대도 감시하고 정부도 감시하려면 제대로 된 국회의원들이 의회로 가서 확실한 역할을 해줘야 합니다. 또 정치인들 교육을 좀 해야겠습니다. 우리 모두가 힘을 모아서 정치인들이 우리 시민 앞에 무릎 꿇게 만들어야 합니다. 해방 이후 노력했지만 완결 못한 일들, 정치인들을 회개시키면서 아름다운 민주국가 통일국가를 이룩하도록 함께 노력합시다."

1987년 '호헌철폐 독재타도'에 앞장섰던 함 신부는 촛불 이후 '어떤 대한민국'을 만들 것인가에 초점을 맞췄다. 고등학교 1학년 이수진씨도 같은 마음이었을까. 함 신부의 발언과 그 결은 다르지만 앞으로의 대한민국에 대해 말했다. 이수진씨의 말이다.

"모두 같은 출발선에서 시작할 수 있도록 도와주십시오. 밤새며 코피 흘려가며 노력해도 돈 많은 애, '빽' 좋은 애 못 따라가는 건 정말 비참하지 않습니까. 정유라 특례입학 같은 것 말고, 노력하면 된다는 걸 뉴스에서 보고 싶습니다. 마지막으로 국민을 위해 일하라고 뽑아준 정치인들 아닙니까. 재벌이나 특정 개인을 대변해서야 되겠습니까. 정치인이라는 특권으로 국민의 기본권을 짓밟지 말아주십시오. 21대 총선 때 투표권이 생기는데 저도 지켜보겠습니다. 촛불의 힘으로 박근혜를 퇴진시키고 평등한 나라 안전한 나라 그래서 행복한 나라를 만들어갑시다."

노동자 김태현씨의 얘기는 더욱 새겨들을 만했다. 재벌권력에 대한 질타였다.

"삼성전자는 산업재해 노동자의 목숨값으로 단돈 500만원을 던져주었습니다. 그런 이재용이 박근혜에게 갖다 바친 수백억의 뇌물이 댓가 아닌 돈이라는 게 말이 됩니까. 이재용 3대 세습을 위해 국민연금 6000억원을 농단했습니다. 권력이 개입하지 않고는 불가능한 일입니다. 현대차 정몽구도 유성기업도 어떤 처벌도 받지 않았습니다. 롯데 재벌은 골목상권마다 침탈해서 수백만 자영업자들의 생존권을 벼랑으로 내몰지 않았습니까. 작년 재벌 총수들이 박근혜에게 수백억 내고 노동개악 강행한 것입니다. 그 내용이 무엇입니까. 부모 세대 임금 깎고 해고해서 청년실업 해결한다는 기상천외한 패륜적 노동개악입니다. 박근혜가 그걸 강행했습니다. 재벌들이 그들의 곳간에 수백조를 쌓아두고도 그것도 모자라 뇌물을 갖다 바치고 정경유착을 했습니다. 재벌 놔두고서는 제2의 박근혜정권은 언제든지 또 생길 수밖에 없습니다. 박근혜-최순실 게이트 국회 국정조사에서 어느 새누리당 청문위원은 '연로한 회장님을 청문회에 불러내 죄송하다' 이렇게 말했습니다. 이렇게 부패한 정치인들이 뭘 할 수 있겠습니까. 세상을 바꾸고 역사를 바꿀 사람은 우리 시민들입니다. 광장의 힘으로 재벌 총수 구속하자! 광장의 힘으로 세상을 바꾸자!"

학생이나 노동자나 '우리가 꿈꾸는 나라'에 대한 비전은 같았다. 어떻게 구체화할 수 있는지 그 해법에 대해서는 퇴진행동 정강자 공동대표의 발언이 주목할 만했다.

광화문에서 청와대까지,
이 곳은 백만 촛불이 열어낸
소중한 민주주의의 성과

© 연합뉴스

2016년 12월 10일,
7차 촛불집회에 앞서 시민들이
차벽에 현수막을 걸고 있다.
촛불혁명은 주권자들이 민주주의를 위해
직접 일어선 일로서 길이길이 기억되어야만 한다.

"국회에서 탄핵소추안이 가결되는 순간, 우리는 서로 얼싸안고 환호했습니다. 맞습니까? 갈팡질팡하던 정치권을 누가 바로 세웠습니까? 여기 모인 광장의 촛불이 해냈습니다. 그렇죠? 많은 사람들이 우리가 축배를 들기에는 아직 이르다고 말하고 있습니다. 또 이제 시작이라고 말합니다. 여러분이 외쳤던 재벌 특혜 청산, 세월호 진상 규명, 국정교과서 폐기, 노동개악 폐기, 백남기 농민 특검 실시, 언론 장악 중단, 사드 배치 철회, 일본군 위안부 합의 폐기, 그 수많은 적폐를 끝장내야 하지 않겠습니까. 추운 날씨에 감기 걸리지 말고, 지치지 말고, 조금만 더 힘을 내어 긴 호흡으로 뚜벅뚜벅 광장으로 걸어나와 나라다운 새 나라, 국민이 사람답게 사는 세상을 함께 만들어갑시다."

그 누구의 연설도 허투루 듣기 어려웠다. 친일부터 군사독재, 그 사이 10년간 민주정부가 있었지만 또다시 부패한 권력. 매번 국민이 들고일어나 봉기로 항쟁으로 투쟁으로 역사를 바꾸었다. 4·19, 5·18, 6·10 때 일어섰던 민초들과 촛불세대가 한목소리로 광장에서 세상을 바꾸기 위해 분투하는 모습이 아름다울 뿐이었다.

: 산업화 세대의 우울

국회에서 탄핵이 가결되자, 이를 비판하고 이에 항의해 할복할 사람들을 모집한다는 글이 SNS에 올라왔다. 경찰은 누가 이런 일을 꾸미는지 주시하고 있다고 했다. 혹여 광화문광장에서 끔찍한 사태가 벌어지면 어쩌나 걱정된다는 우려가 SNS를 타고 돌았다. 박근혜 대통령의 탄핵 직후 권한대행을 맡은 황교안 국무총리는 가장 먼저 불법시위 엄단을 언급하고 나섰다. 촛불집회를 겨냥한 발언으로 보이는데, 정작 촛불집회 안에서 불법은 없었다. 평화롭게 재밌게 즐기면서 불의한 권력을 심판하자는 것이 촛불집회의 기조였기 때문에 이를 흐트러뜨리는 일을 할 필요가 없었다. 일각에선 보수우익세력이 쌍방 폭력 진흙탕 싸움으로 만들어 여론에 물 타기를 해보려는 것이 아니냐는 우려도 했지만 현명한 촛불시민들은 이런 물 타기에 말려들지 않았다.

"왜 나를 막아, 너희들이 경찰이야? 이 새끼야, 건드리지 마. 이 놈들아, 경찰이라는 새끼들이 어떻게 이럴 수가 있어? 이런 게 경찰이야? 나를 건드리지 말라고."

태극기를 든 보수우익 시민이 광화문 사거리 세월호 천막 앞까지 와서 시비를 걸었다. 땅바닥에 주저앉아 경찰이 자신의 편에 서지 않는다며 울분을 토했다. 그러나 경찰로서도 평화롭게 민주적으로 집회하는 사람들을 물리력으로 제지할 수는 없었다. 그는 경찰에게 욕설을 섞어가며 강짜를 놓았다. 광화문 사거리 횡단보도에서 대구에서 온 한 시민을 만났다.

"내가 일부러 왔습니다. 우리는 너무 억울해서, 또 나라를 사랑해서 이렇게 나온 겁니다. 방송도 맨날 우리 태극기는 안 보여주고 촛불 쪽만 보여주고, 너무 억울하다, 우리는. (하지 마. 뭐할라꼬 인터뷰하노? 저거들은 우리 소리 하나도 안 보낸다. 편파방송 하지 마라.) 너무 심하다, 이기는. 대통령이 뭐 그리 크게 잘못했나? 국회에서 탄핵한 기 잘한 기라? 이게 민심이야. 엉터리들아. 하야집회는 돈 받고 나왔지만, 우리는 내 돈 내고 자발적으로 나왔어. 정말 멀리서 나라 구하려고 온 거예요. 진짜야, 촛불 쪽이 돈 받고 나왔다 카데. 인터넷에 다 떴어. 5만원씩 받았다고. 박원순이한테 물어봐. 문재인이한테 물어봐. 우리가 민심이야."

대구에서 온 시민과 잠깐 이야기를 나누는 사이에도 수많은 가짜 뉴스가 쏟아졌다. 전혀 사실이 아닌 가짜 뉴스를 이 사람들은 어디서 접하는 것일까. 뉴스를 믿지 않는 그들에게 유일한 의사소통 통로는 SNS였나? 허위를 마치 사실인 양, 오히려 가르치려 드는 데는 장사가 없었다. 반박할라 치면 주먹이 날아들고 욕설이 쏟아졌다. 젊은 것들이 노인의 말을 듣지 않는다며, 예의 없는 사람 취급하는 데는 도리가 없었다. 다만 개중에는 청원형으로 말하고 싶어하는 이들도 있었다.

"와, 우리 꺼는 생전 안 나옵니꺼? 지금요, 대다수 국민들은 참고 있는 기라. 촛불 든 사람만 다가 아이고. 쫌 정확하게 쫌 해주세요. 탄핵찬성 여론이 70, 80%? 국회에서 234표? 국민여론을 악용해서 종북세력 불순분자들이 지금 탄핵을 일으킨 거라구. 그놈들이 반국가세력이야! 모든 진실을 은폐하고 덮어놓은 다음에 지들이 옳은 척 그렇게 정치하는 거야. 아주 썩어빠진 놈들이야. 그걸 전혀 모르는 학생들이 저기서 지금 촛불을 들고 저러고 있는 거라고. 우리나라 국민 중에 박정희, 아니 박근혜 대통령 은혜 안 입은 사람 있어? 한나라당 국회의원들은 배신자야. 사람은 짐승과 다른 긴데 정도가 있는 거 아입니꺼."

서울 홍제동에서 온 시민은 기독교도로서 박근혜 대통령을 보위해야 한다고 주장했다.

"저는 박사모 아닙니다. 나라를 사랑하는 마음으로 나왔어요. 소속이 없습니다. 지금 박근혜 대통령이 너무 어렵게 일하시는 것 같아요. 성경에 죄 없는 자가 이 사람을 돌로 치라고 했습니다. 죄 없는 사람 있나요?"

다 똑같이 죄 많은 인간이므로 박근혜 대통령의 잘잘못을 따지지 말라는 얘기였다. 그러나 이들의 이런 주장에 얼마나 많은 시민들이 동의할 수 있을까. 무엇보다 태극기집회 현장에서 쏟아지는 종북몰이는 답답하다 못해 안쓰럽다는 생각마저 들었다. 이미 색깔론, 종북몰이는 박물관으로 가야 할 구시대 유물이 된 지 오래인데 말이다. 정치권도 마찬가지다. 자유한국당의 전신 새누리당이 아무리 색깔론을 꺼내고 종북몰이를 해도 국민여론은 끄떡없었다. 그럼에도 그들은 왜 종북 색깔론, 주사파에 열중하는 것일까. 정동영 전 통일부 장관은 "냉전세력에게 주사파, 종북 색깔론이 없으면 무엇으로 그들의 존재를 증명할 수 있을까요?"라며 "냉전의 얼음이 꽝꽝 얼어 있어야 그 얼음 위에서 신나게 스케이트를 타는데 그 냉전의 얼음이 녹고 남북화해 시대가 열리면 그들이 설 땅이 없어지지 않습니까. 그래서 그런 거지요"라고 했다. 정 전 장관의 말대로 수구냉전세력이 공격할 수 있는 카드라는 것은 단 하나, 냉전 논리뿐이다. 진정한 보수정치를 펼치려면 냉전수구 논리를 넘어 새로운 담론 체계를 만들어야 할 텐데 그것 이외에 다른 논리가 없다고 하니 참으로 오랜 세월 북한을 이용해 국내정치용으로 써먹었구나 싶고 거기에 속은 우리 국민만 불쌍하다는 생각이 들었다. 그 가운데 60대 중반의 여성을 만났다.

"우리가 일본한테 주권을 빼앗겨서 엄청난 고통을 받았죠? 그때도 젊은이들이 엄청 희생을 당했습니다. 그 역사는 다 알죠? 그 다음에 6·25가 나서 수십년 뒤에 이산가족 찾기 할 때 얼마나 많은 시민들이 울었는 줄 아세요? 우리가 그런 아픔을 반복하면 너무 어리석은 거 아닌가요? 우리는 강냉이죽을 배급받아 먹던 세대입니다. 교육청에서 주는 보리빵을, 동무들과 반씩 갈라 먹으며 컸어요. 양푼이 들고 강냉이죽 얻어먹으러 다녔습니다. 우리나라가 이런 나라였어요. 지금이야 너무 잘 먹어서 다이어트한다고 다들 난리고, 좋은 음식 있다면 어디든 찾아가서 먹고 그러죠? 이게 다 어떻게 가능하게 된 줄 알아요? 박정희 대통령 아니었으면 우리는 여태 꽁보리밥 먹었을 거야. 이걸 너무나 모르고 있어, 젊은

세대가. 지금 전화 한통이면 어디든 음식이 배달되니까 배고픔의
아픔을 몰라. 우리는 1970년대 중동 사우디로 나가 돈 벌어온 산
업화 세대예요. 독일 가서 간호사로 일한 세대예요. 외국인 송장,
그 무서운 송장을 알코올로 닦는 모습, 영상으로 봤어요? 그렇게
일해서 일군 나라야. 이 사람들아! 이 축복된 나라를 젊은 애들이
함부로 하는 게 너무 가슴이 아파. 인간은 누구나 실수할 수 있어
요. 박근혜 대통령은 실수한 것도 아니고, 인간이라면 또 인간적으
로 (최순실한테) 그럴 수 있다는 건데, 그걸 가지고 이렇게 들쑤시
고. 이건 지금 우리나라 국민의 자존심이 걸린 문제예요. 지금 세
계가 보고 있단 말이야. 그런데 이걸 다 까발려서 우리 국민들 자
존심이 바닥에 떨어지게 해야 돼? 이거는요, 우리나라 국민들 자
존심 생각해서 자중하시고, 또 양보하고 사랑하는 마음, 또 절대로
물고 뜯고 해서 해결될 일이 아닙니다. 사랑하는 마음이 없고 양
보하는 마음이 없으면 무슨 화합이 되겠습니까. 욕심을 내려놔야
합니다. 박근혜 대통령의 잘못은 인정하지 않습니다.”

박정희 신화는 좀체 무너지지 않는다. 왜일까. 세뇌 때문일까.
정치권력과 언론권력이 만들어낸 우상이라서 그런가. 박정희와
나는 전혀 별개의 존재임에도 마치 함께 책임져야 할 사람처럼 생
각한다. 이유가 뭘까. 전쟁으로 무너진 나라를 ‘함께 다시 세웠다’
는 자부심 때문일까. 그래서인지 그와 나를 전혀 분리해서 사고하
지 않는다. 그런 점에서 보수우익집단이 주최하는 태극기집회에

참여하는 산업화 세대를 보면 한국 현대사가 가진 또 하나의 상처로 여겨진다. 국익을 위해서라면 전쟁터에도 끌려가야 했고, 나라의 곳간을 채우기 위해서라면 저 멀리 독일의 광부로 간호사로 떠나야 했던 세대. 그 세대의 상흔은 태극기집회에 오롯이 묻어난다. 군복을 입고 군화를 신고 새마을 모자를 꾹 눌러쓴 상태에서 힘차게 태극기를 흔들며 군가를 목 놓아 불러대는 그들은 민주화세대인 86세대의 아버지 어머니, 그리고 촛불세대의 할아버지 할머니 세대다. 이념으로 갈라져 싸운 지도 어느덧 73년. 남북이 화해하면 세대 간 화합도 가능할까? 분단의 비극은 수많은 왜곡으로 여전히 한국사회 안에 똬리를 틀고 있다.

해소되지 않은 적폐는 한국사회 곳곳에 남아 있다. 그것을 제대로 청산해야 새로운 대한민국이 가능하다는 게 촛불의 논리다. 친일과 독재, 분단의 뿌리, 그것을 미화하고 찬양하는 논리가 살아 있는 한, 아무리 대한민국이 OECD 국가 중에 돈 많은 부자나라라 해도, 정치적으로는 한 계단 더 뛰어올라 선진국가로 가지 못한다.

7부

우리가
꿈꾸는 나라

: 제대로 된 혁명

혁명을 하려면 웃고 즐기며 하라
소름 끼치도록 심각하게는 하지 마라
너무 진지하게도 하지 마라
그저 재미로 하라

사람들을 미워하기 때문이라면 혁명에 가담하지 마라
그저 원수들의 눈에 침이라도 한번 뱉기 위해서 하라

돈을 좇는 혁명은 하지 말고
돈을 깡그리 비웃는 혁명을 하라

획일을 추구하는 혁명은 하지 마라
혁명은 우리의 산술적 평균을 깨는 결단이어야 한다
사과 실린 수레를 뒤집고 사과가 어느 방향으로
굴러가는가를 보는 짓이란 얼마나 가소로운가?

노동자 계급을 위한 혁명도 하지 마라
우리 모두가 자력으로 괜찮은 귀족이 되는 그런 혁명을 하라
즐겁게 도망치는 당나귀들처럼 뒷발질이나 한번 하라

어쨌든 세계 노동자를 위한 혁명은 하지 마라
노동은 이제껏 우리가 너무 많이 해온 것이 아닌가?
우리 노동을 폐지하자, 우리 일하는 것에 종지부를 찍자!
일은 재미일 수 있다, 그리하여 사람들은 일을 즐길 수 있다
그러면 일은 노동이 아니다
우리 노동을 그렇게 하자! 우리 재미를 위한 혁명을 하자!

영국 작가 D. H. 로런스(D. H. Lawrence)의 1929년 작품 「제대로 된 혁명」(『제대로 된 혁명』, 류점석 옮김, 아우라 2008)이다. 그해 10월 24일은 검은 목요일. 뉴욕 주식시장이 대폭락 하면서 대공황이 시작됐다. 폐병을 앓던 로런스는 언제 죽을지 모르는 암담한 상황에서 '제대로 된 혁명'을 노래했다. 왜 그랬을까. 그 시대를 매우 어

렵게 살아가던 가난한 사람들에게 어떤 혁명을 할 것인가 말하고 싶었던 것은 아닐까. 로런스가 세상을 떠난 지 90년이 다 되어가지만 그의 시는 여전히 울림이 있다. 세상을 어떻게 바꿀 것인가라는 질문은 언제나 현재진행형이기 때문인가. 벌써 두해 전 기억이 돼 버렸지만, 손난로를 붙들고 언 손을 호호 불며 이게 나라냐, 진실은 침몰하지 않는다고 외쳤던 촛불혁명은 로런스의 노래와도 많이 닮아 있다. 자그마치 20주 동안 매주 토요일을 반납했으면서도 즐겁게 혁명했고, 수많은 인파가 모였음에도 단 한건의 불상사도 발생하지 않았다. 돈만 좇으며 사람보다는 이윤을 택했던 불의한 권력을 감옥에 가뒀고 국민 다수가 열망하는 정의롭고 따뜻한 나라로 만들기 위한 대장정의 길로 들어섰다. 그 결과 정권교체도 이뤘다.

　적어도 국민 다섯 가운데 한명은 촛불을 들었던 이 혁명은 신기하게도 단 한명의 영웅도 만들지 않았다. 1700만 시민 모두의 혁명. 이렇게 공동체적 성과로 마무리 짓기도 쉬운 일은 아니다. 국내에 살든, 또 해외에 살든 촛불에 마음을 포개려는 시민들은 곳곳에서 동영상 생중계 채널을 틀어놓고 댓글로라도 함께했다. 그래서 촛불혁명은 '동시성' '현장성' '지속성'을 갖춘 미디어혁명이기도 했다. 대다수 국민이 SNS로 실시간 연대했다. '악마의 편집'이 불가능했던 생중계는 날것 그대로의 현장을 생생하게 보여줘 그 자체로 감동의 드라마가 연출됐다. 한주도 쉬지 않고 촛불현장을 지켜

2016년 12월 3일, 사상 최대 인원이 참석한 6차 촛불집회에서
시민들이 청와대 방향으로 행진하고 있다.
이 행진은 정의롭고 따뜻한 나라를 만드는 길로 이어져야 한다.

낸 우직함은 국면 장기화에 따른 촛불 피로감을 막아내며 혁명의
명분을 쌓아갔다.

: "그런다고 세상이 바뀌나요"

문재인 대통령의 두 눈은 충혈돼 있었다. 배우 강동원은 무대
위에 올라서도 뒤돌아 흐느껴 우느라 객석을 돌아보지 못했다. 문
대통령과 함께 영화 「1987」을 관람한 청와대 참모들도 흐르는 눈
물을 주체할 수 없기는 마찬가지였다. 31년 전 그날을 또렷이 기
억하고 있는 사람들에게 영화 「1987」은 영화 그 이상의 의미가 있
다. 문재인 대통령은 영화 감상평으로 "우리가 함께 힘을 모을 때,
그때 세상이 바뀐다"고 말했다. 극중 대학생 연희(김태리 분)가 민
주화운동을 하던 선배 이한열(강동원 분) 열사에게 "그런다고 세상
이 바뀌나요?"라고 묻는 장면이 나오는데, 문 대통령은 이에 "6월
항쟁, 또 그 앞에 아주 엄혹했던 민주화 투쟁 시기에 운동을 하는
사람들을 가장 힘들게 했던 말이 바로 '그런다고 세상이 달라지
느냐' 같은 말이었다. 지금도 정권이 바뀌었다고 세상이 달라지는
게 있느냐, 그렇게 얘기하는 분도 있다. 이 영화는 그 질문에 대한
답이라고 생각한다"고 말했다. 영화 「1987」은 31년 전에 이뤄졌던
1987년 6월민주항쟁을 모티브로 한 영화다. 이 영화를 접한 젊은

세대는 당시 민주화운동이 어떻게 전개됐는지 간접 경험하는 기회를 가졌을 게다. 촛불혁명은 알아도 1987년 6월민주항쟁은 모르는 젊은이들에게 어쩌면 이 영화는 좋은 교과서 역할을 할지 모른다. 영화 「택시운전사」로 1980년 5·18민주화운동의 역사 일부분을 알 수 있듯 영화 「1987」로도 마찬가지일 터. 상업영화인 만큼 사실과 허구가 섞여 있어, 당시의 진실이 궁금해진 청년들이 서점에서 현대사책을 찾아 읽어본다는 소식은 더욱 반가웠다.

31년 전이나 지금이나, 어쩌면 그보다 훨씬 전에도 우리 국민의 요구는 비슷하다. 민주주의와 인권이 존중받는 사회. 누구나 차별받지 않고 행복을 누릴 권리를 갖는, 공평하고 정의로운 나라. 부정부패 없는 깨끗한 나라. 특권과 반칙이 허용되지 않는 나라. 헌법 제1조 '대한민국은 민주공화국이고, 대한민국의 주권은 국민에게 있으며, 모든 권력은 국민으로부터 나온다'라는 이 간결한 명제를 정치권이나 재벌이 무시하거나 짓밟지 못하도록 하는 것, 그것이 국민의 뜻이다.

지난 이명박-박근혜 정권 9년간 이 간단한 명제는 철저히 무시됐고 외면당했다. 국민은 안중에 없고 국가를 수익모델로 제 지갑 채우기에 바빴다. 이명박 전 대통령은 본인이 직접, 박근혜 전 대통령은 비선실세 최순실을 통해서다. 박근혜 전 대통령은 구속된 상태에서 재판을 거부하며 정치투쟁에 골몰하고, 이명박 전 대통령은 감옥에서 검찰수사를 거부했다. 국민이 경악할 범죄가 백일하에 드러났음에도 정치보복 운운하며 사실로 받아들이지 않는다. 검찰은 박근혜 전 대통령에게 징역 30년에 벌금 1185억원을 구형했고, 1심 재판부(서울중앙지법 형사합의22부 김세윤 부장판사)는 징역 24년, 벌금 180억원을 선고했다. 이런 사람들이 전직 대통령이었다니 혀를 끌끌 차게 한다. 국정농단의 대역죄를 짓고도 반성하지 않는 사람들. 그들에겐 무엇이 약일까. 안민석 더불어민주당 의원은 "정권을 통한 범죄은닉재산은 국회에서 법을 새로 만들어서 국민들에게 돌려놓는 것이 맞다"고 말했다. 국가권력을 동원해 형성한 부정재산이라면 반드시 환수해 국민재산으로 만드는 게 옳다. 그것이 사법정의고 경제정의다.

: 박근혜 파면 1년, 비정상의 정상화

박근혜 파면 1년, 모든 게 빠르게 정상화됐다. 파면선고 직후 검찰조사와 함께 박근혜는 감옥으로 갔고, 우리 국민은 5월 장미대선으로 정권교체를 이뤘다. 새로 당선된 문재인 대통령은 촛불대통령, 촛불혁명정부임을 자임했다. 국정교과서가 폐기됐고, 인천공항 비정규직 노동자들의 정규직화가 선언됐다. 현직 대통령이 9년 만에 처음으로 5·18광주민주화운동 기념식에 참석했으며 1만여 명의 시민들과 함께 「임을 위한 행진곡」을 제창했다. 6·10민주항쟁 30주년 기념식에 참석한 것은 물론이고, 굴욕적인 12·28 한일 위안부합의를 사실상 폐기했으며, 첨예한 갈등 이슈였던 원전 문제에 대해서는 숙의민주주의 형태로 해법을 찾아보았다. 그 과정에서 발생한 여러 이슈가 있고 또 결과가 만족스럽지 않다는 반론도 있지만 국민 다수의 뜻이 민의로 반영됐다는 평가가 있다.

촛불시민들은 독일 프리드리히 에버트 재단으로부터 2017 에버트 인권상을 받았다. 한 나라의 국민 전체를 인권상 수상자로 정한 것은 1994년 에버트 인권상 제정 이후 처음이다. 2016년 가을부터 겨울, 그 이듬해 봄까지 이어진 20주간의 촛불집회에 참여한 1700만 국민이 그 수상자다. 쿠르트 벡(Krut Beck) 에버트 재단 이사장은 수상자 선정 이유에 대해 "대한민국 국민들이 평화적 집회와 장기간 지속된 비폭력 시위에 참여하고, 집회의 자유를 통한 모범적 인권 신장에 기여한 공로가 인정된다"는 점을 꼽았다. 늦가을 단풍을 보고 시작한 촛불집회는 이듬해 목련 봉오리가 솟을 때까지 지속됐다. 그 공로를 저 멀리 독일에서 지켜보고 상을 주었다니 꽤 뿌듯했다.

대한민국의 촛불집회는 세계 어느 나라에서든 본받을 만한 민주주의 교과서다. 그 정도로 모범적인 시민혁명을 해냈다. 영화 「1987」 속 연희가 던진 "그런다고 세상이 바뀌냐"는 질문에 대한 답은, '그렇게 세상을 바꾼' 2016~17 촛불혁명 아닐까.

: 정경유착, 재벌개혁

이재용 삼성전자 부회장은 2018년 2월 5일 항소심 재판에서 징역 2년 6월에 집행유예 4년을 선고받고 353일 만에 풀려났다. 이재용 부회장에 대한 항소심 재판부였던 서울고등법원 형사13부 정형식 부장판사는 곧바로 지탄의 대상이 됐다. 죽은 권력 박근혜에게 잘못을 떠밀고 국내 최대 재벌권력 이재용 부회장은 피해자로 둔갑시켜 석방해주었다는 비판이다. 이 부회장뿐 아니다. 공범으로 함께 구속됐던 최지성 전 삼성그룹 미래전략실장·장충기 전 미래전략실 사장·박상진 전 삼성전자 대외협력담당 사장·황성수 전 삼성전자 전무 모두 풀려났다.

이재용 부회장에 대한 정형식 판사의 판결이 내려진 후 시민들은 청와대 국민청원 게시판에 특별감사를 요구했다. 정형식 판사에 대한 특별감사 요구는 15일 만에 24만명을 넘었으나, 청와대는 "판사를 파면할 권한은 없다"고 밝혔다. 실제 청와대가 재판에 관여하거나 판사를 징계할 권한은 없다. 법관의 파면이 가능하려면 직무 집행 중에 헌법이나 법률을 위반했다는 사유가 있어야 하고 그것이 인정된다 해도 국회에서 탄핵소추가 이뤄져야 하기 때문에 청와대 권한으로 정형식 부장판사를 어떻게 할 도리는 없다. 다만 청와대는 "민주주의 국가에서 감시와 비판에 성역이 없는 만큼 국민은 사법부도 비판할 수 있다"며 "악의적 인신공격이 아니라면 국민의 비판을 새겨듣는 것이 사법부·입법부·행정부 모두의 책무이며 청원에서 드러난 국민의 뜻이 가볍지 않은 만큼 모든 국가권력기관이 그 뜻을 경청해야 한다"고 밝혔다.

자유한국당은 정형식 부장판사를 두둔하기에 바빴다. 이재용 부회장이 풀려나자마자 "법원의 현명한 판결에 경의를 표한다"는 입장을 내놓았다. 재벌을 감싸고 비호하는 자유한국당과 달리 국민은 역시 '유전무죄 무전유죄'로구나, '재벌에게만 적용되는 3·5법칙(재벌총수에게 1심에서는 징역 5년을 선고한 뒤 2심에서는 징역 3년에 집행유예 5년을 선고하면서 풀어주는 것을 가리킨다)'이 또 적용됐다며 탄식했다. 20주간 이어진 촛불집회 내내 하루도 빠지지 않고 나온 구호가 있다면 그것은 '재벌도 공범이다'였다. 정경유착은 적폐 중 적폐다. 재벌개혁은 오래된 국가개혁 의제다. 그런데 지금까지도 재벌개혁은 쉽지 않았다. 이미 자본권력이 국가권력 위에서 돈의 힘으로 농단을 벌이는 장면을 이명박-박근혜 정권 내내 목격했다. 언론도, 법원과 검찰도, 정치권은 물론 관료들도 자본권력으로부터 자유롭지 않다는 것은 여러 군데에서 확인된다. 특히 박근혜-최순실 게이트가 그랬다.

재벌과 권력 그 사이에서 감시와 견제 역할을 해야 하는 언론과 검찰, 그리고 법원의 일부 판사들은 현직일 때는 물론 퇴직 이후에도 재벌의 로비스트로 친위부대 역할을 했다. 전관예우로 자신의 직을 팔아 재벌을 비호하고 오너 일가의 잘못된 행태에 눈감고 세상을 썩게 만들었다. 탐욕이 빚어낸 거대한 허상. 결국 이것은 검사도 판사도 변호사도 그리고 기자도 모두 직업윤리에 충실하지 못한 집단이 되도록 만들었다. 이것이 옳은가. 아니라면 최소한 재벌의 경제력 집중과 사익 편취, 총수 일가의 안하무인식 황제경영, 삼성증권 사태에서 드러난 내부 통제시스템의 붕괴 등을 꾸준히 문제제기하면서 대안을 마련하도록 강제해야 한다. 이유가 있다. 재벌은 스스로 개혁하지 않기 때문이다. 스스로 개혁할 수 있다면 굳이 왜 권력을 매수하여 불법과 탈법을 저지르겠나. 현재의 재벌시스템을 그대로 둔 채로는 한국의 노동 현실도 바꿀 수 없다고 본다. 그래서 촛불정부가 시민을 대신해 재벌개혁을 완수해야 한다. 그러지 않는다면, 촛불집회 내내 그토록 외쳤던 "재벌도 공범이다"에 대한 답을 찾지 못하게 되기 때문이다.

언제든 불법과 탈법으로 자신들의 공고한 시스템을 갖추려고 하는 재벌을 국가가 공공의 이름으로 통제하고 기업의 이익이 노동자와 사회의 이익으로 귀착될 수 있게 견제를 강화해야 한다. 무능한 오너경영 체제에서 벗어나 전문경영인 체제로 거듭날 수 있도록 해야 하고, 한해 정부예산을 넘는 규모의 사내유보금(2017년 상장사 사내유보금 860조원)을 쌓아두고도 투자와 일자리 마련에 소극적인 재벌이 명실상부 사회적 역할을 제대로 하도록 강제해야 한다. 그래야 더불어 잘사는 세상이 될 수 있다. 가계는 점점 어려워지고 계속 가난해지는데 가뜩이나 부자인 기업이 더 큰 부자가 되도록 끊임없이 기업이익만 증가시키는 방식의 경제구조는 끝내야 한다. 기업소득과 가계소득이 병행해서 늘어나야 내수도 활성화된다. 내 주머니에 쓸 돈이 생겨야 소비할 수 있다. 당장 일자리도 없고 소득이 없는데 빚만 늘어나면 내수는 위축되기 마련이다.

문재인정부는 집권 2년차인 2018년 국정기조를 "이게 삶이냐에 대한 응답"으로 정했다고 밝혔다. 집권 첫해인 2017년이 '이게 나라냐'라는 질문으로 시작해 국정농단으로 허물어진 나라를 나라답게 다시 세우고 적폐청산을 통해 온갖 불의와 싸우는 한해가 됐다면 2018년은 양극화 해소와 국민의 삶의 질 높이기에 주력한다고 했다. 소득 주도 성장, 사람 중심 경제, 내 삶이 바뀌는 대통령은 이미 촛불혁명 당시 수많은 시민들이 요구했던 바이기도 하다. 진성준 청와대 정무기획비서관은 "4월과 5월 외교안보로 한반도 평화체제가 마련되면 그다음은 국민의 먹고사는 문제가 최우선 과제"라고 했다. 평생 노동해온 서민들이 문재인정부에 가장 기대하는 답이 바로 '내 삶이 달라지는 대통령' 아닐까.

: 평창 2018

세계인의 올림픽 제전, 평창동계올림픽이 2018년 2월 25일 대단원의 막을 내렸다. 개막식부터 화제를 몰고 온 평창올림픽은 '세계인의 스포츠 축제' 그 이상의 의미가 있었다. 남북 선수단과 대표단이 단일기를 들고 입장할 때 관중석에 앉은 세계인은 박수갈채를 보냈다. 여자 아이스하키 남북 단일팀은 짧은 훈련 기간이었지만 상당한 우정을 쌓았고, 작별할 땐 아쉬움에 눈물을 떨구기도 했다. 세라 머리(Sarah Murray) 감독은 "우리는 한 팀이었다"며 뜨거운 눈물을 흘려, 보는 사람들의 가슴을 먹먹하게 했다. 크로스컨트리 스키 남자 15km+15km 스키애슬론 경기에 출전한 김은호 선수는 시작부터 밀려 하위권으로 격차가 벌어졌는데 이때 북한 선수 훈련을 위해 설상을 찾았던 북한 코치진이 김은호 선수를 향해 "한둘, 한둘" 구령을 붙여주며 두 바퀴를 도는 내내 경기를 지켜보며 응원했다. 하얀 설산에 빨간 점퍼를 입은 두 코치의 사진은 영영 뇌리를 떠나지 않을 정도로 퍽 인상적이었다. 국제올림픽위원회(IOC)를 비롯한 국제사회는 평창올림픽을 평화올림픽으로 만들어 스포츠가 외교에 기여해 남북관계를 개선하는 동시에 북미관계 개선으로 이어지기를 바랐다. 그러나 당시 북미 사이가 워낙 냉랭했으니 어떤 협상은커녕 개폐회식 때 대표단은 수인사도 나누지 않았다.

김정은 북한 국무위원장은 남북 단독정부 수립 70년 만에 처음으로 자신의 혈육이자 노동당 제1부부장인 김여정 특사를 남쪽에 보냈다. 북한권력의 핵심인 김여정 부부장은 한국에 머무는 2박

우리는 하나다

© 연합뉴스

2018년 2월 20일,
평창동계올림픽 여자 아이스하키 7, 8위 결정전에서
스웨덴에 패한 남북 단일팀 선수들이 서로 격려하고 있다.
평창동계올림픽을 계기로 시작된 남북관계 개선이
어디까지 이어질지 주목된다.

3일간 수수한 옷차림으로 소탈하게 행동했으며 문재인 대통령, 김정숙 여사와도 친숙한 모습을 보였다. 예상했던 대로 김여정 부부장은 김정은 국무위원장 명의로 된 남북정상회담 초청 카드도 들고 왔다.

폐막식엔 김영철 북한 노동당 부위원장이 방남했다. 그의 방남 소식이 알려지자 자유한국당은 거세게 비토했다. 김성태 자유한국당 원내대표는 "김영철이 한국 땅을 밟는다면 긴급 체포하거나 사살해야 할 대상"이라며 "천안함 폭침 주범인 김영철이 대한민국 땅을 단 한뼘도 밟게 해서는 안 될 것"이라고 주장했다. 또한 2018년 2월 24일부터 광화문 청계광장에서 천막 의총을 열고 김영철 부위원장의 방남 저지 장외투쟁을 시작했다. 농성에는 자유한국당 소속 의원 약 70명이 참석했고, '천안함 폭침 주범 김영철 방한 철회 촉구 결의문'을 낭독한 뒤 연좌농성에 들어갔다. 홍준표 대표는 천막 의총에서 "청와대 주사파의 국정농단으로 나라가 거덜 나게 생겼고 고스란히 북한에 나라를 바치는 모습"이라며 "대통령이 국민을 위해 나라를 운영해야 하는데 오로지 광적인 지지세력만 보고 대통령 노릇을 하고 있다"고 힐난했다. '김영철 방한 저지 투쟁위원회' 위원장을 맡은 김무성 자유한국당 의원은 "김영철을 손님으로 접대한 것은 억울하게 죽어간 젊은 넋들의 무덤에 오물을 끼얹은 격"이라며 "문재인 대통령과 정부 관료들이 김영철을 환대해놓고 한달 뒤 천안함 8주기에 장병들의 묘역을 참배한다면 차가운 물속에서 죽어간 용사들이 대성통곡할 것"
이라고 했다.

자유한국당 의원들은 현장 의총 직후 청계광장에 마련한 임시
천막에서 연좌농성을 시작했다. 그러나 김 부위원장이 도라산 남
북출입사무소를 거쳐 강릉으로 이동한 뒤 16시간 만에 농성은 끝
났다. 아이러니하게도 자유한국당의 전신, 새누리당은 2014년 박
근혜정부 당시 김영철 부위원장과 마주 앉아 협상했다. 그해 10월
15일 당시 김영철 북한군 정찰총국장 겸 국방위원회 서기실 책임
참사는 판문점 우리 측 구역 통일의 집에서 열린 군사회담에서 우
리 측 류제승 국방부 정책실장과 만났다. 2014년 10월 16일, 당시
새누리당 권은희 대변인은 이런 논평을 발표했다. "비록 현재 남
북관계가 대화와 도발의 국면을 오가는 상황이기는 하지만 대화
의 시도가 끊임없이 이뤄지고 있는 일련의 상황들은 매우 바람직
하다. 남북 갈등 해소와 평화통일 등 어렵고 복잡한 문제들을 풀
기 위해선 대화부터 시작해야 한다. 오해가 있으면 풀고 의견이
다르면 조정해야 한다. 대화조차 하지 않으면 갈등의 골은 계속해
서 깊어질 수밖에 없다. 남북대화가 앞으로도 꾸준히 이어지길 기
대한다." 자유한국당은 군사회담과 올림픽 폐막식은 차원이 다른
문제라고 주장하지만 한반도 평화를 위해서라면 누가 오느냐보
다 북한과 만날 것인가 만나지 않을 것인가, 만난다면 무엇을 어
떻게 할 것인가에 더 초점이 맞춰져야 한다.

전쟁과 평화의 갈림길에서 진보 보수가 있을 수 있을까. 누가 전쟁을 원할까. 만약 한반도에서 다시 전쟁이 발발한다면 그것은 핵전쟁이다. 끊임없는 한반도 전쟁 위기 고조로 이익을 보는 세력은 누구일까. 미국 무기 판매 회사 아니면 냉전세력은 아닐까. 냉전세력을 규합해야 존재감을 과시할 수 있는 국내 보수세력은 언제까지 냉전수구 논리로 정치할 수 있을까. 걸핏하면 전쟁 공포 속에서 생존배낭을 싸는 훈련 아닌 훈련을 하며 지내는 것이 과연 바람직한 일이라고 보는 걸까. 곰곰 생각해볼 일이다.

일제 36년, 친일 부역, 해방, 좌우 대립, 이념 갈등, 전쟁, 그리고 군사독재, 민주화, 이명박-박근혜 정권의 구체제 부활. 그리고 촛불혁명, 다시 민주정부. 이제는 한반도의 새로운 100년을 준비할 때가 되지 않았나. 한반도의 운명을 놓고 언제까지 과거로만 회귀할 것인가. 간혹 정치권에서 쏟아지는 무분별한 정쟁을 보고 있으면 답답함이 끓어오른다. 단순하게 경제로만 비교해도 남북은 힘을 합치는 편이 갈라져 싸우는 편보다 이익이다. 2008년 현대경제연구원이 발표한 「남북경협 20년의 성과와 과제」 보고서에 따르면 김대중-노무현정부 당시 남북관계 개선으로 발생한 경제효과가 약 276억달러(약 28조원)인 것으로 확인된다. 내수 경기 측면에서는 금강산 관광, 개성공단 개발에 따른 인건비 절감 등으로 16억 2000만달러, 국방 부문에서는 군축에 따른 예산 절감, 군 병력의 생산인력 전환 등으로 약 181억 6000만달러의 비용이 절감

됐다고 분석했다.

반대로 이명박정부 시기였던 2008년부터 2011년까지 3년간 남북관계 경색에 따른 경제손실 추정액은 45억 8734만달러(약 4조 8396억원)에 이르는 것으로 조사됐다. 『한겨레』가 입수한 남북경협 실태보고서에 따르면, 이는 북한의 손실 추정액 8억 8384만달러(약 9324억원)의 5배가 넘는 액수이며, 남쪽의 간접손실은 이보다 더 큰 124억 7466만달러(약 13조 1608억원)로 추산됐다. 이명박정부는 당시 북한과의 교역·경협을 중단한 2010년 5·24조치 이후 1년 동안 북한의 경제적 손실이 3억달러에 달했다고 주장했지만 이 조사로 남쪽의 피해가 도리어 더 컸던 것으로 나타났다. 결국 남북관계 경색이 우리 경제에 도움 되지 않는다는 반증인 셈이다.

남북관계가 경색되고 긴장이 고조돼야 이익을 보는 사람들이 있다면 그들은 누구일까. 설사 그런 세력이 국내외를 막론하고 존재한다고 해도 대한민국의 국익 관점에서 이런 방해물은 뛰어넘는 게 맞지 않을까. 누군가 한반도의 평화체제를 방해하려 한다면 그것을 뛰어넘어 새로운 정세를 만들어내는 것이 정치의 역할 아닌가 싶다.

종북·주사파·빨갱이·좌파 논란은 1945년 해방 이후 70년이 넘도록 계속되고 있다. 지난 촛불혁명으로 이 프레임이 상당히 무력해졌음에도 자유한국당 홍준표 대표 등은 여전히 이 낡은 프레임으로 정치를 한다. 젊은 세대가 떠나가더라도 이 낡은 프레임에

동조하는 이른바 태극기세력을 규합해 그들에 기반한 정치를 하겠다는 태도다. 그래 봐야 '콘크리트 지지율'은 15%에 불과하다. 상식을 이기는 정치는 없다. 겨울이 지나면 봄이 오고, 얼음은 녹게 돼 있다. 냉전의 얼음이 녹으면 그때는 어떻게 하려는 것일까. 낡은 질서를 부여잡고 통일대교 아래 누워버린 자유한국당 의원들은 무엇을 위해 정치를 하는 것인지 묻고 싶다. 낡은 질서를 청산하고 새로운 한반도를 위한 비전과 정책을 짜기에 바빠야 할, 또 진정한 보수라면 한반도 안보 불안을 야기할 것이 아니라 어떻게든 한반도의 평화적 관리, 안정적 관리에 골몰해야 할 때다. 그런데 지금 그들은 무엇을 하고 있나.

: 남북 정상, 판문점 선언

2018년 4월 27일 오전 9시 28분, 판문점 북측 구역인 판문각 문이 열리고 김정은 국무위원장이 한 계단씩 내려왔다. 판문점 공동경비구역 군사정전위원회(군정위) 본회의실이 있는 T2(Temporary, 임시)와 군정위 소회의실이 있는 T3 사이 남측 구역에서 미리 기다리고 있던 문재인 대통령은 그가 내려오는 장면을 조용히 지켜보았다. 서로 눈이 마주치자 양 정상은 하얀 이를 드러내며 환하게 웃었다. 전세계인이 바라보는 가운데 양 정상은 손을 마주잡고 시멘트 턱 군사분계선을 고무줄놀이 하듯 왔다 갔다 했다. 경기도 고양 킨텍스 메인프레스센터에서 이 광경을 취재하던 기자들은 탄성을 지르며 환호했다. 분단 73년 만에 처음으로 북측 최고 지도자가 남측 땅을 밟은 역사적 순간. 코끝이 아릿하고 눈물이 핑 돌았다. 불과 5개월 전만 해도 이곳은 선혈이 낭자하던 곳이다. 2017년 11월 13일 북한 병사 오청성씨가 총알을 맞으며 건너온 사선. 73년간 분단의 비극이 켜켜이 쌓여 있는 역사의 공간. 그곳에서 양 정상은 4월의 연초록 안에서 UN군이 놓은 도보다리 위에 앉아 30분간 배석자 없이 대화했다. 영상은 실시간으로 전세계에 생중계됐지만 마이크를 달지 않아 무슨 얘기가 오가는지 전혀 알 수 없었다. 오로지 새소리만 들렸다. 남북을 자유로이 오가는 새들만 한가롭게 지저귀고 양 정상은 진지하게 대화했다. 해외언론은 이 광경을 "어메이징"(Amazing)이라 했다. CNN은 "새 역사가 시작됐다, 남북 지도자는 65년간의 적대를 중단했다"고 보도했다. AFP통신은 "11년 만에 처음 이뤄진 역사적 회담의 정점"이라고 평가했고, 『워싱턴포스트』는 "워싱턴을 핵무기로 공격하고 아시아의 미군 기지를 없애겠다고 위협하는 독재자 김정은은 잊어라. 국제 정치인 김정은이 온다"고 썼다. 12시간의 남북정상회담이 세계 뉴스의 방향을 바꿨다. 대단한 전환이다.

　73년간 끔찍했던 분단사회의 질곡. 그 고통은 누구도 대신해주지 않았다. 오로지 우리 민족이 겪어냈던 슬픔과 광기의 역사. 억

겹의 세월을 이겨낸 끝에 남북 정상은 끝내 마주 앉아 "더이상 한 반도에 전쟁은 없다"고 공식으로 선언했다. 1953년 7월 27일 북한 인민군 최고사령관 김일성, 중국 인민지원군 사령관 펑더화이(彭德懷), 유엔군 총사령관 마크 웨인 클라크(Mark Wayne Clark)가 판문점에서 정전협정에 서명한 지 65년 만이다. 당시 이승만 대통령은 전시작전통제권을 유엔군(사실상 미군)에 넘기고 북진통일론을 주장하며 서명에 참여하지 않았지만, 이 땅에 살고 있는 우리는 그 당시에도 지금도 정전협정을 평화협정으로 바꾸는 데 주체일 수밖에 없다. 역사적인 3차 남북정상회담으로 판문점 선언이 나오자 세계는 다시 한반도를 주목했다. 지구상에 남은 마지막 냉전지대에 평화의 봄이 왔기 때문이다.

판문점 선언으로 남과 북은 개성에 남북 당국자가 상주하는 공동연락사무소를 개설하기로 했다. 6·15를 비롯한 다양한 기념일들을 계기로 당국과 국회, 정당, 지방자치단체, 민간단체 등이 참여하는 민족공동행사를 적극 추진키로 했다. 2018 아시아경기대회에 단일팀을 꾸려 공동 출전하기로 했다. 8·15엔 이산가족 상봉을, 동해선과 경의선의 철도와 도로를 연결해 끊어진 길을 다시 잇기로 합의했다. 육해공 모든 공간에서 일체의 적대 행위를 전면 중지하고, 군사분계선 일대에서 확성기 방송과 전단 살포를 중지하며 비무장지대를 실질적 평화지대로 만들어나가기로 했다. 서해 북방한계선 일대를 평화수역으로 만들어 우발적 군사 충돌을 방지하고 안전한 어로 활동을 위한 실질적 대책을 세워나가기로 했다. 이를 위한 군 장성급 회담은 필수불가결이다. 불가침과 군축, 정전협정 체결 65년이 되는 2018년 이를 평화협정으로 바꾸고 항구적인 평화체제 구축을 위한 남북미 3자 또는 남북미중 4자 회담 개최를 적극 추진하기로 했다. 남북은 "완전한 비핵화를 통해 핵 없는 한반도를 실현한다"는 공동의 목표를 확인했고, 양 정상은 정기적인 회담과 직통전화를 통해 민족의 중대사를 수시로 의논하기로 했다. 그리고 2018년 가을, 문재인 대통령은 평양을 방문하기로 했다.

이것이 꿈인지 생시인지 분간하기 어렵다는 말들이 각종 SNS의 타임라인을 장식했다. 사랑이 도둑처럼 온다더니, 어느 날 갑자기 평화가 도둑처럼 왔다. 4월 위기설, 한반도 전쟁설은 냉전세력이 퍼뜨린 가짜뉴스에 불과했던 것일까. 2016년 온 국민의 촛불혁명으로 2017년 대통령을 바꿨고 그 힘으로 4·27 정상회담을 거쳐 종전선언, 북미정상회담, 남북미 또는 남북미중 평화협정으로까지 끌어올렸다고 생각하니 가슴이 벅차올랐다. 촛불의 힘은 어디까지 한반도를 바꿔낼 수 있을까.

: 개헌

박근혜 전 대통령은 자신의 비선실세 최순실의 국정농단이 실체를 드러내기 시작하자 2016년 10월 24일 국회 시정연설에서 느닷없이 개헌에 나설 뜻을 밝혔다. 그는 "저의 공약사항이기도 한 개헌 논의를 더이상 미룰 수 없다는 결론에 도달했다"며 "향후 정치 일정을 감안할 때 시기적으로도 지금이 적기라고 판단하게 되었다"고 주장했다. 이어 "지금은 1987년 때와 같이 개헌에 대한 국민적 공감대가 형성되었다고 생각한다"며 "30년간 시행되어온 현행 5년 단임 대통령제 헌법은 과거 민주화 시대에는 적합할 수 있었지만 지금은 몸에 맞지 않는 옷이 되었고, 이제는 1987년 체제를 극복하고 대한민국을 새롭게 도약시킬 2017년체제를 구상하고 만들어야 할 때"라고 말했다. 또한 그는 "임기 내에 헌법 개정을 완수하기 위해 정부 내에 헌법 개정을 위한 조직을 설치해서 국민의 여망을 담은 개헌안을 마련하도록 하겠다"며 "정파적 이익이나 정략적 목적이 아닌, 대한민국의 50년, 100년 미래를 이끌어 나갈 미래지향적인 2017년체제 헌법을 국민과 함께 만들어가길 기대한다"고 밝혔다.

이런 박근혜 전 대통령의 개헌 주장은 일일천하로 끝났다. 당일 저녁 JTBC에서 최순실의 태블릿PC가 보도되면서 정국은 급변했고 개헌 카드는 실종됐다. 마치 국민을 위한 개헌에 나서는 것처럼 말했지만 이는 자신의 정치적 위기를 모면해보려는 꼼수에 불과했다. 박근혜 전 대통령뿐만 아니라 그의 아버지 박정희도 장기 집권을 위해 3선 개헌, 유신헌법 개헌으로 헌법 개정을 정치수단화했다. 이승만정권도 마찬가지다. 사사오입 개헌으로 권력 야욕을 드러냈다. 우리나라에서 대통령이 주도한 여섯번의 개헌 가운데 네번은 장기집권을 위해 두번은 쿠데타 이후 정권의 안위를 확실히 하려 했던 개헌이다. 사실상 국민의 뜻이 제대로 반영된 개헌은 없었던 셈이다. 그나마 1987년 6월항쟁으로 쟁취한 제9차 개헌, 직선제 개헌은 많은 한계에도 불구하고 민의가 반영된 개헌이라 할 수 있다.

1987년 우리 국민은 독재와 싸워 직선제를 쟁취했다. 대통령 직선제는 투쟁의 산물이다. 31년 전 청년 학생 또는 넥타이 부대였던 시민들은 직선제를 포기하기 어렵다. 어떻게 싸워 얻은 직접민주주의 제도인데 그것을 현재와 같은 국회 구조의 내각제와 바꾼단 말인가. 국회 불신이 극에 달한 가운데 보수야당이 요구하는 이원집정부제 또는 분권형 대통령제 역시 국민들에게는 내각제의 변형요소로 꼽힌다. 여러 여론조사를 통해 국민은 대통령 4년 연임제를 선호하는 것으로 알려졌다.

1987년 대통령 직선제가 실시됐지만 국민의 기본권, 지방분권, 직접민주주의 요소를 담아내는 데는 미흡한 요소가 많았다. 기본권과 직접민주주의 요소를 강화하고 과거 권위주의 시대 잘못된 용어들을 바로잡을 필요성이 꾸준히 제기됐다. 특히 지방분권 문제는 매우 심각하다. 그래서 대통령 직속 국민헌법자문특별위원회가 만든 '국민개헌안'에는 국민투표 이외 국민발안, 국회의원

국민소환 등 직접민주주의 요소가 강화됐고, 국가원수 등 유신 잔재를 삭제했다. 경제민주화와 토지공개념을 강화했고, 공무원의 노동 3권을 보장했다. 대통령의 사면권을 제한했고, 감사원을 독립기구화했다. 총리의 권한도 강화됐다. 정부 법안 제출권을 제한하고, 예산안의 국회 제출기간을 30일 앞당겨 예산법률주의를 도입했다. 국어학자까지 국민개헌안에 참여해 아름다운 우리말로 법조문을 만들었다. 정해구 국민헌법자문특위 위원장은 "국민개헌안이 시민들의 교양 필독서가 되기를 바란다"며 "내 삶을 규정하는 새로운 헌법안이 어떤 내용을 담고 있는지 누구나 쉽게 읽을 수 있도록 만들었으니 꼭 한번 읽어주기를 당부드린다"고 했다. 그만큼 쉽고 편안하게 썼다는 얘기다.

헌법 개정은 그동안 특정 법학자 또는 법률가만의 것으로 치부돼왔다. 그러나 실제로 내 삶을 바꾸는 헌법 개정이라고 하면 누구나 관심을 갖고 들여다보고 어떻게 바꾸는 것이 좋은지 아이디어를 낼 것이다. 원전정책을 결정하는 과정에서 숙의민주주의가 상당한 역할을 했던 것처럼 헌법 개정에서도 국민적 의지를 모아내는 일은 매우 의미있고 바람직한 작업이라 하지 않을 수 없다.

그러나 결국 6월 개헌은 무산됐다. 대통령도 여당도 6월 지방선거 동시 국민투표는 어렵게 됐다고 선언했다. 국민의 60% 넘게 찬성한 개헌안을 국회가 걷어찼으니 과연 국회가 국민의 대의기관이 맞는지 이해하기 어려웠다. 야당들은 6월 개헌이 물 건너갔으

경청

숙의

© 연합뉴스

2017년 10월 13일,
신고리 원전 5·6호기의 운명이 결정될
공론화위원회 종합토론회에 많은 시민이 참여했다.
개헌 과정에서도 이처럼 국민의 의지를
모으는 일이 필요할 것이다.

니 새로 개헌안을 마련해 9월 또는 10월 개헌을 추진하자고 주장했다. 그러나 그 야당들의 주장을 곧이곧대로 듣기는 어려웠다. 헌법 개정조차 정쟁의 도구로, 선거용으로 써먹으려는 얄팍한 수를 국민 다수가 목도한 마당에 그들이 하자는 대로 끌려갈 국민이 과연 몇이나 되겠나.

:촛불이 바꾼 일상

me too, with you

촛불은 정권교체로 끝나지 않았다. 일상 속 적폐청산으로 더 깊이 들어왔다. 공정과 정의, 평등 의식은 전분야로 빠르게 확산됐다. 그 가운데 안태근 전 검사장의 성추행 사건이 폭로됐다. 2018년 1월 29일 창원지검 통영지청 서지현 검사는 검찰 내부망 '이프로스'에 글을 올리고 「JTBC 뉴스룸」에 출연해 안태근 전 검사장의 성추행 사건을 폭로했다. 2010년 10월경 어느 장례식장에서 벌어진 일이다. 수많은 하객이 오가는 장례식장에서 당시 법무부 검찰국장이던 안태근 전 검사장은 서 검사의 허리를 감싸 안고 엉덩이를 쓰다듬는 등 상당 시간 동안 성추행한 것으로 알려졌다. 현장에는 법무부 장관도 있었고 동료 검사들도 여럿 있었다. 그러나 아무도 서 검사에게 행하는 행위를 중지하라고 말하지 않았다. 공범들이다. 동료 검사가 성추행을 당하고 있는 현장을 보고 있으면서도 아무것도 하지 않은 사람들. 이들을 어떻게 이해해야 할까. 정작 그런 그들도 법의 심판대 위에서는 성추행범을 다그쳤을 것이다. 법 위의 법이 존재했다. 서 검사는 그렇게 8년을 참았다. 그리고 용기를 내어 8년 만에 고백했다. 서 검사는 JTBC 인터뷰를 통해 "2010년 당시는 지금과 분위기가 또 달라서 이런 성추행 얘기를 꺼내기 굉장히 어려운 분위기였다"며 "저 스스로 그런 얘기를 공론화하는 것이 제가 몸담고 있는 검찰 조직에 누를 끼치는 것이 아닌가 이런 생각도 했고 이 문제가 대두되었을 때 오히려 피해자에게 2차, 3차 피해가 가해지지 않을까 그런 걱정을 했던 것도 사실"이라고 말했다.

대한민국에서 둘째라고 하면 서러울 만큼 힘이 센 현직 검사의 말이다. 그가 8년 전 성추행을 당하고도 입 밖에 꺼내지도 못했던 상황을 처음 털어놓았다. 서 검사의 인터뷰는 온 나라를 충격에 빠트렸고 이 나라 검사가 저렇게 당할 정도니 평범한 직장 안에서의 성추행이나 성희롱, 성폭력은 어느 지경이겠냐는 문제제기가 줄을 이었다. 아니나 다를까 서 검사의 용기 있는 미투 고백 이후 각계각층에서 성범죄 고발이 이어졌다. 연극계, 문학계, 연예계를 비롯하여 교육계와 정치계에서도 연일 미투 고발이 줄을 이었다. 이러한 고발은 현재진행형이며, 한국사회의 성 인식이 얼마나 그릇되었는지 적나라하게 드러내고 있다. 뿌리까지 썩어버린 그

롯된 성 인식. 분명히 잘못된 행동인 줄 알면서도 적당히 무마하면 된다고 생각했던 성범죄가 하나하나 드러나면서 거대한 인식의 전환이 생겼다. 남성들은 '혹시 나도'라는 생각으로 과거를 더듬어 반성한다고들 했다. 혹여 과거 잘못된 행동을 했다면 용서를 빈다는 고백도 이어졌다.

서지현 검사의 미투 운동은 한국사회 직장문화도 일부 바꿔놓았다. 한 대기업 총무팀은 이전까지는 사무실 공용 컵을 여직원만 돌아가며 닦았는데 이 관행을 없앴다고 했다. 회식문화가 바뀌었고 노래방 2차도 사라졌다. 출장과 회식에서 여성을 빼는 등 여성 혐오의 현상도 불거지긴 했지만 시대의 흐름을 역행하지는 않았다. 미투 운동은 비단 여성들이 당하는 성범죄가 아니라 모든 권력관계에서의 차별, 폭력이라는 문제의식이 훨씬 광범위하게 퍼져나갔다. 이와 더불어 '위드유'(with you) 운동이 확산됐다. 혼자가 아니다, 우리는 함께한다는 인식이 더 커진 것이다. 피해자에 대한 2차, 3차 피해가 온라인 공간에서 꾸준히 문제가 되면서 위드유 운동을 지지하고 응원하는 물결 또한 더 크게 번졌다. 논쟁과 공박 속에 더 큰 연대가 이뤄진다는 점에 놀랐다.

사실 관료와 정치 집단, 기업 조직, 사회문화 속에서 성평등 문제는 여전하다. 일하는 여성이 많아졌지만 대개는 하위직이다. 위로 올라갈수록 여성은 소수다. 미투, 그리고 위드유 운동이 본격화하면서 양성평등의식은 전분야로 확산됐고 모든 폭력과 차별을 반대한다는 선언이 줄을 이었다. 만약 촛불이 없었다면, 권력 집단이 바뀌지 않았다면, 전사회적 미투 운동이 가능했을까. 문재인 대통령은 2018년 2월 26일 청와대 수석보좌관회의에서 미투 운동을 적극 지지했다. 문 대통령은 "피해자의 폭로가 있는 경우 형사고소 의사를 확인하고, 친고죄 조항이 삭제된 2013년 6월 이후 사건은 피해자 고소가 없더라도 적극 수사하라"고 지시했다. 그뿐만 아니라 "강자인 남성이 약자인 여성을 힘이나 지위로 짓밟는 행위는 어떤 형태의 폭력이든, 어떤 관계이든, 가해자의 신분과 지위가 어떠하든 엄벌에 처해야 할 것"이라며 "젠더 폭력은 강자가 약자를 성적으로 억압하거나 약자를 상대로 쉽게 폭력을 휘두르는 사회구조적인 문제여서 부끄럽고 아프더라도 이번 기회에 실상을 드러내고 근본적 대책을 마련하는 계기로 삼아야 할 것"이라고 말했다. 또한 "곪은 대로 곪아 언젠가는 터져나올 수밖에 없던 문제가 이 시기에 터져나온 것"이라며 "특히 촛불혁명으로 탄생한 우리 정부의 성평등과 여성인권에 대한 해결 의지를 믿는 국민의 기대감이 반영된 것으로 생각한다"고 했다. "사회 곳곳에 뿌리박힌 젠더 폭력을 발본색원한다는 생각으로 범정부 차원의 수단을 총동원하라"며 "특히, 용기 있게 피해 사실을 밝힌 피해자들이 2차 피해나 불이익을 받는 일이 없도록 꼼꼼하게 대책을 마련하라"고 밝혔다.

인권변호사 출신 대통령까지 직접 나섰음에도 최초로 미투 운동의 발단이 되었던 서지현 검사 사건에 대한 검찰 조사단의 조사 결과에는 "예견된 부실수사"라는 비판이 제기됐다. 성범죄 가해자인 안태근 전 검사장이 서 검사에게 인사상 불이익 등 2차 가해를 하는 전형적인 권력형 성폭력 비위라는 점은 확인했지만 끝내 안 전 검사장을 불구속 기소해 전현직 검찰 관계자 7명을 재판에 넘기는 선에서 종결되었다. 조사단은 "안태근 전 검사장의 성추행 의혹은 사실"이지만, "고소기간이 지나 입건할 수는 없다"고 밝혔다. 2010년 당시에 발생한 사건으로 당시에는 친고죄가 적용돼 피해자가 고소를 해야 처벌할 수 있는데 그때 서 검사가 고소하지 않았기 때문에 입건이 안 된다는 법 논리였다. 이에 서지현 검사 측은 강력히 항의했다. 수사 의지도 능력도 공정성도 결여된 '3무' 조사단의 활동 결과는 부실수사일 수밖에 없다는 주장이었다. 할리우드에서 시작된 미투는 전세계적으로 확산됐고, 그중에서도 한국에서 뜨거웠다. 검찰·종교·문화예술·정치·학계·학교 등 도처에 숨어 있는 성범죄 문제는 한국사회의 그릇된 성 인식을 바꾸는 계기가 됐다. 그러나 여전히 왜곡된 성 인식은 그대로다. 그릇된 성 인식을 바꾸고 양성평등으로 가는 길은 멀지만, 지금까지 온 것처럼 더 많은 평등과 차별철폐를 위해 전진해야 하지 않을까.

갑질

2014년 12월 5일 오전 0시 50분 미국 뉴욕 JFK공항. 조현아 당시 대한항공 부사장은 여승무원이 마카다미아 땅콩을 봉지째 서비스한 것을 두고 매뉴얼대로 하지 않았다며 화를 냈다. 그리고 이 여승무원과 박창진 사무장의 무릎을 꿇리고 파일철로 손등을 내리치거나 어깨를 밀쳤다. 그리고 말했다. "비행기 당장 세워. 나, 이 비행기 안 띄울 거야." 이른바 '대한항공 땅콩회항 사건'이다.

그로부터 햇수로 4년, 그의 여동생 조현민 대한항공 전무의 '물컵 갑질'이 세상에 공개됐다. 음성파일은 충격 그 자체였다. 그리고 얼마 후 그의 어머니 이명희 일우재단 이사장(조양호 한진그룹 회장의 아내)의 갑질 영상이 공개됐다. 2014년 인천 하얏트 호텔 공사 현장에서 작업자에게 서류 뭉치를 집어던지고 팔을 끄는 등의 행태가 고스란히 세상에 알려졌다. 끔찍한 일, 그것은 모두 현실이었다. 재벌 오너 일가의 천박한 행실은 혀를 끌끌 차기에 충분했다. 비단 그릇된 행실만 문제가 아니었다. 회사 조직을 동원해 밀수하거나 그밖에도 일감 몰아주기 의혹이 제기돼 관세청과 공정위가 나서 의혹에 대한 조사에 착수했다.

'조현민 파문'으로 대한항공 직원들은 900명이 넘게 참여하는 단체 채팅방을 만들어 갑질 경험을 공유했고 그 일부가 언론에 보도되었다. 이 엄청난 갑질에 분노한 국민은 청와대 국민청원을 통해 '국적기 대한항공에서 대한이라는 두 글자를 빼야 한다'고 요구했다. 불매운동도 벌어졌다. 그러나 대한항공 한진그룹 조양호 회장은 형식적으로 대국민 사과를 했을 뿐이다. 땅콩회항 사건으로 감옥에 들어갔다 나온 조현아씨를 슬금슬금 경영에 복귀시켜 칼호텔네트워크 사장에 앉히고 평창동계올림픽 성화 봉송에도 참여시켰다. 어쩌면 지금 이 순간 조양호 회장 머릿속에는 '이 또한 지나가리라'는 생각과 함께 이 폭풍이 지나가면 자식들을 경영 일선에 복귀시키면 된다는 생각이 있을지 모른다. 실제 과거에 그랬으니까. 그러나 이번엔 다르다. 촛불이 있다. 또 공정위나 관세청이 조양호 회장 뜻대로 가게 할까? 몇 년 뒤 또다시 조씨 일가가 경영에 복귀해 언제 그런 일이 있었냐는 듯이 나온다면 그것을 촛불이 용인할까. 관세청과 공정위가 어떻게 일을 처리하는지 촛불을 들고 지켜볼 일이다.

일단 국회는 갑질 금지법 입법에 나섰다. 직장 내 괴롭힘을 방지하고 피해 노동자들을 보호하는 법률이다. 대기업과 영세 사업장을 가리지 않고 '직장 갑질'은 여러 형태로 벌어진다. 숨죽이고 참아왔던 직장 내 인권 문제가 촛불을 타고 들불처럼 번지고 있다. 이 또한 촛불이 만들어낸 또 하나의 기적 같은 시민운동이다. 윗사람을 왕처럼 대접해야 잘리지 않고 생계를 이어갈 수 있었던 그릇된 조직문화. 그것과 단절하자는 것도 촛불의 정신이다.

촛불이 만든 평화

촛불혁명으로 일상에 많은 변화가 생겼다. 가장 큰 변화는 존중과 배려다. 타인의 삶을 귀담아 듣고, 남을 존중하고 배려하는 힘이 커졌다. 도처에서 돈보다 생명을 강조하기 시작했다. 경쟁만이 살 길이라는 천박한 슬로건을 대놓고 말하기 어려운 환경이 됐다. 공동체, 공동의 이익, 민족적 이익, 대의, 화합과 연대를 강조하는 사회 분위기가 조성됐다. 평창올림픽 때도 메달 개수와 순위에 집착하지 않고 애쓴 모든 선수를 응원했다. 촛불이 만든 변화다. 자유한국당이 아무리 반북 이데올로기를 강조해도 지지율은 오르지 않았고 2018년 4월 기준 오히려 12%까지 추락한 조사 결과도 있었다.

일순간 평화체제가 닥치면서 냉전의 얼음이 녹아내리는 장면을 보자 보수기득권층도 자세를 고치기 시작했다. 5월이 지나고 6월, 그리고 7월 27일 정전협정 65년 만에 항구적 평화체제가 확립되면 어떻게 될까. 천지개벽. 남북미중 4개국 정상이 판문점에서 종전선언을 하면 이 땅에서 더이상의 전쟁은 없다. 이념 갈등도 체제 위협도 없는 일이 될까. 전쟁 없는 한반도. 서울역에서 기차를 타고 개성을 지나 평양에서 대동강 맥주를 마시는 날이 오는 것일까.

생각하면 생각할수록, 오늘의 이 평화 훈풍은 촛불로부터 시작됐다는 생각을 지울 수가 없다. 촛불을 들어 2017년 5월 장미대선으로 정권을 바꾸지 않았다면 평창올림픽으로 말미암은 평화체제는 불가능한 꿈이었을 수 있다. 김정은 위원장의 시간표에 따라 2017년 11월 북한은 핵무력 국가 완성을 선언하고 미국과 핵-체제보장 협상을 하려고 했을 수 있다. 그러나 그 전에 김 위원장이 문을 열고 걸어나올 수 있게 해준 것은 남한의 신뢰, 촛불혁명정부를 자임한 문재인정부의 신뢰가 아닌가 싶다. 결국 촛불혁명이 미투 운동을, 또 한반도 평화체제까지 길을 놓은 것은 아닐까. 이 모든 상황의 원천이 바로 촛불혁명에 있다는 생각을 할 때마다 소스라치게 된다. 1700만 거대한 시민의 촛불이 오늘의 혁명을 완수했다. 3·1운동, 4·19혁명, 5·18광주민주화운동, 6·10민주항쟁도 이루지 못했던 꿈. 그 사명을 1700만 시민의 힘으로 해냈다. 이 역사적 사실이 놀랍고 또 놀라울 뿐이다. 그럼에도 촛불은 내려놓을 수가 없다. 여전히 현재진행형인 일상의 이슈가 계속 출렁이고 있기 때문이다. 평화를 위한 촛불, 전쟁 반대 촛불, 정의를 위한 촛불, 평등의 촛불, 모든 차별과 폭력을 거부하는 촛불. 일상 속의 수많은 이슈들을 가지고 우리는 언제든 다시 촛불을 들 수 있다. 그러므로 촛불은 영원하다.

20주간 촛불혁명 속에서 수많은 사람을 만났다. 그들의 입에서 빠지지 않고 나온 얘기는 "역사 앞에 부끄러움 없이 살고 싶다"는 것과 "우리 아이들, 미래세대에게 부끄럽지 않기 위하여" 또 "나중에 아이가 자라 어른이 됐을 때 아빠는 그때 어디에서 무엇을 하고 있었느냐는 물음에 떳떳하게 답변하기 위해" 촛불광장에 섰다고 했다. 그리고 한마디 더. "한번은 꼭 나가야 한다"는 국민 된 도리였다. 그리고 마지막으로 "대통령 얼굴 하나 바꾸려고 이 자리에 나온 것이 아니다. 내 삶을 바꾸는 대통령을 원한다"는 기대가 있었다.

전국 각지에서 모인 국민 모두는 한결같이 우리가 꿈꾸는 나라에 대한 꿈이 하나씩 있었다. 공평하고 정의롭고 투명하고 깨끗한 나라. 반칙과 특권이 허용되지 않는 나라. 적어도 우리 세대에서 완벽하게 그런 나라를 구현하지는 못할지라도 이후 세대들이 살아갈 미래의 대한민국은 최대한 공평하고 정의로우며 깨끗하고 투명한 나라가 되기를 바라는 마음이 컸다.

돈이 없어서, 교육에서 차별받고, 그 차별에 대해 부당하다고 항변하면 더 큰 불이익을 받아왔던, 그리하여 권력이 없으면 '국으로' 참고 살아야만 했던 나날들. 아무리 좋은 스펙을 쌓아도 뒷배 없이는 절망하게 되는 세상은 결국 헬조선이라는 이름으로 돌아왔다. 그런 사회는 이제 끝내야 한다는 믿음으로 촛불을 들었고 그 숫자가 무려 1700만명이나 되었던 것이다.

불의한 권력 심판으로 시작된 촛불혁명이 한반도의 평화지도까지 바꾸게 될지는 몰랐다. 거대한 전환기, 어쩌면 100년 전 구한말 때보다 더 큰 격변기가 오고 있는지 모른다. 남북정상회담에 이어 북미정상회담까지 이어지는 정국에서 항구적인 한반도 평화체제가 오기를 갈망한다.

촛불은 이제 우리 국민에게 강력한 무기이자 존재를 밝히는 등불이 됐다. 언제라도 촛불은 다시 들 수 있다. 한반도 평화의 촛불, 전쟁 반대의 촛불, 그리고 세계 평화의 촛불. 이웃 나라 일본이 아베 반대시위 현장에서 「진실은 침몰하지 않는다」를 일본말로 개사해 노래하는 모습을 보았다. 이제는 '촛불 한류'가 시작된 것일까. 촛불혁명 이후 독일의 한 언론이 "앞으로 유럽은 민주주의를 배우러 한국에 가야 한다"고 써서 깜짝 놀랐다는 한 학자의 전언도 있었다. 가장 평화롭고 가장 아름다운 방법으로 불의를 심판하고 정의를 세운 나라. 예전에는 유럽의 어느 나라를 동경하고 그 나라의 모든 시스템이 선인 양 떠들기도 했지만 이제는 세계가 부러워하는 촛불민주주의를 우리가 갖고 있다. 우리 안에 촛불이 있다. 우리가 촛불이다. 우리가 촛불인 이상 더 나은 세계는 가능하다.

이 책을 쓰는 겨우내 촛불시민들을 떠올렸다. 참 많이도 웃었던 기분 좋은 취재 현장. 새록새록 그때 추억이 생각날 때마다 다시 광화문에 선 기분이었다. 이 책에 더 많은 시민의 솔직한 이야기를 담고 싶었다. 그러나 중복되는 부분이 있어 덜어내기도 했다. 다행히도, 촛불시민들의 마음은 크게 다르지 않았다. 그래서 읽다 보면 내 생각과 같네, 이거 내 얘기인가, 하는 대목이 있을 줄 안다. 그런 경험을 공유하고 싶었다. 촛불혁명이 역사의 한 페이지로 넘어가기 전에 우리들의 혁명을 함께 추억하고자 한다. 이 책이 나오게 된 것은 오로지 촛불시민 덕이다. 진심으로 촛불시민께 한없이 감사드린다. 세상을 함께 바꾼 동지들로 영원히 기억하고 싶다.

이 책이 나오기까지 정말 많은 분들께서 도와주셨다. 든든한 후원자로 언제나 곁을 지켜주는 남편 정인환, 두 딸 명현, 명서에게 마음 깊이 고마움을 전한다. 특히, 책 표지에 작품을 쓰도록 흔쾌히 허락해준 임옥상 화백께도 감사드린다. 마지막으로 부족한 원고를 살뜰하게 잘 살펴주신 창비 황혜숙 부장, 김효근 팀장 등 편집자들께 특별한 고마움을 전하고 싶다.

과거의 잘못된 정치와 확실히 결별해야 새로운 나라는 가능하다. 대통령 박근혜에 대해 헌법재판소가 파면선고를 내린 다음날(2017년 3월 11일) 퇴진행동은 2017 촛불권리선언을 내놓았다. 어떤 나라로 가야 하는지 그 비전을 밝힌 전문인 셈이다. 아래에 그 전문을 옮겨 놓는다.

촛불은 국민 위에 군림하는 대의정치를 개혁하고 직접민주주의를 전진시키는 주권자 행동이다. 국민이 투표장을 넘어 생활 전반에서 주권을 행사할 때, 소수 정치세력이 국정을 농단하는 사태를 막을 수 있다. 국민은 차별과 제한 없이 자유롭게 정치적 의사를 표현하고, 정치에 참여할 권리를 가진다. 현행 선거제한 연령을 낮춰 더 많은 이들의 정치 참여를 보장해야 한다. 정치 대표자 선출 과정에 국민의 의사와 지향이 충실히 반영되도록 연동형 비례대표제와 결선투표제를 실시해야 하며, 국민발안제와 국민소환제를 도입하여 직접민주주의를 강화해야 한다. 엄격한 투·개표를 보장하기 위해 시민 감시가 법적으로 보장돼야 한다.

촛불은 특권 세력을 위해 남용된 공권력을 용납하지 않는 주권자의 직접행동이다. 모든 사람은 부당한 공권력에 저항할 권리를 가진다. 국가 안보와 국가 이익을 앞세워 민주주의와 인권의 가치를 훼손해서는 안 된다. 국가권력은 공정하고 투명하게 운영돼야 하며, 민주주의와 공공성 확대에 기여해야 한다. 수사와 재판은 공정하고 신속하게 이뤄져야 하며,

권력에 의한 부당한 사찰과 간섭은 금지된다. 경찰과 사법·정보기관은 시민이 승인하는 제도에 의해 민주적으로 통제돼야 한다. 국가 폭력으로 생명·재산 및 정신적 피해를 받은 사람은 진실을 알 권리를 가지며, 명예 회복과 피해 배상을 국가에 요구할 수 있다.

촛불은 부패와 특권을 만드는 일체의 차별과 불평등에 대한 정당한 항의다. 사람은 모든 영역에서 성별, 나이, 신체 조건이나, 출신 국가와 지역, 가족 형태, 성적 지향 및 성별 정체성, 학력과 고용 형태, 종교나 사상 등 그 어떤 이유로도 차별받지 않을 권리를 가진다. 국가와 사회는 여성과 이주민, 장애인, 성소수자, 국가 폭력 희생자, 세월호 유가족 등을 향한 혐오와 차별을 예방하고 위험을 방지할 책임이 있다. 소수자의 권리를 보장하고 성평등을 실현할 적극적인 제도를 도입하고 성평등 문화를 정착시켜야 한다. 우리는 연대와 공감으로 평등한 사회를 실현할 것이다.

촛불은 양심과 표현의 자유를 억누르고 언론을 통제한 권력과 이에 협력한 언론에 대한 심판이다. 사람은 사상과 표현의 자유, 집회와 결사의 자유를 갖는다. 국가는 이를 적극 보장해야 하며 이 권리를 공권력으로 침해해서는 안 된다. 정치적인 이유로 문화예술의 자유를 억압해서도 안 된다. 양심수는 석방돼야 한다. 민주사회를 위해 언론의 자유는 온전하게 보장돼야 하며, 언론을 장악하기 위한 공권력 행사는 금지된다. 언론은 민주적인 공론장을 제공해야 하며, 공정하고 객관적으로 보도할 의무를 지닌다.

촛불은 재벌이 누려온 특권과 부당한 부의 대물림을 용납하지 않겠다는 시민 행동 선언이다. 국민은 경제민주화와 정의 실현을 요구한다. 국가는 공정하고 체계적으로 사회자원을 분배하고, 구성원 모두에게 공평한 기회를 보장하며, 경제정의를 실현하는 법을 만들고 엄격한 법 집행으로 이를 보장할 의무가 있다. 누구도 부당한 방법으로 부를 세습할 수 없다. 사회 공공성을 훼손하는 민영화는 중단돼야 한다. 국가는 재벌의 횡

포를 방지하고, 그들이 누리는 특권을 폐지하고 부당하게 취득한 부를 환수하며, 다양한 경제 주체들이 상생할 수 있는 건전한 경제, 풀뿌리 경제와 일하는 사람 중심의 경제를 육성할 의무가 있다.

촛불은 노동자의 권리를 회복하고 불행한 노동을 없애고자 하는 시민들의 절규다. 국가는 노동의 가치를 존중하고, 모든 노동자가 헌법이 보장하는 노동 3권 등 노동 기본권을 실질적으로 누릴 수 있도록 보장해야 한다. 국가는 노동시간을 단축해 안전하고 안정적인 일자리를 보장해야 한다. 국가는 국민에게 평등한 노동 기회를 제공하고, 노동자와 그 가족이 인간다운 생활을 할 수 있도록 최저임금을 현실화하며, 생활임금을 보장해야 한다. 나아가 비정규직을 정규직화하고, 차별을 없애며, 포괄임금제와 성과연봉제를 폐지해야 한다. 국가는 비정규직 없는 세상을 실현하고 불공평하고 열악한 노동환경을 개선할 의무가 있다.

촛불은 생존권을 보장받으며 건강하고 행복하게 살 권리 선언이다. 사람은 건강하고 행복하게 살 권리가 있다. 국가는 국민의 전생애에서 기회의 균등과 결과의 평등을 보장해야 한다. 복지는 국민의 권리이며, 국가는 공평 과세와 보편적인 복지로 기본생활을 보장하고 소득 격차를 해소할 의무가 있다. 건강한 삶은 국민의 권리다. 보건과 의료는 상품이 되어서는 안 되며, 국가는 공공의료를 강화하고 질 좋은 의료 서비스를 제공할 의무가 있다. 장애인 권리와 농민 생존권도 보장해야 한다. 국가는 국민 삶의 기본인 주거권을 보장해야 한다. 무분별한 강제 철거와 노점 감축 정책을 중단하고 빈민 생존권을 보장해야 한다.

촛불은 불평등한 교육, 서열화·획일화된 훈육 체제에 대한 저항이다. 사람은 누구나 학습할 권리를 갖는다. 학습 주체는 교육의 주체이며, 그 누구도 훈육의 대상이 되어서는 안 된다. 교육의 우선순위는 학습 주체의 창의적 사고와 다양성을 존중하는 것이며, 민주주의와 인권의 가치를 발전시키는 것이다. 이제 교육의 서열화와 입시경쟁을 없애나가야 한다. 교육이 권력의 정당화 도구가 돼서는 안 된다. 역사교과서 국정화 정책은 당장 폐기돼야 한다. 국가는 모든 교육을 원칙적으로 무상으로 제공해야 하며, 어떤 국민도 경제적 형편의 차이로 교육의 기회를 박탈당해서는 안 된다.

촛불은 평화로운 공존의 권리와, 외교·국방·통일 정책을 민주적으로 결정하기 위한 외침이다. 사람은 공포로부터 자유로울 권리가 있다. 한반도에 살아가는 모든 사람은 전쟁에 반대하고 평화통일을 추구할 권리가 있으며, 인류평화와 공존에 기여할 책임을 지닌다. 남과 북의 정부는 서로 체제를 존중하고 군사적 대치를 멈추며, 인도적 지원과 공동 번영을 위한 교류와 협력을 발전시켜야 한다. 평화 공존과 통일을 위해 체결된 남북 간 합의를 존중하고 준수해야 한다. 국가의 외교·국방·통일 정책은 평화주의에 입각해 자주적이고 민주적으로 결정·집행돼야 한다. 국가 안보나 국익이란 이름으로 국민의 알 권리를 부당하게 침해해서는 안 된다.

촛불은 모든 생명이 자신의 터전에서 조화롭고 안전하게 살아가기 위한 행진이다. 사람은 자연의 일부로서 안전하고 지속 가능한 사회를 위해 모든 생명을 존중하고 보호할 의무가 있다. 사람은 재난과 위험으로부터 보호받을 권리를 가진다. 국민은 자신과 공동체의 안전과 생명의 존엄을 위해 필요한 정보를 알고, 위험과 피해를 줄이는 여러 정책과 제도에 참여할 권리가 있다. 국가는 세월호 참사 같은 재난·참사를 예방하고 위험에 빠진 국민을 구조하며, 피해자를 최우선으로 보호해야 한다. 기업은 안전한 노동환경을 만들 책임이 있다. 우리는 모든 생명이 존중되고, 안전하고 조화롭게 공존하는 세상을 만들어갈 것이다.

2017년 3월 11일 박근혜정권 퇴진 비상국민행동·'2017 촛불권리선언'에 함께 한 사람들

촛불혁명
일지

** 1~23차 범국민행동 참여 인원은 퇴진행동 발표를 참조.

2016년

7월 26일 - TV조선, 안종범 정책조정수석이 미르재단 출연금 모금 과정에 개입했다고 보도.

9월 20일 - 『한겨레』, 'K스포츠재단 설립에 최순실씨 개입 의혹 제기.

10월 24일 - 박근혜 대통령, 임기 내 개헌 제안.
- JTBC, 최순실 소유로 추정되는 태블릿PC 보도. '최순실, 대통령 연설문 사전 열람'.

10월 25일 - 박근혜 대통령, 대국민 사과. "최순실씨는 어려울 때 저를 도와준 인연."

10월 27일 - 검찰 '최순실 국정농단' 특별수사본부 마련.
- 박근혜 하야 촉구 평일 촛불집회 시작.

10월 29일 - 검찰이 청와대 압수수색 시도했으나 협조 거부로 철수.
- 민중총궐기투쟁본부 주최로 '모이자! 분노하자 #내려와라 박근혜 시민 촛불 1차 박근혜정권 퇴진 범국민행동' 개최(광

화문 3만명, 지역 미집계).

10월 30일 - 최순실, 자진 귀국.
- 이원종 대통령 비서실장, 안종범 정책조정수석, 우병우 민정
수석 등 사표 수리.

10월 31일 - 최순실, 검찰조사 중 체포.

11월 2일 - 박근혜 대통령, 국무총리 김병준 내정.
- 안종범 전 정책조정수석, 조사 중 체포.

11월 3일 - 검찰, 최순실 구속.

11월 4일 - 박근혜 대통령, 2차 대국민 담화에서 검찰조사 및 특검 수용
입장 표명. "내가 이러려고 대통령을 했나 자괴감이 들 정도
로 괴롭다."
- 정호성 전 비서관, 조사 중 체포.
- 한국갤럽 여론조사 결과 박근혜 대통령 지지율 역대 최저치
인 5% 기록.

11월 5일 - '모이자! 분노하자! #내려와라 박근혜 "분노 문화제" 2차 범
국민행동' 개최(광화문 20만명, 지역 10만명).

11월 8일 - 박근혜 대통령, 국회 방문. "국회가 총리 추천해달라."

11월 9일 - '박근혜정권 퇴진 비상국민행동' 공식 출범. 전국 1500여개
시민사회단체가 헌정질서 및 민주주의 회복을 위해 뜻을 모

아 발족. 이후 전국 17개 광역시도 2300여개 시민사회단체와 풀뿌리단체 참가로 확대.

11월 12일   – '모이자! 분노하자 #내려와라 박근혜 "모여라! 백만시민!" 3차 범국민행동' 개최(광화문 100만명, 지역 10만명).

11월 13일   – 이재용 삼성전자 부회장, 참고인 신분 조사를 위해 검찰 소환.

11월 15일   – 박근혜 대통령, 유영하 변호사 선임. 검찰 대면 조사 거부.

11월 19일   – '모이자! 광화문으로! 밝히자! 전국에서! 박근혜 퇴진 4차 범국민행동' 개최(광화문 60만명, 지역 36만명).

11월 20일   – 검찰, 직권남용·권리행사 방해 등 혐의로 최순실, 안종범, 정호성 구속기소.
             – 헌정사상 처음으로 현직 대통령 피의자 입건.

11월 26일   – 서울행정법원, 청와대 근접 200미터 4곳의 집회와 행진을 허용할 것을 결정.
             – '박근혜 퇴진을 외치는 200만의 함성 200만의 촛불 박근혜 즉각 퇴진 5차 범국민행동' 개최(광화문 150만명, 지역 40만명).

11월 29일   – 박근혜 대통령, 3차 대국민 담화. "진퇴 문제, 국회 결정에 맡기겠다."

12월 1일   – 황교안 국무총리, 박영수 특검 임명장 수여.

12월 2일 　- 법원, 청와대 앞 100미터까지 집회와 행진 보장 결정. 이후
　　　　　23차 범국민행동까지 집회와 행진이 청와대 100미터 앞까지
　　　　　보장됨.

12월 3일 　- 국회, 박근혜 대통령 탄핵소추안 발의.
　　　　　- '촛불의 선전포고 박근혜 즉각 퇴진의 날 6차 범국민행동'
　　　　　개최(광화문 170만명, 지역 62만 1000명).

12월 6-7일 - '최순실 국정농단' 국정조사특별위원회 청문회 개최.

12월 8-9일 - 국회 탄핵소추안 가결을 촉구하는 '박근혜 즉각 퇴진―응
　　　　　답하라 국회' 비상국민행동 개최.

12월 9일 　- 박근혜 대통령 탄핵소추안 국회 본회의 가결. 대통령 직무 정
　　　　　지. 13가지 사유가 담긴 탄핵소추 의결서 헌법재판소에 접수.

12월 10일 - '안 나오면 쳐들어간다, 박근혜정권 끝장내는 날 7차 범국민
　　　　　행동' 개최(광화문 80만명, 지역 24만 3400명).

12월 11일 - 검찰 특별수사본부 수사 마무리. 최순실, 안종범, 정호성, 장
　　　　　시호 등 7명 구속기소.

12월 17일 - '끝까지 간다! 박근혜 즉각 퇴진 공범처벌·적폐청산의 날
　　　　　8차 범국민행동' 개최(광화문 65만명, 지역 12만 2500명).

12월 21일 - 박영수 특검, 공식 수사 시작.

12월 24일 ─ '끝까지 간다! 박근혜 즉각 퇴진! 조기 탄핵! 적폐청산! 하야 크리스마스 9차 범국민행동' 개최(광화문 60만명, 지역 10만 1800명).

12월 31일 ─ '박근혜 즉각 퇴진! 조기 탄핵! 적폐청산! 송박영신 10차 범국민행동' 개최(광화문 100만명, 지역 10만 4000명). 촛불집회 연인원 1000만명 돌파.

2017년

1월 1일 ─ 박근혜 대통령, 청와대 출입기자단과 신년 인사회. 탄핵소추 사유 전면 부인.

1월 7일 ─ '박근혜는 내려오고, 세월호는 올라오라! 세월호 참사 1000일, 박근혜 즉각 퇴진! 황교안 사퇴! 적폐청산! 11차 범국민행동' 개최(광화문 60만명, 지역 4만 3880명).

1월 14일 ─ '박근혜 즉각 퇴진! 조기 탄핵! 공작정치 주범 및 재벌 총수 구속! 12차 범국민행동' 개최(광화문 13만명, 지역 1만 6700명).

1월 16일 ─ 특검, 이재용 부회장에 대해 뇌물공여·횡령·위증 등의 혐의로 구속영장 청구.

1월 19일 ─ 이재용 부회장 구속영장 기각.

1월 21일 ─ 특검, 김기춘 전 대통령 비서실장과 조윤선 전 문화체육관광부 장관 구속.

- '내려와 박근혜! 바꾸자 헬조선! 설맞이 촛불 13차 범국민행동' 개최(광화문 32만명, 지역 3만 3400명).

2월 4일 - '"2월에는 탄핵하라" 박근혜 2월 탄핵, 황교안 사퇴, 공범세력 구속, 촛불개혁 실현 14차 범국민행동' 개최(광화문 40만명, 지역 2만 5500명).

2월 11일 - '"천만 촛불 명령이다! 2월 탄핵! 특검 연장!" 박근혜·황교안 즉각 퇴진, 신속 탄핵을 위한 15차 범국민행동' 개최(광화문 75만명, 지역 5만 6000명).

2월 14일 - 특검, 이재용 부회장 구속영장 재청구.

2월 17일 - 이재용 부회장 구속.

2월 18일 - '촛불권리선언'을 위한 시민대토론 '2017 대한민국, 꽃길을 부탁해'가 장충체육관에서 개최. 시민 총 2000명 참석, 1500명이 토론에 참여.
- '"탄핵 지연 어림없다" 박근혜·황교안 즉각 퇴진! 특검 연장! 공범자 구속을 위한 16차 범국민행동' 개최(광화문 80만명, 지역 4만 5000명).

2월 19일 - 국정원 비선 보고 의혹 관련 우병우 전 청와대 민정수석 구속영장 청구.

2월 22일 - 우병우 전 민정수석 구속영장 기각.

2월 25일	- "'박근혜 4년, 이제는 끝내자!' 17차 범국민행동' 개최(광화문 100만명, 지역 7만 8130명).
2월 27일	- 황교안 대통령 권한대행, 특검 연장 불승인 결정. - 박근혜 대통령, 탄핵심판 최종 변론.
2월 28일	- 박영수 특검, 이재용 등 17명 기소로 마무리. "박근혜 대통령 300억원 뇌물수수 혐의 확인, 피의자 신분 입건."
3월 1일	- '박근혜 구속 만세! 탄핵인용 만세! 삼일절 맞이 박근혜 퇴진 18차 범국민행동' 개최(광화문 30만, 지역 미집계).
3월 4일	- '박근혜 없는 3월, 그래야 봄이다! 헌재 탄핵인용! 박근혜 구속! 황교안 퇴진! 19차 범국민행동' 개최(광화문 95만명, 지역 10만 890명).
3월 10일	- 헌법재판소, 탄핵인용 및 대통령 박근혜 파면 재판관 8인 전원 일치 선고.
3월 11일	- "'촛불과 함께한 모든 날이 좋았다' 모이자! 광화문으로! 촛불 승리를 위한 20차 범국민행동' 개최(광화문 65만명, 지역 5만 8160명). - 퇴진행동 '2017 촛불권리선언문' 발표.
3월 12일	- 박근혜 전 대통령, 청와대에서 삼성동 자택으로 복귀.
3월 13일	- 2016년 10월 27일부터 이어오던 평일 촛불집회 종료.

3월 21일   - 박근혜 전 대통령, 서울중앙지검 출석 조사.

3월 25일   - "'촛불은 멈추지 않는다!"박근혜 구속! 황교안 퇴진! 공범
                  자 처벌! 사드 철회! 세월호 진상 규명과 책임자 처벌! 21차
                  범국민행동' 개최(광화문 10만명, 지역 2400명).

3월 27일   - 검찰, 박근혜 전 대통령 구속영장 청구. "막강한 대통령의 지
                  위와 권한 이용해 권력남용적 행태를 보이고, 중요한 공무상
                  비밀을 누설하는 등 사안이 매우 중대하다."

3월 31일   - 박근혜 전 대통령 구속.

4월 15일   - '세월호 참사 미수습자 수습과 철저한 선체조사, 책임자 처
                  벌!'철저한 박근혜 수사와 처벌! 공범자 구속! 적폐청산! 세
                  월호 3주기 22차 범국민행동' 개최(광화문 10만 5000명, 지
                  역 4600명).

4월 17일   - 검찰, 박근혜 전 대통령 구속기소.

4월 29일   - "'광장의 경고! 촛불 민심을 들어라"23차 범국민행동' 개최
                  (광화문 5만명, 지역 미집계). 23차례 범국민행동 총 참여 인
                  원 1685만 2360명.

5월 9일   - 제19대 대통령 선거, 문재인 후보 대통령 당선.

5월 23일   - 박근혜 전 대통령 공판 시작.

5월 24일 – '박근혜정권 퇴진 비상국민행동' 해산 선언.

7월 27일 – '문화계 블랙리스트' 관련 1심에서 김기춘 전 비서실장 징역 3년, 조윤선 전 장관 징역 1년에 집행유예 2년 선고.

8월 25일 – 이재용 부회장 선고공판. 법원은 이재용 부회장에게 징역 5년 선고.

10월 13일 – 박근혜 전 대통령 구속 연장 결정.

10월 16일 – 박근혜 전 대통령, "정치보복" 재판 거부 발언, 사선변호인단 전원 사퇴.
– 촛불시민, 독일 프리드리히 에버트 재단의 '에버트 인권상' 수상 결정.

10월 25일 – 법원, 박근혜 전 대통령 국선변호인단 지정.

12월 6일 – 에버트 인권상 시상식. 퇴진행동 기록기념위 박석운 공동대표가 대리수상, 세월호 생존학생 장애진씨가 시민대표로서 수상소감 발표.

12월 14일 – 최순실 결심공판. 검찰은 최순실에게 징역 25년, 벌금 1185억원, 추징금 77억 9735만원 구형.

2018년

2월 5일   – 이재용 부회장 항소심 선고공판. 법원은 이재용에게 징역
2년 6개월, 집행유예 4년 선고.

2월 13일   – 최순실 선고공판. 법원은 최순실에게 징역 20년, 벌금 180억
원, 추징금 72억원 선고.

2월 27일   – 박근혜 전 대통령 결심공판. 검찰은 박근혜 전 대통령에게
징역 30년, 벌금 1185억원 구형.

4월 6일   – 박근혜 전 대통령 선고공판. 법원은 박근혜 전 대통령에게
징역 24년, 벌금 180억원 선고.

우리가 촛불이다
광장에서 함께한 1700만의 목소리

초판 1쇄 발행 / 2018년 5월 18일

지은이 / 장윤선
펴낸이 / 강일우
책임편집 / 김효근
조판 / 박아경
펴낸곳 / (주)창비
등록 / 1986년 8월 5일 제85호
주소 / 10881 경기도 파주시 회동길 184
전화 / 031-955-3333
팩시밀리 / 영업 031-955-3399 편집 031-955-3400
홈페이지 / www.changbi.com
전자우편 / nonfic@changbi.com

ⓒ 장윤선 2018
ISBN 978-89-364-8626-6 03300